Detlev Dormeyer • Das Lukasevangelium

Das Lukasevangelium

neu übersetzt und kommentiert von

Detlev Dormeyer

kbw bibelwerk

www.bibelwerk.de

ISBN 978-3-460-30029-3

Umschlag: Finken & Bumiller, Stuttgart
Umschlagbild: Der Evangelist Lukas, Evangeliar G 531, Saint-Amand um 860/880; Foto: © KNA-Bild, Bonn
Gestaltung: Olschewski Medien GmbH, Stuttgart
Gedruckt in der Tschechischen Republik.

Einleitung

Verfasser und Gemeinde

Der Evangelist, der ab dem 2. Jahrhundert Lukas genannt wurde, ist anonym. Seine Sprache wie auch seine theologischen Anschauungen weisen ihn als einen gebildeten Schriftsteller der griechischen Muttersprache aus. Er ist in der griechisch-hellenistischen Kultur des antiken Mittelmeerraumes verwurzelt. Außerdem ist er mit dem Alten Testament und mit dem Frühjudentum in Jerusalem, Palästina und in der hellenistischen Welt vertraut. Die Annahme liegt nahe, dass Lukas entweder als Heide zu den sogenannten *Gottesfürchtigen* zählte – d. h. zu Nichtjuden, die in Kontakt zur Synagoge in der Griechisch sprechenden Welt lebten – oder ein Judenhellenist mit der Muttersprache Griechisch war.
Die Gemeinde, in der der Evangelist gelebt hat, ist ebenfalls unbekannt. Das Evangelium ist an alle Gemeinden und Leser der damaligen Welt gerichtet.

Die Gattung: Evangelium und Bios Jesu

Der anonyme Evangelist schuf zwischen den Jahren 80–90 ein Novum. Er schrieb als einziger Evangelist zwei Bücher. Sie umfassen den Zeitraum von der Geburtsankündigung Johannes' des Täufers zur Zeitenwende bis zum Aufenthalt des Paulus in Rom (ca. 60–ca. 64). Jesus ist die Hauptperson des ersten Buches. Im Prolog zum zweiten Buch, das im 2. Jahrhundert zutreffend die Überschrift *Apostelgeschichte* erhält, sagt der Evangelist ausdrücklich, dass er den *Anfang* von *Jesu Tun und Lehren* im *ersten Buch* dargestellt habe (Apg 1,1). Einen ähnlichen Titel hat das Philosophenhandbuch des Diogenes Laertius aus dem 2./3. Jahrhundert: *Leben und Meinungen berühmter Philosophen.* Statt von *Bios*, d. h. *Leben*, spricht der Evangelist aber offener von *Jesu*

Tun. Es geht nicht um die Biografie und die Lehre eines Philosophen, sondern um das *Evangelium*, das seit Ostern der Zentralbegriff für Jesu Handeln ist und auf Jesu Selbstverständnis als Freudenbote, als *Evangelium*-Verkünder von Gottes endzeitlichem Heilshandeln, zurückgeht (7,22). *Evangelium* bezeichnet gleichzeitig auch die Freudenbotschaften der römischen Kaiser, und zwar deren Geburt, Thronbesteigung, Siege und Vergöttlichung nach dem Tod. Auch des Johannes und Jesu Leben sind seit der Empfängnis ein *Evangelium* (1,19; 2,10). Der Evangelist vermeidet aber *Evangelium* als Buchtitel im Unterschied zum älteren Markusevangelium (Mk 1,1). Sein *Evangelium* ist zum einen eine Gegenbiografie zur Herrscherbiografie und eine Gegenbotschaft zu den Freudenbotschaften, d. h. *Evangelia*, der römischen Cäsaren, zum anderen gemeinsam mit der Apostelgeschichte eine neue, eschatologische Universalgeschichte. So spricht der Evangelist in seinem Prolog ganz allgemein von einer *Erzählung* (1,1). Diese gehört zur antiken Geschichtsschreibung, und zwar zum Sonderzweig der pathetischen oder mimetischen Geschichtsschreibung. Mit den dramatischen Mitteln der antiken Tragödie und Komödie werden Lebensbilder der Hauptpersonen geschaffen. Der zeitgleiche große Biograf Plutarch (ca. 45–125) schreibt in seinem Vorwort zur Alexanderbiografie: „Denn ich schreibe nicht Geschichte, sondern zeichne Lebensbilder“ (Plut. Alex 1).

Ähnlich geht es dem Evangelisten darum, *eine Erzählung von den Handlungen, die sich unter uns erfüllt haben, abzufassen* (1,1). Es geht um die *Erfüllung* der alttestamentlichen Verheißungen durch Gott in den Handlungen von Johannes und besonders von Jesus.

So ahmt der Evangelist den Stil der griechischen Bibelübersetzung, der Septuaginta (Abkürzung: LXX), nach und gestaltet das Schicksal von Johannes und Jesus den großen Propheten und Gerechten des Alten Testaments nach. Diese Interpretation geschichtlicher Ereignisse als *Erfüllung* von Verheißungen entspricht weiterhin dem Sonderzweig der antiken Geschichtsschreibung, und zwar der *pathetischen* Geschichtsschreibung, zu der auch die griechischen

alttestamentlichen Geschichtsbücher gerechnet werden können (1–2 Makkabäer).
Mithilfe des Alten Testaments gelingt es, einen Anti-Herrscher-Bios mit einem Anti-Evangelium gegen den Kaiser zu entwickeln und eine Fortsetzung in der Apostelgeschichte zu schaffen. Jesus kommt aus ärmlichen Verhältnissen, wird im Stall anstatt im Palast geboren, tritt als mittelloser Wanderlehrer und -prophet auf, ist Dichter und Wundertäter, gewinnt das einfache Volk für sich, aber nicht die herrschende Oberschicht, bildet unterschiedliche Schüler- und Schülerinnenkreise, verkündet den Anbruch der endzeitlichen Königsherrschaft, die über dem Kaiser steht, und beansprucht die Oberhoheit über den Tempelbezirk, erleidet den schimpflichen Kreuzestod eines Aufständischen und wird von dem einen wahren Gott mit der einzig wahren Apotheose erhöht, die allen Menschen erst endgültig Rettung aus dem Tode gewährt. Für die griechisch-römische Oberschicht ist diese Anti-Herrscherbiografie gefährlicher Aberglaube, für die Hörer aus armen und mittelständischen Verhältnissen aber Befreiung aus den vielfältigen Zwängen der antiken Gesellschaft. Es mahnt der Evangelist, wie bereits das zweite Makkabäerbuch, die Berücksichtigung göttlichen Handelns an. Himmlische Erscheinungen helfen den Verteidigern des Judentums (2 Makk 2,19-32; 3,23-30). So setzt der Evangelist die Machttaten (1,17.35) der Angelophanie vor dem Priester Zacharias und der Jungfrau Maria an den Anfang des ersten Buches und die Herabkunft des Heiligen Geistes an den Anfang des zweiten Buches. Nach kritischem, griechisch-römischem Verständnis liegen Fieberfantasien vor, so der Einwurf des Präfekten Festus gegen Paulus bei dessen letzter Verteidungsrede (Apg 26,24). Nach dem Evangelisten nennt Paulus dagegen die verborgenen göttlichen Kräfte. Die göttliche Weltlenkung mit dem Weltgericht als Abschluss macht aus dem lukanischen Doppelwerk eine *Universalgeschichte* (21,5-36; Apg 17,20-31). Gottes Evangelium von der Rettung Israels und der Völker hat mit der Geburtsankündigung von Johannes und mit der Geburt Jesu heilvoll begonnen. Das Evangelium geht weiter

in dem machtvollen Anbruch der Königsherrschaft Gottes in Jesu öffentlichem Auftreten und im nachösterlichen Wirken der Apostel, der Zeugen und der Gemeinden in der Apostelgeschichte. Es wird beendet mit dem Wiederkommen Jesu als Menschensohn-Richter und Vollender der Königsherrschaft Gottes in einer neuen Welt.
Der Evangelist sprach mit der gesamten pathetischen oder mimetischen Geschichtsschreibung die antiken Hörer an, die bei aller berechtigten Kritik an der tradierten Götterwelt offenblieben für das verborgene Einwirken des unbewegten göttlichen Bewegers, der mit Hilfe von Dämonen (Untergottheiten) in *Wundern* und Offenbarungen *epiphan* , d. h. offenkundig, werden konnte. Die Ethik Jesu radikalisierte die antike religiöse Ethik. Erst recht sprach der Evangelist die jüdischen Hörer an, die auf die Erfüllung der im Alten Testament verheißenen endzeitlichen Königsherrschaft Gottes hofften. Eine solche Antibiografie gegen den heidnischen, sich selbst vergöttlichenden Kaiser und Staat ohne wahre Zukunftsperspektive für eine neue Welt brauchte jeder Christ für seinen neuen Glauben an Jesus Christus und den einen Gott Israels und las sie immer wieder neu (1,4).

Aufbau und Quellen

Der Evangelist übernimmt das ältere Markusevangelium und hält sich an seinen Aufbau. Allerdings lässt er ein Drittel dieses Evangeliums aus, stellt Szenen um und fügt in den übernommenen Erzählrahmen u. a. eine kleine (6,20–8,3) und eine große Einschaltung (9,51–18,14) mit Stoffen aus Q und Sondergut ein. So ist das Markusevangelium nur noch für ein gutes Drittel des Lukasevangeliums die Vorlage, für je ein knappes Drittel stehen das Spruchevangelium Q und das Sondergut. Der Evangelist hat ein eigenständiges Werk geschaffen und zugleich den Aufbau des Markusevangeliums als bewährten roten Faden beibehalten. Auch die blockhafte Übernahme der Texte aus Q ergibt eine sinn-

volle Anordnung, sodass die Rekonstruktion des Spruchevangeliums Q nach der Kapitel- und Verszählung des Lukasevangeliums erfolgt: Mit Q (= Lk) 3,2b-17 *Die Botschaft des Johannes* setzt das Spruchevangelium Q ein und schließt mit *Ihr werdet die zwölf Stämme Israels richten* (Q 22,28.30) in der Passionsgeschichte; doch Q hat sonst keine weiteren Erzählungen von der Passion Jesu.
Nun zum Aufbau im Einzelnen: Die Kindheitsgeschichten leiten das Evangelium ein (1,5–2,52). Sie gehen auf Sondergut und auf eigene Gestaltung zurück. Es schließt sich eine Vorbereitung Jesu auf sein öffentliches Wirken an (3,1–4,13). Der Evangelist arbeitet den Prolog des Markusevangeliums (Mk 1,1-13), den Anfang von Q (Q 3,2b–17.21f.; 4,1-13) und Sondergut ein.

Teil 1:
Es gibt keine eindeutigen Kapitelgrenzen, die gegenwärtige Kapiteleinteilung wurde ja erst im Hochmittelalter festgelegt, wohl aber ergeben sich Schwerpunkte.

1. *Das Programm Jesu* (4,14–5,16): *Das programmatisches Auftreten und die Ablehnung Jesu in der Heimat Nazaret (4,14-15.16-30)* und als Kontrast der *heilvolle Tag in Kafarnaum*, die *Berufung des Simon Petrus* und die *Heilung eines Aussätzigen* (4,31-44; 5,1-16).
2. *Fünf Streitgespräche in Galiläa und Judäa* (5,17–6,11) mit der Einführung der Pharisäer als neue Gegner.
3. *Die Wahl der Zwölf, Der Andrang des Volkes* und die erste große Rede, *die Feldrede*, vor dem Zwölferkreis als Leitern des neuen Israels und dem vertrauenden Volk (6,12-49).
4. Nach zwei Wundergeschichten die zweite *Rede über den Täufer* mit dem Abschluss *Symposion und Begegnung Jesu mit der Sünderin* (7,1-50). Mit des Täufers Umkehrpredigt und Wassertaufe beginnt die endzeitliche Rettung vor dem Weltgericht und die Vorbereitung für die nahe Königsherrschaft Gottes, die überhöhend in Jesu Lehre und Taten schon jetzt angebrochen ist.
5. Die dritte Rede, die *Gleichnisrede*, mit den Berichten über *Zwölferkreis und Frauen in der Nachfolge Jesu* und die *neue Familie Jesu* als Rahmen (8,1-21).

6. Fünf *Wundergeschichten* (8,22-56; 9,10-17), mit dem Einschub *Die Aussendung der Zwölf* und *Die Herodesfrage* (9,1-9). Der Zwölferkreis erhält von Jesus die Vollmacht zu Besessenen- und Krankenheilungen und setzt diese nach Ostern fort (Apg 3 u. ö.).
7. *Die christologische Mitte* mit dem Einschub *Die Heilung eines besessenen Jungen* und dem Anhang von zwei biografischen Gesprächen mit den Schülern (9,18-50). Messiasbekenntnis und Verklärung werden mit den Leidensweissagungen unter das *Leidensgeheimnis* gestellt (9,43b-45). Erst aufgrund von Kreuzestod und Auferweckung können Hoheit und Leiden Jesu von den Schülern und der Öffentlichkeit als Einheit verstanden werden. Schon jetzt bereitet Jesus auf die Nachfolge in Verfolgung und gewaltsamen Tod vor, zeigt als Trost das Weitergehen der Wundervollmacht und fordert zum gegenseitigen Dienst auf.

So lassen sich 7 Schwerpunkte erkennen, die sich mit den später festgelegten 6 Kapiteln 4–9 zwar nicht ganz decken, aber eine solche Unterteilung zulassen. Der Evangelist ordnet seinen Erzählstoff blockhaft an und erleichtert dadurch das kohärente Lesen und Behalten.

Nun zu den *Quellen für Teil 1*: Teil 1 folgt weitgehend dem Markusevangelium und hat nur die kleine Einschaltung aus Q 6,20–8,3 als Erweiterung. Allerdings stellt der Evangelist die *Ablehnung Jesu in der Heimat Nazaret* (Mk 6,1-6) programmatisch an den Anfang (4,16-30). Jesus erfüllt die Verheißungen des endzeitlichen Freudenboten und Propheten (Jes 61,1-2) vom Anfang seines öffentlichen Wirkens an und stößt zugleich auf Widerstand.

Dann geht es wie im Markusevangelium weiter mit *Der heilvolle Tag in Kafarnaum* (4,31-44; Mk 1,21-39), *Die Heilung eines Aussätzigen* (5,12-16; Mk 1,40-45), *Fünf Streitgespräche in Galiläa (und Judäa)* (5,17–6,11; Mk 2,1–3,6), *Die Wahl der Zwölf* (6,12-16; Mk 3,13-19) und *Der Andrang des Volkes* (6,17-19; Mk 3,7-12). *Die Berufung der ersten Schüler* wird geringfügig nach dem *Tag in Kafarnaum* umgestellt (5,1-11; Mk 1,16-20). Jesus soll in der Heimat Nazaret allein auftreten, die Nazarener an erster Stelle zur Entscheidung für ihn auffordern und erst nach dem erfolgreichen Rettungsangebot in Kafarnaum einen Schülerkreis bilden. Ebenso wird *Der Andrang des Volkes der Wahl der Zwölf* nachgestellt (6,12-16.17-19), um eine Einleitung für die Feldrede und damit für die kleine Einschaltung aus Q zu schaffen (6,20–8,3).

Mit der gekürzten *Gleichnisrede* (8,4-18; Mk 4,1-34) und dem Anhang *Die neue Familie Jesu* (8,19-21; Mk 3,31-35) wird der Faden des Markusevangeliums bei Umstellung der *Verteidigungsrede Jesu gegen das Satansbündnis* (11,15-22; Mk 3,22-30) wieder aufgenommen. Es folgen wie im Markusevangelium vier Wundergeschichten (8,22-56; Mk 4,35–5,43), *Die Aussendung der Zwölf, Das Urteil des Herodes über Jesus,* aber ohne den Tod des Täufers (Mk 6,17-29), und *Die Rückkehr der Schüler und die Mahlgemeinschaft mit den Fünftausend* (9,1-17; Mk 6,7-16.30-44). Dann lässt der Evangelist einen großen Teil des Markusevangeliums aus (Mk 6,45–8,26).

Weiter geht es mit der Mitte und dem Höhepunkt des Markusevangeliums, der auch hier den ersten Höhepunkt bildet: *Die christologische Mitte: Das Messiasbekenntnis des Petrus und die erste Ankündigung von Leiden und Auferstehung; Von Nachfolge und Selbstverleugnung; Die Verklärung Jesu; Die Heilung eines besessenen Jungen; Die zweite Ankündigung von Leiden und Auferstehung; Der Rangstreit der Schüler* und *Der fremde Wundertäter* (9,18-50; Mk 8,27–9,41).

Teil 2

bildet den neuen, selbstständigen Mittelteil, den sogenannten Reisebericht (9,51–19,27). Mit 9,51 ist die Textmitte des Lukasevangeliums (11,37) fast erreicht. Der Reisebericht (9,51–19,27) gestaltet die markinische Notiz von Jesu Wallfahrt durch den Jordangraben auf der östlichen Seite, die Peräa heißt, nach Jerusalem (Mk 10,1) zu einem eigenen Hauptteil aus, der gleiches Gewicht wie die vorhergehende Zeit in Galiläa und die nachfolgende Zeit in Jerusalem erhält. Der Evangelist erweitert die

Zentralkomposition des Markus zur biografischen Dreiergliederung Galiläa – Reisebericht – Jerusalem. Jesus wiederholt und vertieft bei der Reise sein Auftreten als wundertätiger, prophetischer Weisheitslehrer mit den Reden und Taten, die der Evangelist außerhalb von Markus im Spruchevangelium Q und im Sondergut vorgefunden hat. Der Hauptteil von Q ist in den Reisebericht aufgenommen worden. Der letzte Teil des Reiseberichts, der Weg nach Jerusalem, orientiert sich dann wieder deutlich am Markusevangelium. Der Evangelist greift den markinischen Erzählfaden ab der *Segnung der Kinder* wieder auf (18,15-17; Mk 10,13-16) und ergänzt ihn (Mk 10,17-52) um weiteres Material aus Q und dem Sondergut (18,18–19,27).

Teil 3:
Die letzten Tage in Jerusalem und die Passion folgen mit fünf Auslassungen (Mk 10,35-40; 11,12-14.20-25; 14,3-9; 15,16-20) und zwei Umstellungen (22,24-27; 10,25-28; Mk 10,41-45; 12,28-34) sehr genau dem markinischen Handlungsfaden und ergänzen ihn um Sondergut und das kurze Schlusswort Q 22,28.30 (19,28–23,56). *Der Wallfahrtsweg von Jericho zum Tempel* beginnt mit dem *Einzug in Jerusalem* und schließt mit der *Tempelreinigung* (19,28.29-48) Es folgt die *Lehre für Volk und Gegner im Tempelbezirk* (20,1–21,4); die messianische Lehrvollmacht Jesu steht im Mittelpunkt. Dann kommt *Die Rede über die nachösterliche Zeit und das Weltende* (21,5-36). *Die Passion Jesu* schließt Teil 3 ab (22,1–23,56).
Der Schluss erweitert den markinischen Gang der Frauen zum leeren Grab mit Sondergut und eigener Gestaltung (24,1-53; Mk 16,1-8). Der markinische Handlungsbogen bleibt deutlich gewahrt, zugleich schafft der Evangelist einen eigenen, selbstständigen Entwurf.
So ergibt sich als Aufbau:

Einleitung: Prolog, die Kindheitsgeschichten und die Vorbereitung des öffentlichen Wirkens	1,1–4,13
Teil 1: Wirken Jesu in Galiläa und Judäa	4,14–9,50

Teil 2: Reisebericht 9,51–19,27
Teil 3: Die letzten Tage Jesu in Jerusalem und die Passion 19,28–23,56
Schluss: Auferweckung, Erscheinungen und Himmelfahrt Jesu 24,1-53

Teil 1 und 3 umschließen den Reisebericht. Das gesamte öffentliche Wirken Jesu gewährt *Rettung*. Die Kindheitsgeschichten bereiten sie vor; Auferstehung, Erscheinungen und Himmelfahrt bestätigen sie. Die *Rettung* bedeutet nicht nur das Verlassen einer unheilen, alten Welt, sondern das Hineingehen in eine neue Welt, und zwar in die Königsherrschaft Gottes, die machtvoll schon jetzt in Jesus angebrochen, aber noch nicht vollendet ist.

Gliederung der Erzählszenen und Reden in der Übersetzung

Die Erzählszenen lassen sich nach kleinen Ereignissen (Sequenzen) und die Reden nach kleinen Gedankeneinheiten unterscheiden. Dementsprechend werden in dem Übersetzungstext neue Zeilen gesetzt. Sie sollen auf erzählerische und gedankliche Abschnitte im Text hinweisen. Der Leser wird zu langsamen Lesen veranlasst. Er wird auf diese Weise intensiv in die erzählte Welt hineingenommen. Deren handelnden Figuren bilden Identifikationsangebote für den Leser. Er wird indirekt aufgefordert, dem Handeln Jesu zu folgen und sich mit dem Handeln der anderen Haupt- und Nebenpersonen (Schüler, Volk, Familie, Gegner) zu identifizieren und auseinanderzusetzen.
Wörtliche Zitate des Alten Testaments werden nach der Vorgabe des griechischen Textes, herausgegeben von Aland/Nestle, kursiv gesetzt. Sie zeigen den Einfluss des Alten Testaments an.

Übersetzung und Kommentar

Einleitung: Prolog, die Kindheitsgeschichten und die Vorbereitung des öffentlichen Wirkens (1,1–4,13)

Prolog (1,1-4)

1 Da viele versuchten, eine Erzählung von den Handlungen, die sich unter uns erfüllt haben, abzufassen,
2 wie sie uns die von Anfang an Augenzeugen und Diener des Wortes überlieferten,
3 schien es auch mir gut, der ich von vorn an allem gefolgt bin,
sie genau nacheinander dir aufzuschreiben, verehrter Theophilos,
4 damit du die Zuverlässigkeit der Worte erkennst,
über die du unterrichtet wurdest.

Das Vorwort hat den Stil eines antiken Prologs. Es besteht aus einer einzigen Satzperiode. Zuerst verweist der Evangelist auf Vorgänger, die ihm Vorlagen geliefert haben. Die heutige Forschung kann das Markusevangelium, das Spruchevangelium Q und Sondergut wie die Kindheitsgeschichten, die Gleichnisse und andere Texte identifizieren. *Versuchen* ist bis heute eine Bescheidenheitsformel für literarische Unternehmungen und kann, muss aber nicht, eine Kritik an den Vorlagen bedeuten. *Eine Erzählung von Handlungen* ist eine bewusst allgemeine Definition für das *erste Buch* des Evangelisten. Im Vorwort zur Apostelgeschichte wird es nachträglich als Bios Jesu gekennzeichnet (Apg 1,1). Der Evangelist möchte sich nicht gleich am Anfang auf eine antike Gattung festlegen. Zugleich gehört es aber zu den Aufgaben eines Geschichtsschreibers, auf Quellen und *Augenzeugen* zu verweisen. Der Evangelist versteht sich offenkundig als Geschichtsschreiber. Er geht daher der *Überliefe-*

rung der Augenzeugen von Anfang an und der *Diener des Wortes* nach. Er ist auf sie angewiesen, da er nicht zur ersten Generation der *Augenzeugen*, die vor Ostern lebten, gehört. Die *Diener des Wortes* sind sowohl die Augenzeugen, die gläubig geworden sind und das Wort Jesu *genau* weitergeben, als auch die Glaubenden der zweiten und dritten Generation nach Ostern. Paulus gehörte zur zweiten Generation; der Evangelist, der im zweiten Buch, der Apostelgeschichte, u. a. dessen Leben beschreibt, gehört zur dritten Generation (Apg 1,1; 8,1–28,31). Der Evangelist rechnet sein Doppelwerk dem griechischen Sonderzweig der Geschichtsschreibung, und zwar der pathetischen Geschichtsschreibung, zu. Gott oder die Gottheit sorgt wie in den antiken Dramen und im griechischen Alten Testament, der Septuaginta, dafür, dass sich in den erzählten Ereignissen die alten Verheißungen erfüllen. Nur in der Linie des Alten Testaments liegt es aber, dass mit dieser Erfüllung die verheißene Endzeit anbricht. In der ersten Erzählung lässt der Evangelist dann den Engel Gabriel den *eigentlichen* Titel seines ersten Buches nennen: *Evangelium verkünden* (1,19). Das erste Buch ist wie das ältere Markusevangelium ein *Evangelium*.

Nun wechselt der Evangelist im Prolog zur Ich-Rede über. Ganz gegen griechischen Brauch verschweigt er seinen Namen. Er will anonymer Diener des Evangeliums bleiben. Wohl aber widmet er sein Werk wie damals üblich einem Gönner, und zwar *Theophilos*.

Das *Evangelium* ist wie eine antike historische Biografie aufgebaut. Es beginnt *von vorn an*, will einen Gesamtüberblick (*alles*) liefern, will für *Genauigkeit* und für einen chronologischen Aufbau (*nacheinander*) sorgen. Das Ziel wird zum Abschluss genannt. Theophilos hat den *Unterricht*, die *Katechese*, für den christlichen Glauben durchlaufen. Das ihm zugeeignete schriftliche Evangelium soll die Zuverlässigkeit der gelernten Worte *sichern* und so den Glauben von Theophilos und allen zukünftigen Lesern an Jesus Christus festigen.

Die Kindheitsgeschichten (1,5–2,52)

Die Kindheitsgeschichten setzten sich aus 9 Erzählungen zusammen. Ankündigung der Geburt (1,5-25.26-38), Geburt (1,57-58; 2,1-20) und Beschneidung mit Namensgebung (1,59-80; 2,21) werden in paralleler Abfolge jeweils von den beiden Hauptfiguren Johannes und Jesus erzählt, wobei Jesus Johannes überbietet. An die Beschneidung Jesu wird die Reinigung von Maria zusätzlich angehängt (2,22-40). Die Begegnung der beiden Mütter Elisabet und Maria verbindet die parallelen Abläufe miteinander (1,39-56). Die Einzelgeschichte vom zwölfjährigen Jesus im Tempelbezirk schließt die Kindheitsgeschichten ab (2,41-52). Wie in alttestamentlichen und westantiken Biografien wird das spätere Schicksal der Hauptpersonen präfiguriert (Mose, Ex 2,1-22). Die Kindheitsgeschichten wollen nicht wie heute objektive Daten des Bildungsganges und der Sozialisation beschreiben, sondern verkünden, wie Gott oder die Gottheiten den Charakter des Helden von Anfang an geformt haben. Der Evangelist erlaubt sich daher Freiheiten gegenüber historischen Fakten, die er sich später im Hauptteil und in der Apostelgeschichte nicht mehr nimmt. Nur hier nehmen feierliche Loblieder einen breiten Raum ein. Die *Verkündigung des Evangeliums* steht im Vordergrund (1,19; 2,10).

Die Ankündigung der Geburt Johannes' des Täufers (1,5-25)

5Zu der Zeit des Herodes, des Königs von Juda, lebte ein Priester mit
Namen Zacharias aus der Tagesdienstabteilung des Abia, er hatte
eine Frau aus den Töchtern Aarons, ihr Name war Elisabet. 6Es waren
beide gerecht vor Gott und lebten in allen Geboten und Rechts-
weisungen des Herrn untadelig. 7Aber sie hatten kein Kind, weil
Elisabet unfruchtbar war, und beide waren hochbetagt.
8Es geschah aber, als er als Priester diente in der Ordnung seiner
Tagesdienstabteilung vor Gott, 9erloste er nach der Sitte des Pries-
teramtes das Räuchern und ging in den Tempel des Herrn hinein;

10 und die ganze Menge des Volks war betend draußen zur Stunde
des Rauchopfers.
11 Es wurde für ihn ein Engel des Herrn sichtbar, stehend zur Rechten
des Rauchopferaltars. 12 Und Zacharias, ihn sehend, wurde verwirrt,
und Furcht befiel ihn.
13 Es sprach der Engel zu ihm: Fürchte dich nicht, Zacharias, da dein
Gebet erhört wurde, deine Frau Elisabet wird dir einen Sohn gebä-
ren, und du wirst seinen Namen Johannes nennen. 14 Und es wird dir
Freude sein und Jubel, und viele werden sich über seine Geburt freu-
en. 15 Denn er wird groß vor dem Herrn sein und *wird nicht Wein und
Rauschtrank trinken* (Num 6,3; Ri 13,4) und wird mit heiligem Geist
erfüllt werden schon vom Leib seiner Mutter an, 16 und viele der
Söhne Israels wird er hinwenden zum Herrn, ihrem Gott. 17 Und er
wird vor ihm vorangehen im Geist und in der Kraft des Elija, um hin-
zuwenden die Herzen der Väter zu den Kindern und Ungehorsame
zur Klugheit der Gerechten, um dem Herrn ein zugerüstetes Volk
herzurichten. 18 Und es sprach Zacharias zu dem Engel: An was werde
ich dies erkennen? Denn ich bin alt und meine Frau ist hochbetagt.
19 Und der Engel antwortete und sprach zu ihm: Ich bin Gabriel, der
vor Gott Stehende, und ich wurde gesandt, um zu dir zu reden und
dir dieses als Evangelium zu verkünden; 20 und siehe, du wirst schwei-
gen und unfähig sein zu reden bis zu dem Tag, an dem dieses ge-
schieht, dafür, dass du nicht glaubtest meinen Worten, welche sich
zu ihrer Zeit erfüllen werden.
21 Und das Volk erwartete den Zacharias und staunte über sein
Verbleiben im Tempel. 22 Als er dann herauskam, konnte er nicht zu
ihnen reden,
und sie erkannten, dass er ein Gesicht im Tempel gesehen hatte; und
er gab ihnen Zeichen mit der Hand und blieb stumm.
23 Und es geschah, als sich die Tage seines Dienstes erfüllten, ging er in
sein Haus zurück. 24 Nach diesen Tagen nun empfing Elisabet, seine
Frau, und sie verbarg sich fünf Monate und sagte: 25 So hat der Herr an
mir in den Tagen getan, in denen er darauf sah, meine Schmach bei
den Menschen wegzunehmen.

Der Evangelist beginnt die Handlung des Evangeliums mit einer Kurzbiografie. Sie liefert nach dem Muster antiker Biografien historische Informationen, knappe theologische Deutungen und Berichte von Gottes Eingreifen. So wird an die biografische Einleitung eine Engelerscheinung angeschlossen. Herodes I. regierte als König von 37–4 v. Chr. den Priesterstaat Judäa. Zacharias gehörte mit seiner Frau Elisabet, beide kamen aus Priesterfamilien, der Oberschicht an. Das Ehepaar lässt sich den Gerechten zurechnen. Die Kinderlosigkeit von Elisabet ist daher keine Gottesstrafe, sondern geht auf biologische Unfruchtbarkeit der Eheleute zurück; diese wird aber nur der Frau angelastet (1,25).
Nun ereignet sich in der priesterlichen Laufbahn von Zacharias der Höhepunkt. Das Los zur Darbringung des Rauchopfers im Tempel, das normalerweise wegen der 24 Priesterklassen und der hohen Gesamtzahl der Priester (ca. 7200) nur einmal im Leben einem Priester zuteilwird, hat ihn getroffen. Er leitet in Begleitung weiterer Priester an diesem Tag das zweimalige Rauchopfer auf dem kleinen Rauchopferalter im *Heiligsten* des Tempelgebäudes. Dabei trägt er Bitten für das Volk und für sich selbst vor.
Bei diesem Höhepunkt wird nur ihm allein ein Engel des Herrn sichtbar. Das Auftreten des Engels läuft nach dem Formschema der Gattung *Engelerscheinung* (Angelophanie) ab. In den neutestamentlichen Geburtsankündigungen wirkt das Formschema der alttestamentlichen Geburtsankündigung, z. B. des Ismael (Gen 16,7-16), des Simson (Ri 13,2-24) und des Messias (Jes 7,10-17), deutlich nach. Die Ankündigung durch Gott besteht aus drei Teilen: 1. Ansage von Schwangerschaft und Geburt, 2. Namensgebung, 3. künftige Bedeutung des Kindes. Eine Nachfrage der oder des Angesprochenen (Ri 13,12) sowie der Zeichencharakter der Geburt (Jes 7,10-17) können hinzutreten.
Es entwickelt sich der Gattung Engelerscheinung entsprechend ein Dialog. Der Engel übermittelt nur Zacharias die Botschaft Gottes. Zacharias erhält die Gewissheit, dass Gott sein persönliches Gebet erhört hat. Elisabet wird von ihm, Zacharias, den lang erwarteten Sohn und Stammhalter empfangen. Der Name

Johannes, den ihm Gott eingibt, bedeutet: „Jahwe (= Jo) hat sich gnädig erwiesen“. Der Sohn erhält zwei Aufträge: 1. Er wird als Gottgeweihter (Nasir) auf berauschende Getränke verzichten (Num 6,3; Ri 13,4); 2. er wird wie der Prophet Elija auftreten und die alttestamentliche Verheißung eines Wiederkommens Elijas in der Endzeit erfüllen (Mal 3,23f.). Johannes wird das Volk zur Umkehr zu Gott führen und zum Leben nach den Weisungen Gottes, wie es seine Eltern bereits vorleben, sodass Israel im Endgericht gerettet werden wird. Johannes wird von der Empfängnis an Träger des endzeitlichen Geistes Gottes sein. Zacharias antwortet auf diese freudige Botschaft mit der gattungsüblichen Frage nach einem Beglaubigungszeichen. Der Zweifel an der Allmacht Gottes aufgrund des hohen Alters der Eheleute ist allerdings eine Besonderheit. Der Engel erklärt daraufhin, dass ihn sein Name Gabri-el, d. h. „Stärke Gottes (El)“, und sein „Stehen vor Gott“ als ein Mitglied von Gottes Hofstaat ausweist. Gott selbst mit seiner Stärke und nicht eine täuschende Vision hat Zacharias das *Evangelium verkündet*. Als das angeforderte Beglaubigungszeichen erhält er eine zeitlich begrenzte Stummheit. Denn sein Glaube ist und bleibt bis zur Geburt des Sohnes nicht frei von Zweifeln und bedarf des Schweigens.

Beim Herausgehen bemerkt Zacharias seine Stummheit. Denn er kann dem Volk nicht den aaronitischen Priestersegen spenden (Num 6,24-26). Das Volk, das im Vorhof des Tempels wartet, führt zu Recht die Stummheit auf eine Vision im Tempelgebäude zurück. Es muss sich mit dem stummen Handzeichen ohne Segensspruch begnügen.

Nach dem Abschluss des Wochendienstes kehrt Zacharias nach Hause zurück. Elisabet empfängt von ihm den Sohn, zieht sich wie der stumme Zacharias zurück und zeigt im Unterschied zu ihm vollen Glauben. Sie preist schon jetzt die Großtat Gottes an ihr. Die Kinderlosigkeit, die im jüdischen Umfeld als Schmach und Strafe Gottes gedeutet wurde, z. B. für Sauls Tochter Michal (2 Sam 6,23), hat Gott von ihr genommen. Er hat ihr in hohem Alter wie der Patriarchin Sara gegen alle menschlichen Erfahrungen die Empfängnis eines Sohnes geschenkt (Gen 18,1-22). Mit diesem ist der Anfang des endzeitlichen Heils der neuen Nähe Gottes eingetreten.

Die Ankündigung der Geburt Jesu (1,26-38)

> 26 Im sechsten Monat aber wurde der Engel Gabriel von Gott in eine
> Stadt in Galiläa namens Nazaret 27 zu einer Jungfrau gesandt, die mit
> einem Mann namens Josef aus dem Haus David verheiratet war, und
> der Name der Jungfrau war Maria. 28 Und er ging hinein zu ihr und
> sprach: Gruß dir, Begnadete, der Herr ist mit dir.
> 29 Die nun wurde bei dem Wort verwirrt und überlegte, was dies für
> eine Begrüßung sei. 30 Und es sprach der Engel zu ihr: Fürchte dich
> nicht, Maria; denn du fandest Gnade bei Gott. 31 Und siehe, du wirst
> im Leib empfangen und einen Sohn gebären und seinen Namen
> Jesus nennen. 32 Dieser wird groß sein und Sohn des Höchsten geru-
> fen werden, und Gott der Herr wird ihm den Thron Davids, seines
> Vaters, geben, 33 und er wird König sein über das Haus Jakob in Ewig-
> keit, und seiner Königsherrschaft wird kein Ende sein. 34 Es sprach
> aber Maria zu dem Engel: Wie wird dies sein, da ich keinen Mann
> erkenne?
> 35 Und der Engel antwortete und sprach zu ihr: Heiliger Geist wird
> auf dich kommen und Kraft des Höchsten wird dich überschatten;
> deshalb wird auch das Gezeugte heilig gerufen werden, Sohn
> Gottes. 36 Und siehe, Elisabet, deine Verwandte, hat auch selbst in
> ihrem Alter einen Sohn empfangen, und dieser ist der sechste Monat
> für sie, die unfruchtbar genannt wird, 37 weil bei Gott kein Ding
> unmöglich ist. 38 Es sprach nun Maria: Siehe, die Magd des Herrn; es
> geschehe mir nach deinem Wort. Und es ging der Engel von ihr weg.

Diese zweite Engelerscheinung gliedern eine Einführung und zwei Dialoge. Der Evangelist gibt zur Schwangerschaft von Elisabet die beruhigende Zeitangabe *sechs Monate* und wechselt mit *aber* wieder zum Handeln Gottes über. Gott sendet erneut den Engel Gabriel, um einer zweiten Frau eine Empfängnis anzukündigen, die die der Elisabet überbietet. Die biografischen Angaben sind sehr knapp. Die Frau heißt Maria, ist mit Josef aus dem verarmten (2,24) und machtlosen Königsgeschlecht Davids verheiratet, ist aber noch *Jungfrau*, d. h., sie hat noch kein Kind geboren, ist auch noch nicht schwanger und ist vermutlich noch nicht heimgeführt in das Haus von Josef, wie Matthäus unabhängig von Lukas erklärt (Mt 1,18). Doch nach dem jüdischen Ehevertrag ist sie vollgültig die Ehefrau von Josef. Maria wird jung gewesen sein. Das Heiratsalter für *Jungfrauen* begann mit 12 Jahren.

Galiläa ist eine Landschaft des Königreichs Juda und Nazaret ist ein kleines Dorf. Nun setzt anders als bei Zacharias die Erscheinung des Engels mit einem Eintreten in ein Haus und mit einer Begrüßung ein. Das *Hineingehen* und *Sprechen* evoziert die Vorstellung von einer menschlich aussehenden Person. Doch die Gestalt des Engels wird weiterhin nicht beschrieben. Die Begrüßung enthält im ersten Teil die normale griechische Alltagsformel: *Gruß dir*. Erst die folgende Zusage ist theologisch aufgeladen. *Gnade* kommt von Gott, und *Herr (Kyrios)* ist der Titel Gottes in der Septuaginta. Gott sagt Maria seine Gnade und Anwesenheit so zu, wie er sie früher Gideon zugesprochen hatte, um ihm die Aufgabe des Richters von Israel zu übertragen (Ri 6,12).

Maria ist aus Ehrfurcht vor Gottes Nähe verwirrt und überlegt gleichzeitig, welchen Auftrag ihr Gott geben wird. Die Botschaft bildet wieder gattungsgemäß den Mittelpunkt der Engelerscheinung. Zuerst kommt die übliche Beruhigung. Dann kommt die Verheißung mit Auftrag. Maria wird einen Sohn *empfangen* und ihn gesund *gebären*. Sie soll ihn *Jesus*, d. h. „Gott (Jo/Je) hilft/rettet“, nennen, das ist ein damals üblicher, jüdischer Name: vgl. Jesus Sirach, Josua, Joses (Mk 6,3). Doch es bleibt nicht bei der Verpflichtung auf den Jesusnamen, sondern es folgen drei weitere Verheißungen, die über die künftige Größe des Sohnes gehen: 1. Jesus wird als *Sohn Gottes* bezeichnet werden. 2. Er wird den Königs*thron* seines Urahnen David über Israel, d. h. über das *Haus Jakob*, erhalten. 3. Seine *Königsherrschaft* wird *ohne Ende* bis in alle Ewigkeit sein. Diese Verheißungen greifen auf die alttestamentlichen, endzeitlichen Messiaserwartungen zurück (Jes 7,14). König David wird die ewige Friedensherrschaft seines Hauses von Natan prophezeit; der jeweilige König trägt den Titel *Sohn Gottes* (2 Sam 7,12-17). Maria stellt daraufhin die gattungsübliche Frage, wie diese Offenbarung Realität werden kann. Wie Zacharias verweist sie auf ihre gegenwärtige Lebenssituation. Allerdings bleibt ihr Einwand dunkel. Er bezieht sich nicht wie beim glaubensschwachen Zacharias auf eine biologische Barriere, die für Gott unüberwindbar sein könnte. Obwohl Maria verheiratet ist, behauptet sie, keinen Kontakt mit einem Mann für eine Kinderzeugung zu haben. Der biblische Begriff „erkennen" meint ja den Zeugungsakt (LXXGen 4,1.17). Entweder ist Maria noch nicht heimgeführt worden und wünscht eine Ansage des Zeitpunktes ihres Zusammenziehens mit Josef oder sie erwartet nähere Auskunft darüber, wie Josef als einfacher Bürger von Nazaret einen Sohn mit solchen eschatologischen Kompetenzen zeugen soll.

Die Antwort des Engels verweist auf Gottes wunderwirkende Schöpferkraft. Gott wird auf Maria im Unterschied zu Elisabet schon während des Zeugungsaktes seine heilige Geisteskraft senden – *Heiliger Geist* und *Kraft des Höchsten* bilden einen poetischen biblischen Parallelismus – und dem *Gezeugten*, also dem Kind, von Anfang an den Geist der Heiligung verleihen und ihm den Hoheitstitel Sohn Gottes geben. Jesu Sohnschaft wird allein von Gott verliehen, nicht von menschlichem Sippendenken her, obwohl Josef von König David abstammt. Ob Gottes Zeugungshandeln gemeinsam mit der Beteiligung des Mannes geschieht oder ohne seine Beteiligung, lässt der Evangelist offen. Beide Vorgangsweisen waren für antiken Glauben möglich. Als Beglaubigungszeichen erhält Maria einen Hinweis auf die Schwangerschaft ihrer *Verwandten Elisabet*. Die Verwandtschaft zwischen den zwei Frauen lässt sich allerdings nicht mit anderen Quellen historisch absichern. Der Evangelist konstruiert sie wegen der theologischen Nähe von Johannes und Jesus. Marias Antwort bringt ihren Glauben und ihr Vertrauen zum Ausdruck. Sie ist Dienerin Gottes; sie vertraut darauf, dass Gott an ihr so handelt, wie er es vorausgesagt hat. Zum ersten Mal redet sie den Engel mit Du an. Sie hat den persönlichen, vertrauensvollen Dialog mit Gott angenommen. Die Gotteserscheinung im Engel entschwindet, doch der Dialog mit Gott geht weiter.

Der Besuch Marias bei Elisabet (1,39-56)

39In diesen Tagen machte sich Maria auf den Weg und ging eilends
ins Gebirge zu einer Stadt Judas 40und ging in das Haus des Zacha-
rias hinein und begrüßte Elisabet.
41Und es geschah, als Elisabet den Gruß der Maria hörte, hüpfte das
Kind in ihrem Leib, und Elisabet wurde vom Heiligen Geist erfüllt
42und rief mit lauter Stimme und sprach: Gesegnet du unter den
Frauen und gesegnet die Frucht deines Leibes. 43Und wie geschieht
mir dies, dass die Mutter meines Herrn zu mir kommt? 44Denn siehe,
als ich die Stimme deines Grußes hörte, hüpfte das Kind vor Freude
in meinem Leib. 45Und selig, die glaubte, dass sich erfüllen wird, was
ihr vom Herrn gesagt wurde. 46Und es sprach Maria:
Es macht meine Seele den Herrn groß, 47und es jubelt mein Geist
über Gott, meinen Retter,
48weil er hinschaute auf die Niedrigkeit seiner Magd. Denn siehe,
von jetzt an werden mich seligpreisen alle Geschlechter, 49weil der
Mächtige Großes an mir tat.
Und heilig ist sein Name, 50und sein Erbarmen währt von Geschlech-
tern zu Geschlechtern für die ihn Fürchtenden.
51Er übte Gewalt mit seinem Arm, zerstreute die, die in der
Gesinnung ihres Herzens überheblich sind;
52er stürzte Machthaber von Thronen, und er erhöhte Niedrige,
53Hungernde erfüllte er mit Gütern und sandte Reiche leer weg.
54Er nahm sich seines Knechts Israel an und gedachte der Barm-
herzigkeit,
55wie er sie unsern Vätern zugesagt hat, Abraham und seiner Nach-
kommenschaft in Ewigkeit.

56 Es blieb Maria bei ihr etwa drei Monate und kehrte dann in ihr Haus zurück.

Es liegt ein biografisches Gespräch (Apophthegma oder Chrie) mit zwei kleinen Reden vor. Maria wird jetzt zur Hauptfigur. Sie ergreift die Initiative, ihre Verwandte Elisabet zu besuchen, um ihr in den letzten drei Monaten der Schwangerschaft beizustehen. Solche Verwandtschaftsbesuche waren für Frauen in der Antike erlaubt. Allerdings bleibt die verwandtschaftliche Beziehung zwischen den beiden Frauen eine theologische Fiktion und damit auch dieser Besuch. Daher sind die biografischen Informationen sehr mager. Elisabet wohnt nach der Johannesüberlieferung im Bergland von Judäa, vermutlich in der Nähe von Jerusalem, das damals 630–765 m hoch liegt. Die Entfernung zu Nazaret beträgt ca. 135 km.
Beim Hören des üblichen Grußes reagiert der Geistträger Johannes mit heftiger Bewegung im Mutterleib. Jetzt wird auch seine Mutter Elisabet vom Geist Gottes erfüllt.
Sie deutet mit einem Preislied den Besuch ihrer Verwandten und die Bewegung ihres Kindes. Gott hat die Akteure mit seinem Geist ausgestattet und lenkt durch den Geist ihre Handlungen und Erkenntnisse. Daher ist die Sprache sehr feierlich. Der Leser erfährt durch den Segenspreis, dass sich Maria im Anfang der Schwangerschaft befindet. Sie selbst und ihr Kind, das schon jetzt der *Herr* ist, sind als Geistträger von Gott gesegnet. Der *Kyrios*-, also *Herr*-Titel Jesu bedeutet die einzigartige Bevollmächtigung Jesu durch Gott. Beim öffentlichen Auftreten Jesu bleibt *Herr* der Haupttitel (2,11; 5,8 u. ö.). Mit der rhetorischen Frage nach dem Kommen Marias bezieht sich Elisabet in das Heilshandeln ein. Sie erkennt, dass ihr Geistträger Johannes sie mit dem geistgeleiteten Schicksal von Maria und Jesus verbindet. Eine unpersönliche Seligpreisung schließt das Lied ab. Alle, die wie Maria an die Verheißungen Gottes glauben, haben schon jetzt Anteil an der Seligkeit Gottes.
Maria antwortet ebenfalls mit einem Loblied. Es orientiert sich am Loblied Hannas (1 Sam 2,1-10), die lange kinderlos war und

Mutter des letzten Richters Samuel wurde (1 Sam 1,1-28). Der Evangelist hat vermutlich eine Vorform aus der Tradition übernommen. Das Loblied besteht aus zwei Teilen. Im ersten Teil (1,46-50) dankt Maria Gott, im zweiten Teil vergegenwärtigt sie Gottes Machttaten (1,51-55). Der Dank setzt mit einem Parallelismus der Lobpreisung ein: Gott groß machen und bejubeln. Der *Retter*-Titel gebührt allein Gott, der wiederum überträgt ihn auf Jesus (2,11). Gott wählt die Menschen ohne Ansehen ihres Standes für seinen Dienst aus. Nun wiederholt Maria die Seligpreisung von Elisabet und bestätigt sie. *Magd* ist ehrfurchtsvolle Demutsbezeugung vor Gott (1 Sam 1,11). Ein Preis der Heiligkeit Gottes und seines Erbarmens für die ihn Ehrenden schließt den ersten Teil ab.

Der zweite Teil handelt zunächst von den Gegnern, die Gott nicht beachten. Das Loblied erinnert an die vielen Machttaten Gottes im Alten Testament, angefangen mit den Siegen Abrahams über seine Feinde und sich steigernd mit der Befreiung Israels aus der Herrschaft der Ägypter. Gerade beim Exodus übt Gottes Arm Gewalt gegen das ägyptische Heer aus, das Israel nachjagt, und zerstreut es (Ex 14). In der Königszeit betreibt Gott nach deuteronomistischer Theologie den Sturz ungehorsamer Könige wie Saul und erhebt den einfachen Hirtenjungen David zum König (1 Sam 15–16). Es geht nun um die Umkehrung der gesellschaftlichen Verhältnisse. Ijob erleidet das Schicksal des Reichen, der mit Gottes Zustimmung zum totalen Armen, aber dann aufgrund seines unerschütterlichen Glaubens wieder mit Gütern gesegnet wird (Ijob 1,1–2,10; 42,10-17). So wie er werden viele Reiche in der Endzeit entmachtet werden (Jes 2,11-17). Die Armen hingegen finden ab Abraham Gottes Unterstützung (Ps 34; 107). Denn Israel hatte nie zu den mächtigen und reichen Völkern des Vorderen Orients gehört und war immer ein armes Agrarvolk mit wenigen Reichen an der Spitze gewesen. So war es zum Überleben immer auf Gottes Annahme angewiesen. Der Anruf an Gott, dass er seiner bisherigen *Barmherzigkeit* an Israel gedenken möge, prägt die Lobpreisungen und Bitten der alttestamentlichen Psalmen.

Der Verweis auf die Verheißungen an Abraham verstärkt die Anrufung Gottes, alle die vergangenen Machtaten jetzt in der angebrochenen Endzeit zu wiederholen und zu überhöhen. Alle Zusagen an Israel werden jetzt erfüllt werden. Die unbekannte Maria ist schon jetzt die Mutter des eschatologischen davidischen Christus und Herrn. Nach dieser feierlichen gegenseitigen Begrüßung bleibt Maria noch *etwa drei Monate* bei Elisabet; sie kehrt dann nach Nazaret zurück. Ob Maria die Geburt von Johannes noch miterleben sollte, bleibt offen.

Die Geburt des Täufers (1,57-58)

> [57]Für Elisabet aber erfüllte sich die Zeit, dass sie gebäre, [58]und sie gebar einen Sohn. Und es hörten die Nachbarn und ihre Verwandten, dass der Herr sein Erbarmen mit ihr groß machte, und freuten sich mit ihr.

Die Geburtserzählung von Johannes wird ganz knapp als ein erfreuliches biografisches Ereignis erzählt. Der Zeitpunkt für die Zacharias verheißene Geburt ist ohne Komplikation für Elisabet gekommen. Die Nachbarn und Verwandten hören es, führen diese glückliche, späte Geburt zu Recht auf Gott zurück – sie haben ja bisher nichts über die göttliche Verheißung für Zacharias erfahren – und freuen sich mit Elisabet mit.

Die Namensgebung (1,59-80)

> [59]Und es geschah am achten Tag, da kamen sie, das Kind zu beschneiden, und riefen es auf den Namen seines Vaters Zacharias. [60]Und seine Mutter antwortete und sprach: Nein, er soll Johannes gerufen werden. [61]Und sie sprachen zu ihr: Es gibt keinen in deiner Verwandtschaft, der mit diesem Namen gerufen wird. [62]Sie nun nickten seinem Vater zu, wie er wohl wolle, dass es gerufen werde. [63]Und er erbat ein Täfelchen, schrieb und sagte: Johannes ist sein Name. Und alle staunten.

64 Es öffneten sich aber sein Mund und seine Zunge auf der Stelle,
und er redete und pries Gott. 65 Und es kam auf alle ihre Nachbarn
Furcht, und im ganzen Gebirge von Judäa wurden alle diese Ge-
schehnisse beredet, 66 und alle Hörenden nahmen es sich zu Herzen
und sagten: Was wird wohl aus diesem Kind werden? Denn die Hand
des Herrn war mit ihm.
67 Und Zacharias, sein Vater, wurde erfüllt mit Heiligem Geist, und er
prophezeite und sagte: 68 Gepriesen sei der Herr, der Gott Israels,
dass er sein Volk besuchte und ihm Lösegeld/Befreiung gab,
69 und er erweckte uns eine Macht der Rettung im Haus Davids, sei-
nes Knechtes,
70 gleichwie er redete durch den Mund seiner heiligen Propheten von
Ewigkeit,
71 Rettung aus unseren Feinden und aus der Hand aller uns Hassenden,
72 Erbarmen zu üben mit unseren Vätern und zu gedenken seines
heiligen Bundes,
73 den Eid, den er schwor gegenüber Abraham, unserem Vater, zu
geben uns,
74 dass wir furchtlos, aus der Hand der Feinde errettet, ihm dienen
75 in Heiligkeit und Gerechtigkeit vor ihm an allen unseren Tagen.
76 Und du, Kind, wirst Prophet des Höchsten gerufen werden,
denn du wirst voranziehen vor dem Herrn, zu bereiten seine Wege,
77 seinem Volk zu geben Erkenntnis der Rettung in der Vergebung
ihrer Sünden,
78 durch herzliches Erbarmen unseres Gottes, in dem das Licht aus
der Höhe uns besuchen wird,
79 zu scheinen denen, die in Finsternis und Schatten des Todes sitzen,
zu lenken unsere Füße auf den Weg des Friedens.
80 Das Kind nun wuchs und wurde stark im Geist und war in den
Einöden bis zum Tag seiner Einsetzung für Israel.

Es liegt wieder ein biografisches Gespräch (Apophthegma) vor. Die Beschneidung am achten Tag ist im Alten Testament für den männlichen Säugling vorgeschrieben (Gen 17,12; 21,4; Lev 12,3). Der Vater nimmt sie vor. Zu diesem Fest des Bundeszeichens Gottes

für den Sohn kommen die Nachbarn und Verwandten. Die Koppelung der Namensgebung mit dem Beschneidungsfest wird um die Zeitenwende üblich. Da der Vater stumm ist, entwickeln die Gäste spontan den Vorschlag, seinen Namen an den Sohn weiterzugeben. Er soll dem Namen *Zacharias* weiterhin Würde verleihen.
Die vom Heiligen Geist erfüllte Elisabet widerspricht und schlägt den geoffenbarten Namen Johannes vor. Das Gegenargument der Gäste wiederum, dass der Sohn den Namen eines Verwandten oder des Vaters zu tragen hat, ist zeittypisch. Da Zacharias als Vater das Recht hat, seinen Kindern den Namen zu geben, wird er durch Zunicken aufgefordert, von seinem Recht endlich Gebrauch zu machen.
Der Höhepunkt der Erzählung ist erreicht. Zacharias kann als gebildeter Priester selber schreiben und gehört daher wie der damalige Priester Josephus Flavius (Verfasser u. a. des *Jüdischen Krieges*) zu der kleinen Schicht von gebildeten Schreibern und Schriftgelehrten. Das Wachstäfelchen war das übliche Material für das Aufschreiben kurzer Nachrichten. Mit dem Schreiben des Namens *Johannes* erlangt Zacharias seine Sprachfähigkeit zurück. Die Zweifel sind endgültig gewichen. Der verheißene Sohn wird durch die Beschneidung Mitglied des Bundesvolkes Israel. Er verkörpert die *Gnade Jahwes – Jo-chanan*. Alle staunen über Zacharias wunderbare Wiedererlangung der Sprache. Er stimmt voll Glück ein Loblied für Gott an. Im ganzen Gebirgsland von Judäa sprechen sich die Ereignisse herum, und die Leute hegen große Erwartungen an die Entwicklung des Kindes.
Zum Abschluss wird das geisterfüllte, prophetische Loblied des Zacharias wiedergegeben. Der Evangelist hat wieder die Vorform aus der Tradition genommen. Es hat zwei Teile: 1. Dank für die jetzt sich erfüllende Erlösung Israels (68-75) und 2. Wünsche an das Neugeborene als prophetisches Geburtsorakel (76-79). Zu 1: Der *Besuch* Gottes bei seinem Volk nimmt mit Abraham den Anfang (Gen 18) und geht im Kult (Lev 26,11f.) und in den Bundesschlüssen weiter (Ez 37,26f.). Mit seiner Weisheit, die die Tora des

Mose erfüllt (1–5 Moses bzw. Gen–Dtn), hat nach der frühjüdischen Weisheitstheologie Gott dauerhaft in Israel Wohnstatt genommen. *Lösegeld* meint die *Befreiung* aus der Gefangenschaft bei anderen Völkern, wieder angefangen bei Abraham und Sara (Gen 12,10-20) und weiter gesteigert bei der Befreiung aus Ägypten (Ex 12–14). Nach diesem kurzen Rückblick kommt Zacharias auf die eigene Gegenwart zu sprechen (*uns*). Erweckung der *Macht der Rettung*, wörtlich *Horn der Rettung*, bedeutet für den Evangelisten die Geburt Jesu Christi. Dessen Auftreten erfüllt die Verheißungen der Propheten, bewirkt *Rettung* wie im Exodus aus Ägypten (Gen 12–14) und aktiviert den mit einem *Eid* beschworenen Bund mit Abraham (Gen 15; 17; 22,16f.). Ziel der Verheißungen und Bundesschlüsse Gottes ist das Leben der Israeliten in *Heiligkeit* und *Gerechtigkeit*, d. h. dass sie den Kult feiern und nach den Weisungen des Mose leben.

Zu 2 (Geburtsorakel): Zacharias wechselt jetzt mit der *Du*-Anrede zur Prophetie über seinen Sohn über. Gott wird Johannes das Prophetenamt übertragen. Dieser wird Wegbereiter des *Herrn* sein, und zwar Jesu Christi (1,43; 2,11), und gleichzeitig mit eigener Kompetenz seinem Volk *Erkenntnis* vermitteln über die Rettung im Endgericht Gottes und die *Vergebung der Sünden*. Es wird auf das künftige Auftreten des Johannes als Täufer angespielt (3,3). In seinem Auftreten wendet Gott Israel sein Erbarmen zu und zeigt sich endgültig in Jesus Christus, der das *Licht* ist, das die Menschen aus der Macht des Todes zum eschatologischen Frieden in Gott lenkt.

Die Schlussbemerkung ist wieder knapp biografisch. Johannes wächst auf wie ein normales Kind; seine geistigen Fähigkeiten erstarken besonders, weil er Geistträger ist. Er meidet für seine Ausbildung den Großstadtbetrieb von Jerusalem und sucht die *Einöden* auf – es wird wohl auf Oasen in der Wüste Juda angespielt –, um ungestört die Bildung eines zukünftigen Priesters und Propheten zu erhalten. Auch der Priester Josephus Flavius suchte in jungen Jahren in der *Einöde* den Einsiedler Bannus auf, um drei Jahre bei ihm zu lernen (Jos. Vita 11). Augustus wächst fern von Rom auf (Suet. Augustus 6). Der Wüstenaufenthalt des Johannes wird zu dem Zeitpunkt beendet sein, wenn Gott ihn zum Umkehrprediger und Täufer *einsetzt*. Die Kindheitsgeschichte des Täufers endet hier. Die Geschichten von der Ankündigung der Geburt (1,1-25), der Geburt und der Namensgebung werden von den Anhängern des Täufers bereits gebildet worden sein. Der Evangelist hat sie übernommen und in seinen Stil eingeschmolzen. Mit den parallelen Geschichten von Jesus überbietet er dann die Täufergeschichten.

Die Geburt Jesu (2,1-20)

1Es geschah nun in jenen Tagen, dass eine Anordnung vom Kaiser
Augustus herauskam, dass der ganze Erdkreis aufgezeichnet werde.
2Diese erste Aufzeichnung geschah, als Quirinius Statthalter von
Syrien war. 3Und es gingen alle, sich aufzeichnen zu lassen, jeder in
seine Stadt. 4Es ging auch Josef aus der Stadt Nazaret in Galiläa hi-
nauf nach Judäa, in die Stadt Davids, welche Betlehem gerufen wird,
weil er aus dem Haus und Geschlecht Davids war, 5um sich aufzeich-
nen zu lassen mit Maria, der mit ihm Verheirateten, die schwanger
war.

6Es geschah aber, als sie dort waren, dass sich die Tage erfüllten, dass sie gebäre.

7Und sie gebar ihren Sohn, den Erstgeborenen, und wickelte ihn in Windeln und legte ihn nieder in einer Krippe, weil in der Unterkunft kein Platz für sie war.

8Und Hirten waren in derselben Gegend im Freien und hielten Nachtwachen bei ihrer Herde.

9Und ein Engel des Herrn trat zu ihnen, und die Herrlichkeit des Herrn umstrahlte sie, und sie fürchteten sich mit großer Furcht.

10Und es sprach zu ihnen der Engel: Fürchtet euch nicht; denn siehe, ich *verkünde* euch ein *Evangelium*, das dem ganzen Volk zuteilsein wird:

11Geboren wurde euch heute der Retter, der ist Christus, der Herr, in der Stadt Davids.

12Und dies ist für euch das Zeichen: Ihr werdet einen Säugling fin-
den, der in Windeln gewickelt in einer Krippe liegt.
13Und plötzlich war mit dem Engel eine Menge des himmlischen
Heeres, die Gott lobten und sagten: 14Herrlichkeit in den Höhen für
Gott und auf der Erde Friede bei den Menschen des Wohlgefallens.
15Und es geschah, als die Engel von ihnen in den Himmel weggingen,
da redeten die Hirten zueinander: Lasst uns doch bis Betlehem
gehen und sehen dieses Ereignis, das geschehen ist, das der Herr uns
kundtat. 16Und sie kamen eilend, und sie fanden Maria und Josef
und den Säugling, liegend in der Krippe;
17sie sahen ihn und gaben Kunde über das Wort, das zu ihnen über
dieses Kind gesagt wurde.
18Und alle, die es hörten, staunten über das, was ihnen die Hirten
gesagt hatten, 19Maria aber bewahrte alle diese Worte und bewegte
sie in ihrem Herzen.
20Und es kehrten die Hirten zurück, verherrlichten und lobten Gott
wegen allem, was sie hörten und sahen, wie zu ihnen gesagt worden
war.

Zum dritten Mal wird eine Engelerscheinung berichtet, nun aber mit einer langen biografischen Einleitung, auf der das Hauptgewicht liegt. Der Einsatz ist von der Sprache des Historikers geprägt. Allerdings berichtet der Evangelist hier sehr ungenau, während er sonst in seinen beiden Werken sehr sorgfältig recherchiert. Nach ihm ordnete zu diesem Zeitpunkt Kaiser Augustus (31 v. Chr.–14 n. Chr.) die Aufzeichnung aller Bewohner des Römischen Reiches an. Nun ist unklar, welche Art Aufzeichnung gemeint ist. Die Personen mit römischem oder italischem Bürgerrecht wurden wiederholt von Augustus gezählt und in Bürgerlisten eingetragen. Sie waren freie Römer. Auch über die Provinzbewohner ohne Bürgerrecht wurden in den jeweiligen Provinzen Steuerlisten geführt, denn nur sie mussten die Steuern zur Erhaltung des Reiches zahlen. Wenn ein unabhängiges Land in römischen Besitz kam, wurde eine entsprechende Steuerliste neu angelegt. Für das unabhängige Königreich Judäa trat dieser

Fall im Jahre 6. n. Chr. ein. Nach dem Tode von Herodes I. war das Reich unter den Söhnen aufgeteilt worden, und Archelaos, der älteste Sohn, erhielt die Landschaft Judäa; Nazaret verblieb im unabhängigen Galiläa unter Herodes Antipas (3,1). Archelaos wurde aber 6. n. Chr. vom Kaiser abgesetzt; Judäa wurde zu einer römischen Präfektur unter der Oberhoheit der Provinz Syrien umgewandelt. Quirinius wurde im Jahre 6 Statthalter von Syrien. Jetzt musste die bisherige *Aufzeichnung* der Provinzialen von Syrien ergänzt werden. Quirinius veranlasste die *erste Aufzeichnung* (lateinisch: Census) der Bewohner von Judäa für die Kopfsteuer und die Boden- und Ertragssteuer. Die *erste Aufzeichnung* meint also die Eingliederung von Judäa in die römische Buchführung und Steuerpraxis und damit in den von Rom beherrschten Erdkreis, für den immer wieder eine Anpassung der *Aufzeichnungen* angeordnet werden musste. Üblicherweise wurden die Bewohner an ihrem Wohnort aufgezeichnet. Daher haben *alle* ihren Hauptwohnsitz aufzusuchen. Bis hierhin konnten die Leser mit ihrem Wissen die knappen Bemerkungen des Evangelisten ergänzen. Hier nun verlässt der Evangelist die historische Glaubwürdigkeit. Er lässt Josef mit seiner schwangeren Frau Maria zur Stadt Betlehem in Judäa wandern, weil diese Stadt der Geburtsort seines Urahnen David ist. Es ergeben sich zwei historische Unmöglichkeiten: 1. Maria ist unter Herodes I. schwanger geworden. Zwischen dessen Tod im Jahre 4 v. Chr. und dem Census im Jahre 6 n. Chr. liegen jedoch zehn Jahre. Jesus muss also noch unter Herodes I. geboren worden sein (so Mt 2,1). Josef und Maria können nicht wegen des späteren Census nach Betlehem gegangen sein. 2. Daraus folgt auch die zweite historische Unmöglichkeit, dass Jesus als Mitglied des Römischen Reiches in der Davidsstadt Betlehem geboren wurde. Jesus wurde als Untertan des autonomen Königs Herodes I. geboren, und zwar in Nazaret oder in Betlehem (Mt 2,1). Der Evangelist klittert den späteren Census mit der Geburt Jesu zusammen, um einen theologischen Kontrast zwischen Kaiser Augustus und Jesus herzustellen. Solche Verfahren gehören eigentlich in die Epik, nicht in

die Geschichtsschreibung. Doch in Kindheitsgeschichten sind Ausnahmen im epischen Stil erlaubt: Der eigentliche Kaiser des Reiches regiert nicht in Rom, sondern wird in der Davidsstadt Betlehem geboren. Die Wanderung nach Betlehem bleibt zwar unter Herodes I. möglich unter der Voraussetzung, dass Josef tatsächlich dort Bodeneigentum besaß. Denn es gibt nach den Papyri das Aufsuchen solcher Liegenschaften in fremden Orten. Es müsste Josef dann aber um die Verhandlung über die Bodenerträge und deren Besteuerung durch Herodes I. gehen; diese Verhandlung konnte jedoch zu jedem beliebigen Zeitpunkt geführt werden. Josef konnte dazu seine Frau mitnehmen, konnte sie aber auch, insbesondere wegen der Schwangerschaft, zu Hause lassen. Was nun im epischen Stil folgt, malt die Geburt mit dem Hirtenmilieu, aus dem der Urahne David stammt (1 Sam 16), aus. Gleichzeitig klingt das Hirtenmilieu der 4. Ekloge von Vergil an.
Maria hat eine erfolgreiche Geburt gehabt. Dass Jesus der *Erstgeborene* ist, wird betont nachgestellt. Die Bezeichnung *Jungfrau* für die *frisch gefreite* (Perf. Part. Pass. von mnesteúo = *freien* 1,26) und *schwangere* Ehefrau wird so verständlich. Erst jetzt hat sie ihr erstes Kind geboren und kann ab jetzt nicht mehr im Evangelium Jungfrau genannt werden. Gleichzeitig betont *Erstgeborener* Gott als Eigentümer des Sohnes und verweist auf die nachfolgende Geschichte (2,21-40). Jesus wird wie jeder andere Säugling in Windeln gewickelt. Die *Krippe* ist wieder ungewöhnlich und wird in doppeldeutiger Weise begründet. Entweder handelt es sich bei der *Unterkunft* um ein einfaches Bauernhaus mit einem Raum als Stall oder um ein reines Wohnhaus mit einem gesonderten Stallgebäude. In beiden Fällen zeugt das Ausweichen auf den Stall mit Krippe oder Trog von großer Armut.
Betlehem ist eine kleine Stadt mit großen Weidegebieten; es liegt ca. 10 km südlich von Jerusalem entfernt. Mit den Hirten wird das Milieu angesprochen, aus dem der Gründer der davidischen Dynastie stammt. Wie der junge David hüten sie mit abwechselnden Nachtwachen ihre Herden. Der Engel erscheint als Offenbarungsträger mit der *Herrlichkeit* Gottes.

Das *Evangelium* des Engels bildet den Mittelpunkt der Erzählung. Zum zweiten Mal fällt das Verb „euangelízo", d. h. *das Evangelium verkünden* (1,19). Es folgen im Lukasevangelium acht weitere Stellen mit diesem Verb (3,18; 4,18.43; 7,22; 8,1; 9,6; 16,16; 20,1). Die Verkündigung der Königsherrschaft Gottes in seinem *Christus* ist ein *Evangelium*, wie es im nachexilischen Deutero-Jesaja-Buch (Jes 40–55) und Trito-Jesaja-Buch (Jes 56–66) verheißen wird. Es trat in exilischer Zeit (586–538 v. Chr.) ein Prophet oder eine Prophetengruppe als Fortsetzung der Verkündigung von Jesaja (vor 739–701) auf. In Deutero-Jesaja wird der Sprecher von Gott gleich zu Beginn zum „Freudenboten", d. s. *„Euangelizómenos"*, eingesetzt (Jes 40,1-9). Dieses Amt des Freudenboten greift der Evangelist auf und aktualisiert es für Johannes den Täufer (1,19). Beim öffentlichen Auftreten kündigt er wie Deutero-Jesaja das Kommen des endzeitlichen Herrn an (Lk 3,4-6). Im vierten und letzten Lied vom Gottesknecht (Jes 52,13–53,12) bezeichnet sich der alttestamentliche Prophet dann ausdrücklich als „Freudenbote". Die Tätigkeit als Freudenbote wird vom dritten Teil des Jesajabuches, von Trito-Jesaja (Jes 56–66), fortgeschrieben und ausgestaltet. Der Freudenbote kann die kommende Heilszeit in eigenen Befreiungstaten und Wundern ankündigen (LXXJes 61,1-2). Allerdings verzögert sich die vollkommene Erfüllung der Heilszeit. Der Evangelist greift diese Verzögerung auf und überträgt die Erfüllung auf Jesus gleich bei der Geburt (2,10-11) und dann noch einmal bei Beginn des öffentlichen Wirkens (4,16-30). Jesus verwirklicht den Freudenboten von Trito-Jesaja und Deutero-Jesaja und erfüllt endgültig deren Ansprüche und Verheißungen. Die Königsherrschaft Gottes steht nicht mehr aus, sondern ist anfanghaft in Jesu Worten und Taten angebrochen (4,43). Im Zwölferkreis Jesu geht die *Verkündigung* dieses *Evangeliums* weiter (9,6). Das Substantiv *„Evangelium"* fehlt allerdings im Lukasevangelium und wird später in der Apostelgeschichte nur je einmal mit Petrus (Apg 15,7) und mit Paulus (Apg 20,24) genannt. Die beiden führenden Apostel und Zeugen verkünden den Völkern das *Evangelium* und geben ihr Leben für den Dienst am *Evange-*

lium hin. Das *Evangelium* von Jesus Christus kann und muss von allen Christen an allen Orten der Welt allen Hörern in Wort und Tat verkündet werden. Das Verbum *Evangelium verkünden* und das Substantiv *Evangelium* gehören für den Evangelisten zusammen. Beide haben eine Stoßkraft gegen den Kaiser. Denn der Kaiser erklärt seine Geburt und seine Thronbesteigung zu Frohbotschaften (*Evangelia*) und lässt an den Gedenktagen große Feiern zelebrieren. Der Geburtstermin von Augustus z. B. soll in den kleinasiatischen Städten der Anfang des neuen Jahres werden, so jedenfalls verlangt es die Kalenderinschrift von Priene, Kleinasien. Die Verkündigung des Engels ist eine provokative Gegenproklamation gegen diese Vergöttlichungsansprüche des Kaisers. *Retter* ist griechischer Titel für Könige und für den Kaiser; *Christus*, d. h. Gesalbter, und *Herr*, d. h. *Kyrios*, bleiben Titel der Geschichte Israels mit Gott; denn Gott adoptiert seit David den jüdischen König zu seinem *Sohn* und *Christus* (2 Sam 7) und bleibt der *Herr* Israels. Nicht der Kaiser ist der *Retter*, sondern der Christus Jesus aus dem Davidshaus, der zugleich der von Gott bevollmächtigte *Herr* Israels und der Völker ist. Das Zeichen für die Hirten betont weiterhin den Gegensatz. In der Futterkrippe liegt ein hilfloser Säugling. Der eschatologische Weltenherrscher wird nicht in einem Palast geboren, sondern in völliger Armut in einem Stall. Anstelle einer staatlichen Geburtstagsfeier erscheint eine Heerschar von Engeln und bringt Gott einen Lobspruch dar (vgl. Jes 6,1-2). Die Herrlichkeit Gottes strahlt in der Geburt Jesu auf die Menschen aus, für die die Hirten stehen (2,9), und verbreitet *Frieden* für alle Menschen; denn Gottes *Wohlgefallen* gilt allen Menschen.

Nach dem Weggang der Engel zeigen sich die Hirten von der Offenbarung freudig erfüllt, eilen in den Ort Betlehem und finden Maria und Josef mit dem Kind in der Krippe.

Sie geben das ihnen verkündete *Evangelium* weiter und setzen alle Hörer in Staunen. Maria *bewahrt* die freudigen Worte in ihrem Gedächtnis und verbindet sie mit ihrem Gefühl, mit ihrem Herzen.

Die Hirten kehren zurück und verkünden das ihnen zuteilgewordenen Evangelium weiter. Sie, die wegen ihrer Lebensweise außerhalb der Zivilisation ein niederes Ansehen haben, werden zu den ersten Evangelisten Jesu. Der Evangelist hat mit epischer Freiheit ein gewaltiges Gegenporträt zum kaiserlichen *Retter* Augustus entworfen. Mit den Farben von Nazaret hätte er zwar auch eine Geburt in Armut schildern können und wäre geschichtstreuer geblieben, doch der theologische Gegensatz zwischen Kaiserthron und davidischer Futterkrippe wäre nicht so eindrucksvoll gelungen.

Namensgebung (2,21)

21Und als sich erfüllten die acht Tage, ihn zu beschneiden, wurde sein Name Jesus ausgesprochen, der vom Engel ausgesprochen worden war, bevor er im Mutterleib empfangen wurde.

Beschneidung und Namensgebung Jesu bilden nur ein knappes Ereignis im Unterschied zur umfangreichen Erzählung bei Johannes (1,59-80). Josef beschneidet seinen Sohn und erfüllt bei der Namensgebung den Auftrag Gottes an Maria, den Sohn Jesus zu nennen.

Reinigung Marias im Tempelbezirk (2,21-40)

22Und als sich die Tage ihrer Reinigung gemäß dem Gesetz des Mose erfüllten, brachten sie ihn nach Jerusalem hinauf, um ihn dem Herrn darzustellen, 23wie im Gesetz des Herrn geschrieben ist: *Jedes Männliche, das den Mutterschoß öffnet, soll heilig dem Herrn gerufen werden* (Ex 13,2.12.15), 24und um ein Opfer zu geben nach dem im Gesetz des Herrn Gesagten: *Ein Paar Turteltauben oder zwei Junge von Tauben* (Lev 5,11; 12,8).
25Und siehe, ein Mensch war in Jerusalem, dessen Name war Simeon, und dieser Mensch war gerecht und fromm und erwartete die Ermutigung Israels, und Heiliger Geist war auf ihm;

26und es war ihm vom Heiligen Geist geoffenbart worden, dass er
den Tod nicht sehe, bevor er den Christus des Herrn gesehen habe.
27Und er kam im Geist in den Tempelbezirk;
und als die Eltern das Kind Jesus hineinführten, um nach dem
Brauch des Gesetzes an ihm zu handeln, 28nahm auch er es in die
Arme und pries Gott und sprach:
29Jetzt entlässt du deinen Knecht, Gebieter, nach deinem Wort in
Frieden;
30denn meine Augen sahen dein Heil, 31das du bereitetest vor dem
Angesicht aller Völker,
32ein Licht zur Offenbarung für die Völker und zur Herrlichkeit für
dein Volk Israel.
33Und sein Vater und die Mutter staunten über das über ihn
Gesagte. 34Und es segnete sie Simeon und sprach zu Maria, seiner
Mutter: Siehe, dieser ist gesetzt zu Fall und Aufstehen vieler in Israel
und zu einem umstrittenen Zeichen – 35auch deine eigene Seele
wird ein Schwert durchdringen –, damit die aus vielen Herzen her-
vorkommenden Gedanken enthüllt würden.
36Und es war da Hanna, eine Prophetin, eine Tochter Phanuels, aus
dem Stamm Aser; sie war hochbetagt, hatte nach ihrer Jungfrau-
schaft mit einem Mann sieben Jahre gelebt 37und war eine Witwe
von vierundachtzig Jahren, die sich nicht vom Tempelbezirk entfern-
te und mit Fasten und Gebeten Nacht und Tag Gott diente.
38Und zu eben dieser Stunde trat sie hinzu, lobte Gott und redete
über ihn zu allen, die die Erlösung Jerusalems erwarteten.
39Und als sie alles nach dem Gesetz des Herrn erfüllt hatten, kehr-
ten sie nach Galiläa in ihre Stadt Nazaret zurück. 40Das Kind wuchs
und wurde stark, erfüllt mit Weisheit, und die Gnade Gottes war bei
ihm.

Die Jesusgeschichten erhalten als Zusatz einen längeren Bericht von der Reinigung Marias. Der Leser wird ausführlich über jüdische Gesetzesvorschriften unterrichtet. Eine Frau gilt für sieben Tage nach der Geburt eines Sohnes als unrein; weitere 33 Tage ist sie vom Gottesdienst im Tempelbezirk ausgeschlossen (Lev 12,1-

4). Nach diesen insgesamt 40 Tagen erfolgt der Ritus der *Reinigung*. Die Wöchnerin soll als Opfergabe 1 Schaf und 2 Turteltauben oder junge Tauben dem Tempel übergeben; für Arme entfällt das Schaf als Opfergabe (Lev 12,6-8). Da Maria nur das Taubenopfer darbringt, muss die Familie Jesu zu den Armen gerechnet werden. Zur Zeitenwende ist der Gang nach Jerusalem nicht mehr Pflicht; die Kosten für das Opfer können am Wohnort entrichtet werden. Auch für den Loskauf des dem *Herrn* gehörenden Erstgeborenen ist eine Abgabe am Wohnort für den Tempel zu entrichten, und zwar zur Zeitenwende fünf Silberschekel, denen fünf Tetradrachmen oder 20 Denare entsprechen, ein Lohn von 20 Tagen Arbeit (Mt 20,1-16). Der Gang Marias zum Tempelbezirk ist also nicht notwendig. Auch der Ausgangspunkt für das Hinaufgehen bleibt unklar. Soll der Leser das nahe Betlehem oder aufgrund der 40 Tage Reinigungszeit wieder Nazaret annehmen? Es geht dem Evangelisten um ein theologisches Ziel. Die vom Geist Gottes gelenkte Familie Jesu sucht zum erst möglichen Termin den Tempelbezirk auf, weil er das kultische Zentrum des Judentums ist.

Im Tempelbezirk ereignen sich dann auch zwei erstaunliche Begegnungen. Der gerechte und ebenfalls vom Geist erfüllte Jerusalemer Simeon kommt durch Lenkung des Geistes zum gleichen Zeitpunkt im *Tempelbezirk* an. Er hatte vom Geist, der dreimal genannt wird, eine eschatologische messianische Weissagung erhalten.

Simeon nimmt das Kind auf den Arm und stimmt ein Preislied für Gott an, das letzte in der Kindheitsgeschichte. Gott hat die Voraussage seines Messias für die Endzeit erfüllt. Der *Retter* Jesus ist der Heilbringer für alle Völker einschließlich Israel. Er erleuchtet sie, die Offenbarung und Herrlichkeit Gottes zu verstehen.

Die Eltern Jesu reagieren mit Staunen und erhalten den Segen Simeons. Josef wird hier wie auch später (2,48) ganz unbefangen als *Vater* Jesu bezeichnet. Gottes und Jesu Vaterschaft sind für den geisterfüllten Simeon kein Gegensatz. Simeon gibt überraschend auch Maria eine Prophetie. Sie wird zum Mittelpunkt der

Erzählung. Wie im Lobpreis von Zacharias gibt es ein Geburtsorakel. Jesu machtvolles Auftreten und späteres Leidensschicksal werden angedeutet. Es liegt ein Anklang an Jesaja vor; Gott wird für seine menschlichen Gegner zum Stein des *Fallens* und der Prophet selbst zum umstrittenen *Zeichen* (Jes 8,13-18). Das *Aufstehen* der Anstoß Nehmenden wird neu hinzugefügt. Jesus wird in seinem öffentlichen Auftreten die Gegner besiegen und allen Menschen, auch seinen Gegnern, bis zum Weltgericht die Chance der Umkehr geben. Gleichzeitig bleibt er als Zeichen für Gottes Heilshandeln umstritten. Nun geht das Orakel auf Maria über. Die Metapher vom *die Seele durchdringenden Schwert* – Schwert gehört zur alttestamentlichen Sprache von Gottes Weltgericht (Jes 27,1) – geht noch deutlicher auf das Leiden ein. Maria wird an der Umstrittenheit Jesu, die die Gedanken der Menschen offenbaren und sie vor die Entscheidung zum Glauben stellen wird, in schmerzvoller Weise teilnehmen.

Nun tritt als weibliches Pendant zu Simeon die *Prophetin Hanna* auf. Im Judentum und frühen Christentum hat es Prophetinnen gegeben (Ex 15,20; Ri 4,4; 2 Kön 22,14; Jes 8,3; 1 Kor 11,5; Apg 21,9). Hanna erhält eine ehrenvolle Kurzbiografie.

Ihr prophetisches Lob wird zusammengefasst und indirekt berichtet. Jesus bringt die verheißene *Erlösung* für Jerusalem und Israel (vgl. 1,68). Das Loblied von Simeon wird bestätigt.

Die Rückkehr nach Nazaret wird kurz angemerkt. Wie Johannes (1,80) wächst Jesus heran und wird stark an Weisheit. Die *Gnade Gottes* wird bei ihm ausdrücklich betont. Zur Besonderheit seiner Bildung nimmt die letzte Geschichte Stellung.

Der zwölfjährige Jesus im Tempelbezirk (2,41-52)

[41]Und es gingen seine Eltern jährlich nach Jerusalem zum Passahfest.
[42]Und als er zwölf Jahre war, wanderten sie hinauf nach der Sitte des
Festes, [43]und als sie vollendeten die Tage, blieb, während sie zurückkehrten, der junge Jesus in Jerusalem, und seine Eltern bemerkten es nicht.

44Sie meinten, er sei bei der Weggemeinschaft, gingen eine
Tagesstrecke, suchten ihn bei den Verwandten und den Bekannten
45und fanden ihn nicht,
sie kehrten nach Jerusalem zurück und suchten ihn dort. 46Und es
geschah, nach drei Tagen fanden sie ihn im Tempelbezirk,
er saß inmitten der Lehrer, hörte ihnen zu und befragte sie. 47Es
gerieten alle, die ihn hörten, außer sich über sein Verständnis und
seine Antworten.
48Und als sie ihn sahen, waren sie sehr bestürzt, und es sprach seine
Mutter zu ihm: Kind, warum handeltest du so an uns? Siehe, dein
Vater und ich suchten dich mit Schmerzen.
49Und er sprach zu ihnen: Weswegen suchtet ihr mich? Wusstet ihr
nicht, dass ich in dem sein muss, was meinem Vater gehört? 50Und
sie verstanden das Wort nicht, das er zu ihnen sagte.
51Und er wanderte mit ihnen hinab und kam nach Nazaret und ord-
nete sich ihnen unter. Und seine Mutter bewahrte alle Worte in
ihrem Herzen. 52Und Jesus machte Fortschritte in Weisheit und Alter
und in Gnade bei Gott und den Menschen.

Es handelt sich um ein biografisches Gespräch (Apophthegma). Die Pflicht zur Teilnahme an den drei Wallfahrtsfesten (Passah: christlich Ostern, Wochenfest: christlich Pfingsten und Laubhüttenfest: Herbst-Erntefest) bestand nur für die Jerusalemer und die Bewohner der nahen Umgebung. Da das Passahlamm nur in Jerusalem gegessen werden durfte, gab es in den entfernten Gebieten wie Galiläa die *Sitte*, einmal im Jahr zum Tempel in Jerusalem zu pilgern, und zwar zum Passahfest. Es vergegenwärtigt den geglückten Auszug aus Ägypten (22,1-23). Der zwölfjährige Jesus steht an der Schwelle zum Erwachsenenalter. Er kann wie die heiratsmündigen Mädchen und die männlichen Jugendlichen zu den Erwachsenen gezählt werden. Als Erwachsener ist er zu der Einhaltung der Gebote verpflichtet und kann als Vorbeter in der Synagoge fungieren. Später entwickelte sich für den schroffen Übergang vom Kind zum Erwachsenen die Bar-Mizwa-Feier für den dreizehnjährigen Jungen.

Die Eltern Jesu bemerken beim Rückweg nach einer Tagesstrecke, dass Jesus in Jerusalem geblieben ist. Für die Strecke Nazaret – Jerusalem (ca. 135 km) werden mindestens drei Tage Fußmarsch benötigt. Die Kinder und Jugendlichen bilden bei der Wallfahrtsgemeinschaft eigene Gruppen, sodass die Eltern erst am Abend das Fehlen bemerken können.

In Jerusalem finden sie Jesus nach längerer Suche; *drei Tage* können wörtlich als Summe von Hinweg, Rückweg und Suchtag, aber auch als unbestimmter Zeitraum verstanden werden. Die Überraschung ist, dass sich Jesus im *Tempelbezirk* aufhält. Dort wurden zwar die Passahlämmer geschlachtet, aber sie wurden in den Wohnhäusern von Jerusalem verzehrt (22,7-38), sodass der Tempelaufenthalt Jesu unerwartet bleibt.

Er sitzt zwischen den Schriftgelehrten in einer Säulenhalle des Tempelbezirks und verhält sich als gelehriger Schüler, indem er zuhört, fragt und auf Nachfragen verständig antwortet. Er zeigt sich schon jetzt in verdeckter Weise als geisterfüllter Weisheitsträger. Ähnlich, aber in lächerlich übertriebener Weise, behauptete auch Josephus Flavius von sich die vollkommene Beherrschung der Gesetzesauslegung als Vierzehnjähriger (Jos. Vita 9).

Die Eltern Jesu erschrecken über diese ehrenvolle Position ihres Sohnes, nehmen aber dazu keine Stellung. Vielmehr befragt Maria mit berechtigtem Vorwurf sein unerlaubtes Fernbleiben. Sie bezeichnet bei ihrer Rede Josef erneut als *Vater.* Der folgende Kontrast zwischen menschlicher und göttlicher Vaterschaft wird aufgebaut. *Schmerzen* löst das dunkle Orakel Simeons *vom durchdringenden Schwert* zum ersten Male ein. Jesus handelte bei seinem ersten öffentlichen Auftritt ganz anders, als es seine Eltern erwarteten, und bewirkte für sie Schmerzen.

Jesu Antwort deckt den theologischen Grund dieses künftigen Dauerkonflikts mit seiner Familie auf (8,19-21). Gott ist für ihn als *Messias/Christus* in besonderer Weise *Vater.* Der Aufenthalt in Jerusalem erzwingt das Aufsuchen seines Heiligtums und die Diskussion über die richtige Gesetzesauslegung. Schon als junger Mann muss Jesus das Gespräch über die Schrift mit den vorrabbi-

nischen Gelehrten so aufnehmen, wie es damals üblich war. Im späteren Rabbinat werden dann solche Gelehrtengespräche und Dialoge zwischen Lehrer und Schüler zur hauptamtlichen Tätigkeit (Apg 22,3). Jesus weiß von seinen Eltern um die Verheißungen und die Geburtsorakel für ihn (2,1-40). Im Tempelbezirk kann er zu ersten Mal in der Öffentlichkeit andeuten, dass er aufgrund seiner exklusiven messianischen Beziehung zu Gott-*Vater* von ungewöhnlicher *Weisheit* erfüllt ist. Doch diese messianische Beziehung wird von den eigenen Eltern und von den Gelehrten noch *nicht verstanden*. Es setzt zum ersten Mal das Leidensgeheimnis der Sohnschaft Gottes ein.
Die Selbstoffenbarung Jesu als Weisheitsträger bleibt punktuell begrenzt. Er verlässt mit seinen Eltern wieder den Tempelbezirk, kehrt nach Nazaret zurück und ordnet sich den Eltern unter. Die vorhergehende Notiz vom Wachstum in Stärke und *Weisheit* und von der Anwesenheit der Gnade Gottes (2,40) wird mit leichter Variation zum Abschluss wiederholt. Die *Gnade* wird auf die Menschen erweitert. Auch sie gewähren Jesus *Gnade*. Er wird zum allgemein anerkannten Hoffnungsträger.

Die Vorbereitung des öffentlichen Wirkens Jesu (3,1–4,13)

Der Evangelist greift bei seinem *Evangelium* auf die biografischen Traditionen der Jesus- und Johannesüberlieferung zurück. Von besonderem Gewicht wurden für ihn die biografischen Traditionen vom Täufer Johannes. Der gewaltsame Tod des Lehrers Jesu präfigurierte das Geschick seines ihn überragenden Schülers.
Innerhalb des idealbiografischen Evangeliums von Jesus Christus entsteht auch eine Idealbiografie vom Täufer. Wie in den Philosophenbiografien von Diogenes Laertios (2. Jahrhundert) wird der Vergleich, die Synkrisis, zwischen Jesus und Johannes innerhalb der Einzelbiografie durchgeführt. Bekannterweise wählte

Plutarch (1./2. Jahrhundert) den Sonderweg, Doppelbiografien nach dem Muster der Synkrisis zu schaffen. Der Evangelist hingegen bevorzugte wie Diogenes Laertios den üblichen Weg, nach dem Vorbild Herodots mit Einschüben und Rückblenden den Vergleich herzustellen (1; 3; 5,33; 7,18-35; 9,9; 11,1; 16,16; 20,1-8).

Das Auftreten des Täufers Johannes (3,1-20)

[1]Im fünfzehnten Jahr der Regierung des Kaisers Tiberius, als Pontius
Pilatus Judäa regierte und Herodes Tetrarch von Galiläa war,
Philippus, sein Bruder, Tetrarch der Ituräa und der Trachonitis und
Lysanias Tetrarch der Abilene [2]unter den Hohenpriestern Hannas
und Kajaphas erging das Wort Gottes an Johannes, den Sohn des
Zacharias, in der Wüste. [3]Und er kam in die ganze Umgebung des
Jordans und verkündete eine Taufe der Umkehr zur Vergebung der
Sünden, [4]wie im Buch der Worte des Propheten Jesaja geschrieben
ist: *Stimme eines Rufenden in der Wüste: Bereitet den Weg des Herrn,*
macht seine Straßen gerade; [5]jede Schlucht wird aufgefüllt, und jeder
Berg und Hügel wird niedrig gemacht werden, und es wird werden das
Krumme zum Geraden und die rauen Wege zu glatten Wegen; [6]und
alles Fleisch wird sehen die Rettung Gottes (LXXJes 40,3-5).
[7]Er sagte nun zu den Volksmengen, die hinausgingen, um von ihm
getauft zu werden:
Natternbrut, wer zeigte euch, vor dem kommenden Zorn zu fliehen?
[8]Bringt nun Früchte, würdig der Umkehr; und beginnt nicht, zu euch
zu sagen: Als Vater haben wir Abraham. Denn ich sage euch: Gott kann
aus diesen Steinen Abraham Kinder erwecken. [9]Schon ist die Axt auch
an die Wurzel der Bäume gelegt; jeder Baum nun, der keine gute
Frucht bringt, wird ausgehauen und ins Feuer geworfen. [10]Und es
befragten ihn die Volksmengen und sagten: Was nun sollen wir tun?
[11]Er antwortete und sagte zu ihnen: Wer zwei Gewänder hat, gebe dem
Anteil, der nicht hat, und wer Nahrung hat, handle ebenso.
[12]Es kamen auch Zöllner, um getauft zu werden, und sprachen zu
ihm: Lehrer, was sollen wir tun? [13]Er sprach zu ihnen: Fordert nicht
mehr als das für euch Festgesetzte!

14Es befragten ihn auch Soldaten und sagten: Und was sollen wir tun? Und er sprach zu ihnen: Erpresst keinen, verleumdet keinen und begnügt euch mit eurem Sold!
15Als aber das Volk in Erwartung war und alle sich in ihrem Herzen Gedanken über Johannes machten, ob er nicht selbst der Christus
sei, 16antwortete Johannes und sagte zu allen: Ich taufe euch zwar mit Wasser; es kommt aber der, der stärker ist als ich, ich bin nicht wert, dem den Riemen seiner Sandalen zu lösen; er wird euch taufen
mit Heiligem Geist und Feuer. 17Er hat seine Wurfschaufel in seiner Hand, zu reinigen seine Tenne und einzusammeln das Getreide in seine Scheune, die Spreu aber wird er mit unlöschbarem Feuer verbrennen.
18Und mit vielem anderen mehr ermahnte er und verkündete dem
Volk das Evangelium. 19Herodes aber, der Tetrarch, der von ihm wegen Herodias, der Frau seines Bruders, und wegen allem Bösen, das
er getan hatte, zurechtgewiesen wurde, 20fügte auch dies zu allem hinzu und kerkerte Johannes ins Gefängnis ein.

Das lange biografische Gespräch von Johannes wird mit einem Synchronismus eingeleitet. Historische Zeitangaben von gleichzeitig regierenden Herrschern werden zusammengestellt, um ein objektives Geschichtsdatum zu erreichen. Das 15. Regierungsjahr von Tiberius (14–37) lässt sich genau bestimmen; denn Kaiser Augustus stirbt im Jahre 14. Johannes tritt 15 Jahre später um das Jahr 28/29 auf. Pilatus ist von 26–36 Präfekt von Judäa, Herodes mit dem Beinamen Antipas trägt den römischen Titel für einen autonomen Kleinfürsten: *Tetrarch*, d. h. *Vierfürst*, von Galiläa (4 v. Chr.–39), sein Bruder Philippus regiert das benachbarte Fürstentum von Ituräa (4 v. Chr.–34) und Lysanias, der nicht zum herodianischen Haus gehört, herrscht in dem nördlich von Palästina liegenden Abilene. Der Evangelist erlaubt sich einen Scherz. Er nimmt den Titel *Tetrarch* wörtlich (*vierfacher Fürst*) und ordnet dem jüdischen Palästina vier Teile zu: Judäa, Galiläa, Ituräa und Abilene. Tatsächlich kommt Abilene unter Agrippa I. (37–44) unter herodianische Herrschaft, doch ohne jüdische Landschaft zu werden. Herodes Antipas, der Landesherr von Johannes und Jesus, ist eigentlich nichts anderes als ein ironisch zu verstehender *Viertelfürst* anstatt ein euphemistisch titulierter *Vierfürst* (s. den Schluss 3,19-20). Als Hoherpriester fungiert Kajaphas (18–36), sein Schwiegervater Hannas trägt als Vorgänger (6–15) ebenfalls diesen Titel; der Plural Hohepriester bezeichnet ein Beratungsgremium aus hohenpriesterlichen Familien und den amtierenden Hohenpriestern (20,27-40).

Im Jahre 28/29 oder schon 27/28 wird Johannes von Gott berufen; die Formulierung *erging das Wort Gottes* ist alttestamentlich (LXXJer 1,1). Johannes bricht von der einsamen Gegend seines bisherigen Aufenthaltes auf und begibt sich an den Jordan. Der Jordangraben ist die zentrale Verbindung zwischen Judäa und Galiläa; zugleich gibt es am Jordan reichlich Wasser für die Taufe. Die Umkehrtaufe ist ein Novum. Der Evangelist begründet sie mit einem Zitat aus Deutero-Jesaja. Die neue *Stimme* verheißt Gottes eschatologische Ankunft auf dem Tempelberg als *Kyrios* (Herr) zum Weltgericht. Gott wird dafür sorgen, dass für seinen endzeitlichen Einzug eine Prachtstraße vom Tempel aus in Richtung Babylon gebaut wird, die gleichzeitig den Exilierten zur Heimkehr dient. Den damaligen Mitteln gemäß sollen die Schluchten aufgefüllt, Berge und Hügel abgesenkt und eine gerade, glatte Straße geschaffen werden. Zu dieser Prachtstraße und der vollendeten Rettung für Israel war es aber nach dem bescheidenen Wiederaufbau nach dem Exil (ab 538) nicht gekommen. So entwickelte sich die Hoffnung, dass sich in der Endzeit die Neueinsetzung der Stimme wiederholt. Johannes erfüllt diese Erwartung. Das jüdische Volk zieht in Scharen von Jerusalem, Judäa und Galiläa zu ihm in den Jordangraben. Mit einer prophetischen Drohpredigt fordert er von seinen Hörern die Umkehr als Vorbedingung für die Wassertaufe. Diese ist ein sakramentales Symbol für die Reinheit und die *Rettung* beim nahe bevorstehenden Gericht Gottes. Die Anrede *Natternbrut* deutet die messianische Verheißung an, dass das messianische Kind vor der Höhle der Natter spielt (Jes 11,8), also den paradiesischen Frieden wie-

derherstellt; der kommende *Zorn* meint das Weltgericht über die Völker und Israel (Jer 25,15-38; Ez 21,36). *Frucht bringen* wird gegen das blinde Vertrauen auf die Abrahamskindschaft gesetzt. Gottes Bund mit Abraham, den die Kindheitsgeschichte wiederholt betonte (1,55.73), bedeutet nicht eine Rettungsgarantie für alle Nachkömmlinge. Aus *Steinen Kinder erwecken* spielt auf Jes 51,1-2 an und erweitert diese Stelle. Aus dem *Felsen* Abraham werden nicht nur Israeliten, sondern auch Heiden erweckt. Alle Israeliten ohne gute Frucht werden im Weltgericht vernichtet werden. Jesus wird später ein ähnliches Gleichnis vom Feigenbaum bringen (13,6-9). Die Nachfrage der Volksmengen zeigt an, dass sie die Umkehr wollen. Johannes stellt zwei ethische Forderungen: Kleidung und Nahrung an Bedürftige abgeben. Die christliche Urgemeinde realisiert später diese Forderungen mit der Gütergemeinschaft (2,42-47).
In der Standespredigt an Zöllner und Soldaten setzt Johannes die ethische Unterweisung fort. Nur die auf Tafeln geschriebenen Tarife dürfen genommen werden und die wehrlose Bevölkerung darf nicht mit Waffen zu Abgaben erpresst oder verleumdet werden. Der Täufer wird zusätzlich zum apokalyptischen Gerichtsprediger als Weisheitslehrer gekennzeichnet (vgl. Jos. ant. 18,116-119).
Das Volk überlegt zu Recht, ob der apokalyptische Umkehrprediger Johannes der erwartete eschatologische Messias ist. Johannes stellt sofort richtig, dass auf seine Wassertaufe noch die Geisttaufe des göttlichen Richters im Weltgericht folgen wird. Er wird die Scheidung zwischen Weizen und Spreu vornehmen. Die Spreu wird verbrannt werden mit momentan *unlöschbarem Feuer*, nicht aber mit nie erlöschendem, ewigem Feuer. Die Frage nach einem kommenden eschatologischen Messias bleibt offen. Gott selbst kann ohne Messias das Weltgericht vollziehen.
Das Volk erhält noch weitere Ermahnungen, die aber nicht mehr erzählt werden. Der Tetrarch Herodes Antipas bricht diese Umkehrpredigt brutal ab. Johannes hatte u. a. seine zweite Ehe mit seiner Schwägerin Herodias zu Lebzeiten ihres Mannes als

Bruch des jüdischen Heiratsverbots getadelt (Lev 18,16). Antipas wirft ihn ins Gefängnis; auf die anschließende Hinrichtung wird später verwiesen (9,7-9).

Die Taufe Jesu (3,21-22)

> [21]Es geschah aber, als das ganze Volk getauft wurde und Jesus getauft wurde und betete, öffnete sich der Himmel, [22]und der Heilige Geist kam in leiblicher Gestalt wie eine Taube auf ihn herab, und eine Stimme kam aus dem Himmel: Du bist mein geliebter Sohn, an dir fand ich Gefallen.

Es erfolgt ein kurzer Bericht von der Taufe Jesu, der unerkannt von Johannes sich zwischen den vielen Taufbewerbern befindet; Jesus betet nach der Taufe. Da ereignet sich eine Gotteserscheinung (Theophanie) mit der Öffnung des Himmels, dem sichtbaren Herabkommen des Geistes und dem Erschallen der Himmelsstimme. Sie redet Jesus persönlich mit *Du* an und proklamiert ihn mit dem Inthronisationspsalm 2 zum messianischen Sohn Gottes (Ps 2,7). Nur Jesus hört diese Proklamation. Bis zum Verhör vor dem Hohen Rat (22,66-71) wird er von keinem Juden als *Sohn Gottes* bezeichnet. Der Sohn-Gottes-Hoheitstitel bleibt unter dem Leidensgeheimnis verborgen.

Jesus beginnt ganz unchristologisch sein Wirken. Er ist aus der unbekannten Klein-*Stadt* (1,26) Nazaret in der abgelegenen Provinz Galiläa herzugewandert und reiht sich unbemerkt in die Schar der Taufbewerber ein. Es liegt das hellenistische Modell der Umkehr, der conversio, zu einem Philosophen vor. Platon kehrt zu Sokrates um, Aristoteles zu Platon, Epiktet zu Musonius; ein jedes Schulhaupt hat selbst die conversio am eigenen Leib erfahren. Die provokative Einfachheit passt zum hellenistischen Wanderphilosophen. Epiktet (1. Jahrhundert) fragt: „Und wie ist es möglich, dass ein Mensch, der nichts besitzt, der nackt, ohne Haus und Herd, ungepflegt, ohne Sklaven und Heimatstadt ist, ein heiteres Leben führt?“ (Epiktet, Lehrgespräche 3,22,45). Es lassen sich geradezu die einzelnen Punkte dieser Selbstcharakteristik bei Jesus abhaken: Bruch mit der Heimatstadt (4,16-30) und Familie (8,19-21), Besitzlosigkeit, auf das Untergewand reduzierte Bekleidung, Obdachlosigkeit (9,3-5.57-62), keine Dienerschaft (22,24-27). Die Fortsetzung von Epiktet passt ebenfalls. „Siehe, da hat euch Gott einen Mann gesandt, der durch die Tat gezeigt hat, dass es möglich ist. Seht mich an, ich bin ohne Haus, ohne Heimat, ohne Besitz, ohne Sklaven“ (Epiktet, Lehrgespräche 3,22,46f.). Das Auftreten als charismatischer Wanderlehrer beruht auf der Sendung einer Gottheit. Zur Sendung gehört es, bei einem Lehrer zu lernen (für Epiktet bei Musonius). Allerdings besteht zwischen dem Sendungs-Verständnis von Epiktet, Johannes und dem lukanischen Jesus ein fundamentaler Unterschied. Johannes tauft den unauffälligen Jesus zwar wie jeden anderen, vermag ihn aber gerade deswegen nicht als den erwarteten Bevollmächtigten zu erkennen. Denn der Geisttäufer bedarf nach Meinung des Johannes keiner reinigenden Wassertaufe und muss außerdem in seiner Funktion als Weltenrichter erkennbar sein.

Der Evangelist lässt die Figuren Johannes und Jesus im Denkhorizont des frühjüdischen Gerechtigkeitsbegriffs handeln. Zur frühjüdischen Gerechtigkeit gehört das Reinigungsbad. Kultische und moralische Verunreinigungen werden vom Reinigungswasser abgespült. Konnte Jesus sich verunreinigen und gerade dadurch sich aus der täuferischen Heilsgestalt-Erwartung ausschließen? Die kurze Notiz vom Kommen Jesu liefert dem Leser keine Information über die Motivation Jesu. Diese Leerstelle macht den Leser neugierig und zwingt ihn, im Stil der Biografie aus den späteren Handlungen Charakter und Motivation der Hauptfigur zu erschließen. Jesus konnte nach der Taufe alles für *rein* erklären (11,41); er konnte auch Aussätzigen gegen das mosaische Berührungstabu die Hand auflegen (5,12-16), er konnte gegen die Sabbatruhe verstoßen (6,1-5.6-11; 13,10-17). Diese Übertretungen konnte er vornehmen, weil er *nach* dem *Geist*empfang und der Einsetzung zum *Gottessohn* die Vollmacht erhielt, das

Gesetz neu zu interpretieren. Hat er sich solche Gesetzesverletzungen schon *vor* der Taufe erlaubt? – *Vor* seiner neuen Geist-Vollmacht unterlag Jesus wie ganz Israel den mündlichen und schriftlichen Überlieferungen der pharisäischen Schriftgelehrten. Diese vermochten es, Gottes Willen in Einzelfällen zu verkennen und so mit Normen menschlicher Interpretation überflüssige Erschwernisse zu schaffen (11,37-54). Jesus von Nazaret musste sich nach dem Evangelium bis zum Geistempfang wie ganz Israel als Übertreter des Gesetzes bei sinnwidrigen Einzelfällen einschätzen. Deshalb wählte er aus freiem Entschluss den Gang zur Umkehrtaufe des Johannes; denn sie ist *vom Himmel* (20,4). Die Ablehnung der Umkehrtaufe wäre Unglaube gewesen (20,5-7). So rechnete Jesus sich nicht nur aus Solidarität zu den Sündern, wie die Auslegung der Väter ab dem 2. Jahrhundert ihn als göttlich sündenunfähig immunisierte (Justin, Dial 87f.), sondern er wusste sich gemäß frühjüdischer Gerechtigkeit bis zur Taufe als Sünder, d. h. als Verletzer einzelner Gesetzesauslegungen. Die eigentliche Sünde, den Abfall von Gott, hat er dagegen nie vollzogen.

Der Stammbaum Jesu (3,23-38)

23 Und er, Jesus, war, als er begann, etwa dreißig Jahre, Sohn, wie man
meinte, Josefs, des Eli, 24 Mattat, Levi, Melchi, Jannai,
Josef, 25 Mattitja, Amos, Nahum, Hesli, Naggai, 26 Mahat,
Mattitja, Schimi, Josech, Joda, 27 Johanan, Resa, Serubbabel,
Schealtiël, Neri, 28 Melchi, Addi, Kosam, Elmadam, Er,
29 Joschua, Eliëser, Jorim, Mattat, Levi, 30 Simeon, Juda,
Josef, Jonam, Eljakim, 31 Melea, Menna, Mattata, Natan,
David, 32 Isai, Obed, Boas, Salmon, Nachschon, 33 Amminadab,
Admin, Arni, Hezron, Perez, Juda, 34 Jakob, Isaak,
Abraham, Terach, Nahor, 35 Serug, Regu, Peleg, Eber,
Schelach, 36 Kenan, Arpachschad, Sem, Noach, Lamech, 37 Metuschelach,
Henoch, Jered, Mahalalel, Kenan, 38 Enosch, Set, Adam, Gottes.

Das Alter Jesu zu Beginn seines öffentlichen Auftretens betrug 30 Jahre; das war die antike Idealzahl für den Höhepunkt im öffentlichen Leben eines Mannes (Aristoteles, rhet. 1390b). Es folgt der Stammbaum, von Jesus an zurückgerechnet. Die Vaterschaft des Josef wird von der Außenwelt nur vordergründig erfasst, da die Mit-Wirkung des Heiligen Geistes und die besondere Vaterschaft Gottes ein Geheimnis bleiben (1,26-38; 2,49-50; 3,22). Die Namen bis Adam ergeben einschließlich Jesus die Zahl 77, offenkundig eine symbolische Zahl aus 70+7. David und Abraham führen je eine 7-Reihe an. Für Adam wird ebenfalls eine Gottessohnschaft behauptet. Denn alle Menschen sind ursprünglich Kinder Gottes (6,35; 20,36; Gen 1–2; Apg 17,28).

Die Versuchung Jesu (4,1-13)

[1]Jesus aber, voll Heiligen Geistes, kehrte zurück vom Jordan und
wurde vom Geist in die Wüste geführt [2]und vierzig Tage vom Teufel
versucht.
Und er aß nichts in jenen Tagen, und als sie beendet waren, hungerte ihn.
[3]Es sprach nun der Teufel zu ihm: Wenn du Sohn Gottes bist, sprich
zu diesem Stein, dass er Brot werde. [4]Und es antwortete ihm Jesus:
Es ist geschrieben: *Nicht vom Brot allein wird der Mensch leben* (Dtn 8,3).
[5]Und er führte ihn hinauf und zeigte ihm in einem einzigen Augenblick alle Königreiche des Erdkreises. [6]Und er, der Teufel, sprach zu
ihm: Dir werde ich diese ganze Macht und ihre Herrlichkeit geben,
weil sie mir übergeben ist, und ich gebe sie, wem ich will, [7]wenn du
nun mich fußfällig anbetest, wird sie ganz dein sein. [8]Und es antwortete und sprach Jesus zu ihm: Es ist geschrieben: *Den Herrn, deinen Gott, sollst du fußfällig anbeten und ihm allein dienen* (Dtn 6,13; 10,20).
[9]Er führte ihn darauf nach Jerusalem und stellte ihn auf die Mauer
des Tempelbezirks und sprach zu ihm: Wenn du Sohn Gottes bist,
wirf dich von hier hinunter; [10]denn es ist geschrieben: *Seinen Engeln*

> *wird er deinetwegen gebieten, dich zu bewachen* (Ps 91,11), [11]und: *Auf Händen werden sie dich tragen, damit du nicht anstoßest deinen Fuß gegen einen Stein* (Ps 91,12). [12]Und es antwortete und sagte Jesus zu ihm: *Es ist gesprochen worden: Du sollst nicht den Herrn, deinen Gott, prüfen* (Dtn 6,16).
> [13]Und als er die ganze Versuchung beendet hatte, ließ der Teufel eine Zeit lang von ihm ab.

Es liegt ein Streitgespräch vor. Der Geist leitet Jesus nicht mehr punktuell wie in der Kindheitsgeschichte, sondern erfüllt ihn seit der Taufe ununterbrochen bis zum Kreuzestod. Jesus wird vom Geist in die Wüste des unteren Jordangrabens geführt. Die 40 Tage Versuchung erinnern als symbolische Zahl an die 40 Jahre Wüstenwanderung des Volkes Israel nach dem Exodus (Dtn 8,2-3). Das Fasten ahmt diese Hungerzeit Israels nach und führt gleichzeitig wie beim Exodus in die besondere Nähe Gottes. In dieser Situation zeigt sich der *Teufel* (diabolos, d. h. Verwirrer, althochdeutsch: tiuval) als schriftgelehrter *Verwirrer*. Er gibt Jesus ein, seinen Geistbesitz für ein Selbsthilfewunder einzusetzen (23,35-39). Das Brotwunder soll den Hunger stillen, so wie Gott nach Dtn 8,3a dem hungernden Volk Israel das Manna schickte. Doch Jesus ergänzt die Erinnerung an dieses Zitat um die zweite Hälfte: „*Nicht vom Brot allein wird der Mensch leben*, sondern von allem, was der Mund des Herrn spricht" (Dtn 8,3b). Bei dem späteren Brotwunder Jesu steht entsprechend die Lehre im Mittelpunkt (9,10-17).
Die zweite Versuchung betrifft die politische Dimension der Königsherrschaft Gottes, die in Jesus anbricht (4,43). Satan ist der Herr des *Erdkreises* und kann ihn Jesus übergeben, wenn er die Proskynese, den fußfälligen Kniefall, vor ihm vollzieht, so wie griechische Untertanen nach persischem Brauch sie zur Ehrung ihrer Herrscher ausüben. Jesus lehnt ab mit dem Verweis auf den Monotheismus Gottes (Dtn 6,13; 10,20).
Die dritte Versuchung ist ein religiöses Schauwunder. Jesus soll sich als Beweis für seine göttliche Allmacht von der Grenzmauer des Tempelbezirks stürzen. Engel werden ihn ja schützen. Jesus

setzt dagegen das Verbot, Gottes Hilfe mit Tollkühnheit oder unberechtigten Forderungen herauszufordern.
Die drei Versuchungen hat Jesus bestanden. Der *Verwirrer* wird sich wieder persönlich bei der Passion melden (22,3.31.40.46), doch bereits jetzt ist Jesu Kampf gegen Krankheit, Dämonen und menschliche Bosheit ein Kampf gegen die gegenwärtige Herrschaft Satans (10,18-19; 11,14-22; 13,16).

Teil 1: Das Wirken Jesu in Galiläa und Judäa: (4,14–9,50)

Das Programm Jesu (4,14–5,16)

Jesus tritt in Galiläa mit dem Geist Gottes als Lehrer und Wundertäter auf. Während er in ganz Galiläa Erfolg hat, wird er in seiner Heimatstadt Nazaret abgelehnt. Das Leidensgeheimnis bestimmt von Anfang an sein öffentliches Auftreten. Der Wechsel nach Kafarnaum ermöglicht dort einen heilvollen Tag mit Wundern und Lehre. Es folgt die Berufung der ersten Jünger und die Heilung eines Aussätzigen.

Erstes Auftreten in Galiläa (4,14-15)

14Und es kehrte Jesus in der Kraft des Geistes nach Galiläa zurück. Und die Kunde von ihm verbreitete sich in der ganzen Gegend. 15Er lehrte in ihren Synagogen und wurde von allen gepriesen.

Es liegt ein kurzer, biografischer Sammelbericht vor. Jesus ruft nicht wie der Täufer die Massen in die Wüste, sondern kehrt als Geistträger in seine Heimat Galiläa zurück. Er sucht die Menschen auf und lehrt in ihren *Synagogen*, in denen sie sich am Sabbat zum Gottesdienst treffen. Der *preiswürdige* Inhalt der Lehre schließt gleich an.

Programm und Ablehnung Jesu in Nazaret (4,16-30)

16Und er kam nach Nazaret, wo er aufgewachsen war, und ging, wie gewohnt, am Sabbat in die Synagoge und er stand auf, um aus der Schrift vorzulesen,
17 und es wurde ihm das Buch des Propheten Jesaja übergeben und er öffnete das Buch und fand die Stelle, wo geschrieben war: 18*Der Geist des Herrn ist auf mir; weil er mich salbte, das Evangelium den*

Armen zu verkünden, er hat mich gesandt, den Gefangenen Entlassung zu verkünden und Blinden Sehvermögen (LXXJes 61,1-2), *auszusenden Gebrochene in Freiheit* (Jes 58,6), [19]*zu verkünden ein Gnadenjahr des Herrn* (Lev 25,10).
[20]Und als er das Buch zusammengerollt hatte, gab er es dem Diener und setzte sich, und aller Augen in der Synagoge waren auf ihn gerichtet.
[21]Er begann nun zu ihnen zu reden: Heute hat sich das Schriftwort, das ihr eben gehört habt, erfüllt. [22]Und alle zeugten für ihn und staunten über die Worte der Gnade, die aus seinem Mund kamen,
und sie sagten: Ist der nicht der Sohn Josefs? [23]Und er sprach zu ihnen: Sicher werdet ihr mir das Sprichwort vorhalten: Arzt, heile dich selbst! All das, was wir gehört haben, was in Kafarnaum geschehen ist, tue das auch hier in deiner Vaterstadt! [24]Er sprach weiterhin: Amen, ich sage euch: Kein Prophet ist willkommen in seiner Vaterstadt. [25]In Wahrheit sage ich euch: Viele Witwen waren in den Tagen des Elija in Israel, als der Himmel für drei Jahre und sechs Monate verschlossen wurde und eine große Hungersnot über das ganze Land kam. [26]Und zu keiner von ihnen wurde Elija gesandt, außer nach Sarepta bei Sidon zu einer verwitweten Frau. [27]Und viele Aussätzige gab es in Israel zur Zeit des Propheten Elischa, und keiner von ihnen wurde gereinigt außer Naaman, der Syrer. [28]Und alle in der Synagoge wurden mit Wut erfüllt, dieses hörend,
[29]und sprangen auf, trieben ihn zur Stadt hinaus und brachten ihn an den Abhang des Berges, auf dem ihre Stadt erbaut war, um ihn hinabzustoßen.
[30]Er aber schritt mitten durch sie hindurch und ging weg.

Es handelt sich um ein ausführliches biografisches Gespräch. Jesus kommt in seine Heimat und geht in die Synagoge. Als Ehrengast darf er die Lesung aus den Propheten, die der Lesung aus dem Gesetz folgt, vortragen und darüber predigen. Beim Öffnen der Jesaja-Rolle bleibt er bei der Einsetzung des Freudenboten nach Trito-Jesaja stehen und liest diese Stelle vor (Jes 61,1-2). Der Freudenbote ist Geistträger und herrscherlicher *Gesalbter*,

d. h. *Christus*. Als *Frohbotschaft*, d. h. *Evangelium*, verkündet er Gottes kurz bevorstehendes, endzeitliches Handeln an Israel: Aufhebung von Armut, von Gefangenschaft, von Krankheiten und von Unterdrückung sowie den Erlass aller Schulden im nun angebrochenen, ewigen Jobeljahr, das vorher alle 50 Jahre stattfand (Lev 25,8-13). Da die Verheißungen von Trito-Jesaja aber nicht eingetreten sind, werden sie für eine neue Endzeit erwartet. Jesus eröffnet seine Predigt mit der überraschenden Feststellung, dass sich diese eschatologischen Hoffnungen jetzt in ihm erfüllt haben. Das Jesajazitat ist zum Programm für sein öffentliches Auftreten geworden. Er ist ein geistgesalbter, prophetischer Freudenbote mit geistgewirkten Worten und Taten und wird alle diese Verheißungen erfüllen. Zunächst erntet Jesus staunende Zustimmung.

Doch dann schlägt die Stimmung überraschend um. Die Nachbarn erinnern Jesus an seine Abstammung von Josef, dessen davidische Herkunft die Armut und Machtlosigkeit dieser Familie nicht zu verdecken vermag (1,27–2,24). Sie erwarten daher unausgesprochen, dass Jesus die jesajanische Prophezeiungen jetzt sofort bei ihnen erfüllt, um die Richtigkeit seines prophetischen Anspruchs zu beweisen.

Jesus bezieht sich auch auf die von ihm zitierten Wunder, indem er ironisch das Sprichwort vom Arzt einführt und das künftige Hören von seinen Wundertaten vorwegnimmt (*werdet ... vorhalten*). Kafarnaum wird als Beispiel späterer Wunder genannt (4,31-41). Doch aufgrund der kommenden Wunder darf nicht der Anspruch erhoben werden, dass sie sich ebenfalls schon jetzt in Nazaret ereignen müssen. Jesus lehnt entschieden Selbsthilfewunder für seine Legitimation ab (4,1-13). Die Vorbedingung für Wunder ist die Anerkennung Jesu als *Prophet* mit machtvoller *Lehre* (4,14-15). Den Glauben daran verweigern aber die Nazarener, weil sie dem ehemaligen Nachbarjungen diese Vollmacht nicht zutrauen. Für den Unglauben aufgrund heimatlicher Nähe bringt Jesus je ein Beispiel von den beiden großen alttestamentlichen Propheten Elija und Elischa, denen Gott wie Jesus die

Wunder- und Lehrvollmacht verliehen hatte. Sie konnten die Hungersnot und den Aussatz nur für Heiden aufheben. Jesus öffnet mit dem Verweis auf diese beiden Propheten das Evangelium Gottes von Anfang an für die Völker. Die Wut der Nazarener entsteht aus der Enttäuschung, dass ihnen Wundertaten als Beweise verweigert werden und stattdessen anderen jüdischen Orten und sogar Heiden zusammen mit der Lehre zukommen werden.
Die spätere Passion Jesu deutet sich an (23,6-12). Anstatt zum Glauben an den *Propheten* Jesus umzukehren, wollen ihn die Heimatbewohner umbringen. Doch der Geistträger Jesus schreitet durch die aufgebrachte Menge hindurch, ohne berührt zu werden, und geht weiter in Richtung Kafarnaum.

Der heilvolle Tag in Kafarnaum (4,31-37.38-39.40-41.42-44)

Für jüdische Zeitrechnung beginnt mit dem Sonnenuntergang ein neuer Tag, während er für griechisch-römische Zeitrechnung erst mit dem Morgengrauen anfängt. In Kafarnaum bewirkt Jesus am Sabbat einen Exorzismus und eine Fieberheilung und am folgenden Tag die Heilung aller Besessenen und Kranken, danach bricht er zu allen Orten von Galiläa und Judäa auf. *Das Evangelium von der Königsherrschaft Gottes* ist für ganz Kafarnaum heilvoll angebrochen und muss anschließend ganz Palästina verkündet werden.

> [31]Und er ging hinab nach Kafarnaum, einer Stadt in Galiläa, und lehr-
> te sie am Sabbat. [32]Und sie waren sehr betroffen von seiner Lehre,
> weil sein Wort in Vollmacht war.
> [33]Und in der Synagoge war ein Mensch, der den Geist eines unreinen
> Dämons hatte und laut schrie: [34]Ha, was ist zwischen uns und dir,
> Jesus, Nazarener? Kamst du, uns zu vernichten? Ich weiß, wer du
> bist: der Heilige Gottes! [35]Und es fuhr ihn Jesus an: Verstumme und
> komm heraus aus ihm! Und der Dämon warf den Mann in die Mitte
> und kam heraus aus ihm, ohne ihm zu schaden.

36 Und es kam Schrecken über alle, und sie unterredeten sich mitei-
nander und sagten: Was ist das für ein Wort, dass es in Vollmacht
und Kraft den unreinen Geistern befiehlt, und sie kommen heraus?
37 Und sein Ruf ging hinaus in jeden Ort der Umgebung.
38 Er machte sich nun auf und ging von der Synagoge in das Haus von
Simon hinein. Die Schwiegermutter des Simon war von hohem
Fieber ergriffen und sie baten ihn für sie.
39 Und er beugte sich über sie, fuhr das Fieber an, und es wich von ihr;
und sie stand sofort auf und diente ihnen.
40 Als nun die Sonne unterging, brachten sie alle, welche vielerlei
Leiden hatten, zu ihm. Er nun legte jedem Einzelnen von ihnen die
Hände auf und heilte sie.
41 Es kamen auch Dämonen von vielen heraus, schrien und sagten:
Du bist der Sohn Gottes! Und er fuhr sie an und ließ sie nicht reden;
denn sie wussten, dass er der Christus war.
42 Bei Tagesanbruch aber ging er hinaus und wanderte an einen ein-
samen Ort; und die Volksmengen suchten ihn
und kamen zu ihm und hielten ihn fest, damit er nicht von ihnen
weggehe.
43 Er aber sagte zu ihnen: Auch den anderen Städten muss ich das
Evangelium von der Königsherrschaft Gottes verkünden; denn dazu
bin ich gesandt worden. 44 Und er verkündete in den Synagogen
Judäas.

4,31-37: Die erste Dämonenaustreibung Jesu wird formgerecht erzählt: Einleitung und Begegnung mit dem Kranken (32 33); Hauptteil: Abwehr des Dämons (34), Ausfahrbefehl mit Schweigegebot (35a), Ausfahrt des Dämons (35b); Chor-Schluss (36-37). Jesus wandert von der kleinen Hochebene von Nazaret nach Kafarnaum am Nordende des Sees Gennesaret (ca. 200 u. M.) hinab. Wie in Nazaret wird er im sabbatlichen Synagogengottesdienst zur Lehre aufgefordert. Jetzt macht seine Lehre nachhaltig betroffen. So kann er an einem Besessenen ein Wunder vollbringen. Die Krankheit wird exakt beschrieben. Der Kranke hat seinen Geist nicht mehr voll in Besitz. Eine fremde Macht beherrscht sein Bewusstsein.

Dämon steht für eine Untergottheit; das Adjektiv *unrein* kennzeichnet sie als gottfern. Doch dem Ich des Kranken verbleibt ein Rest von Selbstbestimmung. Er kann die Synagoge in der Hoffnung aufsuchen, dass Gott, der Arzt, ihm Linderung oder gar Heilung gewährt (Ex 15,26). Der Dämon wiederum erkennt sofort die göttliche *Vollmacht des Arztes* Jesus. So geht der Dämon sogleich zum Kampf über. Es schreit nicht der Kranke, sondern der Dämon aus dem Kranken. Der Dämon bietet eine Trennung der Machtsphären an. Danach droht er. Der Plural *uns* verweist auf den Zusammenhalt der dämonischen Mächte im Abwehrkampf gegen die Entmachtung und Vernichtung. Abschließend präsentiert der Dämon schriftgelehrtes Wissen. Jesus wird von ihm wie der Prophet Elija von der Witwe von Sarepta der *Heilige* Gottes genannt (4,26; 1 Kön 17,18). Doch Jesus will nicht mit dem Dämon wie zuvor mit Satan diskutieren, sondern wie Elija ein Wunder vollbringen, das allein dem beschädigten Menschen hilft. Der Dämon muss ohne weitere Diskussion seinen Besitz räumen. Er wirft zwar zum letzten Mal den Kranken hin, und zwar sichtbar für alle mitten in die Synagoge, doch er muss ihn unverletzt verlassen.
Es ist deutlich, dass der Evangelist Symptome der Epilepsie kennt. Sie ist für ihn keine *heilige Krankheit,* sondern eine bösartige Drangsal gottferner Dämonen. Die von Jesus in Nazaret vorgelesene Verheißung von Jesaja, *den Gefangenen Entlassung zu verkünden* und *Gebrochene in Freiheit auszusenden* (4,18), erfüllt sich jetzt in der Befreiung von Dämonen und Krankheiten (Jes 58,6). Die Heilung von *Blinden* wird später eigens erzählt (18,35-43). Die Synagogenbesucher sind tief beeindruckt und erkennen Jesu Lehre und Wundervollmacht an, vermögen sie aber noch nicht Gottes angebrochener, eschatologischer Königsherrschaft zuzuordnen, die durch Jesus anfanghaft Realität wird.
4,38-39: Es folgt das erste, formgerecht erzählte Heilwunder: Einleitende Begegnung mit der Kranken (38); Hauptteil mit Geste, Wort und Heilung (39a); Schluss mit öffentlichem Beweis (39b). Der Evangelist begründet den Besuch des Hauses von Simon damit, dass dort die Schwiegermutter fieberkrank daniederliegt

und Simon und andere Jesus um Heilung bitten. Der Leser muss zurückschließen, dass Simon sich zuvor in der Synagoge aufgehalten und Jesus in sein Haus eingeladen hat.
Jesus kommt der Bitte sogleich nach, beugt sich zu der Kranken herab, fährt das Fieber an und zwingt es zum Verlassen der Kranken. Das Fieber wird dämonologisch gedeutet. Hinter Krankheiten stehen Dämonen, die die Leiden verursachen und mit ihnen weichen müssen.
Die geheilte Schwiegermutter kann sofort aufstehen und Jesus und den anderen *dienen. Dienst* steht für die gesamte Nachfolge (8,3; 10,40; 22,26; 23,49–24,12) und beschränkt sich nicht nur auf die Sorge für die Küche. Die Schwiegermutter ist die erste Schülerin Jesu.
4,40-41: Ein biografischer Sammelbericht erweitert die Exorzismen und Heilungen auf *alle* Kranken von Kafarnaum. Nach dem Sonnenuntergang geht der Tag voll Heil mit einem neuen Tag weiter. Jesus nimmt jeden Kranken als Einzelperson wahr. Mit der Handauflegung überträgt er die Heilkraft des Geistes auf sie. Überraschend ist das Sohn-Gottes-Bekenntnis der Dämonen bei der Ausfahrt aus den Besessenen. Die Dämonen haben ein übermenschliches Wissen und kennen diesen Hoheitstitel sowie den Christus-Hoheitstitel aus den göttlichen Offenbarungen während der Kindheitsgeschichte und nach der Taufe. Beide Hoheitstitel werden in der Öffentlichkeit Jesus nicht von Menschen zugesprochen. Denn sie können erst nach Kreuzestod und Auferweckung richtig verstanden werden (9,20-22) und sollen dann auch allen Menschen verkündet werden (24,26.46-47). Das Schweigegebot wahrt die Personenwürde Jesu, zu der das Leiden und das Leidensgeheimnis gehören. Jesus will durch seine Lehren und Taten als Sohn Gottes erkannt werden und nicht durch magisches, dämonisches Wissen ohne Anerkennung des Leidens. Jesus vertreibt für ganz Kafarnaum die Dämonen.
4,42-44: Jesus verlässt am zweiten Tag Kafarnaum. Ein einsamer Ort dient ihm zum Gebet (4,1). Das Volk erkennt aber diese besondere Gottesbeziehung Jesu nicht. Es sucht ihn.

Die Motive sind selbstsüchtig wie in Nazaret. Man will den wundertätigen Propheten mit Gewalt festhalten, um von ihm dauerhaft zu profitieren.
Jesus antwortet dagegen mit seinem Programm. Seine Evangeliumsverkündigung (4,18) gilt allen Städten dieser Welt. Seine Sendung ist, schon jetzt die eschatologische Königsherrschaft Gottes für alle anbrechen zu lassen. Diese zeigt sich anfanghaft in den Wunderheilungen, in der Vertreibung der Dämonen und in der Wahrheit der Lehre (4,25). Für die Verkündigung des Evangeliums wird der bisherige Raum Galiläa um Judäa erweitert.

Die Berufung des Simon Petrus (5,1-11)

1 Es geschah nun, als die Menge ihn bedrängte und das Wort Gottes
hörte, stand er am Ufer des Sees Gennesaret,
2 und er sah zwei Boote am Ufer liegen; die Fischer waren aus ihnen
ausgestiegen und wuschen die Netze.
3 Er stieg in eines der Boote, das dem Simon gehörte, und bat ihn, ein
wenig vom Land weg hinauszufahren; er setzte sich und lehrte vom
Boot aus die Volksmengen.
4 Als er nun aufhörte zu reden, sagte er zu Simon: Fahr hinaus ins
tiefe Wasser und lasst eure Netze zum Fang hinab! 5 Und es antwor-
tete Simon und sprach: Lehrer, die ganze Nacht hindurch haben wir
uns abgemüht und nichts gefangen; aber auf dein Wort hin werde
ich die Netze auswerfen.
6 Und das taten sie und fingen eine große Menge Fische, es zerrissen
aber ihre Netze.
7 Deshalb winkten sie ihren Gefährten im anderen Boot, sie sollten
kommen und mit ihnen fangen; und sie kamen und füllten die bei-
den Boote, sodass sie einsanken.
8 Als aber Simon Petrus das sah, fiel er Jesus zu Füßen und sagte: Geh
weg von mir; weil ich ein Sünder bin, Herr.
9 Denn Schrecken erfasste ihn und alle mit ihm über den Fang der
Fische, den sie zusammen getan hatten, 10 ebenso Jakobus und Jo-

hannes, die Söhne des Zebedäus, die Simons Teilhaber waren. Und es sagte Jesus zu Simon: Fürchte dich nicht! Von jetzt an wirst du Menschen fangen.
11 Und sie zogen die Boote an Land, ließen alles zurück und folgten ihm nach.

Es geschieht das erste Naturwunder. Es wird von einem biografischen Gespräch eingeleitet. Jesus hält sich wieder am See Gennesaret in Galiläa auf. Er hat Erfolg. Die Menge umringt ihn und will seine Verkündigung hören.
Er sieht zwei Boote liegen, steigt in das von Simon hinein, bittet um ein wenig Hinausfahrt und setzt sich als *Lehrer* hin. Wie der Lehrstuhl Jesu beschaffen war, wird nicht näher erklärt. Nach der Lehre fordert Jesus Simon zum Fischfang auf. Simon erklärt nun formgerecht für ein Geschenkwunder seinen vergeblichen, nächtlichen Fischfang und zeigt zugleich den Vertrauensglauben auf Jesu Wort.
Die Mitte und der Hauptteil der Wundergeschichte sind erreicht. Simon erhält mit seiner Mannschaft das Geschenk eines übergroßen Fischfangs. Die Gefährten im anderen Boot werden verständigt, müssen mithelfen und werden zu Zeugen des übergroßen Geschenkwunders.
Simon nimmt das vorhergehende Gespräch wieder auf und bezeichnet sich als Sünder, der der Gemeinschaft mit dem *Lehrer* und *Herrn* Jesus nicht würdig ist. *Herr* ist häufiger Ehrentitel für Jesus (1,43; 2,11; 3,4; 5,8.12 u. ö.). Nach Ostern bezeichnet er den erhöhten Jesus und gibt ihm den gleichen Rang wie Gott selbst (24,3.34; 2,11; Apg 1,6 u. ö.).
Der ehrfurchtsvolle *Schrecken* über die göttliche Wundermacht in Jesus hat Simon und alle anderen Beteiligten erfasst. Die Zebedäussöhne Johannes und Jakobus werden als *Teilhaber* am Boot Simons eigens genannt. Denn auch für sie gilt das Berufungswort an Simon. Die Einleitung *Fürchte dich nicht* entspricht der Beruhigungsformel bei den Engelerscheinungen. Die Metapher *Menschen fangen* bildet den Berufungsauftrag. Die ersten *Schüler*

Jesu (5,30) sollen Menschen werben und gleichzeitig die Gewissheit haben, dass sich an ihrer Werbung ständig neue Mithelfer beteiligen werden.
Simon, Jakobus und *Johannes* folgen bedingungslos. Auch der Philosoph Pythagoras gilt als Wundertäter; er kann mit wunderbarem Vorherwissen die Zahl gefangener Fische voraussagen und ihre Freilassung erwirken als Auftrag für seine Schüler, so friedlich mit der Natur umzugehen und die Menschen für einen solchen neuen Frieden mit der Natur zu gewinnen (Jamblichos, Pythagoras 8).

Die Heilung eines Aussätzigen (5,12-16)

12Und es geschah, als er in einer der Städte war, siehe: da war ein Mann voll Aussatz; als er Jesus sah, warf er sich auf den Boden und bat ihn: Herr, wenn du willst, kannst du mich reinigen.
13Und er streckte die Hand aus, berührte ihn und sagte: Ich will, werde gereinigt! Und sogleich verschwand der Aussatz von ihm.
14Und er gebot ihm, zu keinem zu sprechen, gebot aber: Geh weg, zeig dich dem Priester und bring dar für deine Reinigung, wie es Mose angeordnet hat, ihnen zum Zeugnis.
15Es verbreitete sich immer mehr das Wort über ihn, und es kamen viele Volksmengen zusammen, um ihn zu hören und von ihren
Krankheiten geheilt zu werden. 16Er aber zog sich an einsame Orte
zurück und betete.

Es erfolgt an einem anderen Ort ein zweites Heilwunder. Die Einleitung ist kurz. Ein Aussätziger sieht Jesus, zeigt in Gestik und Wort ehrfurchtsvollen Vertrauensglauben und bittet um Heilung. Der Aussatz umfasst viele verschiedene Hautkrankheiten. Nach jüdisch-kultischem Recht ist der Aussätzige unrein, muss abgesondert leben und sich durch Kleidung und Rufen kenntlich machen (Lev 13). Die Wiederherstellung der Gesundheit muss von einem Priester beglaubigt werden (Lev 14,3). Ein solcher Hautkranker setzt seine ganze Hoffnung auf Jesus. Da auch die Kranken selbst die frühjüdische Deutung der Krankheit teilen,

bedeutet das Verhalten des Aussätzigen, dass er um das besondere Verhältnis Jesu zu Gott weiß. Im Willen Jesu zeigen sich der Wille und die Macht Gottes. Der Kranke bittet um die Heilung in jeder Hinsicht, theologisch und medizinisch.
Die heilende Handlung Jesu wird zur Provokation. Jesus ergreift die Hand des Aussätzigen und verunreinigt sich damit vordergründig kultisch. Die religiös begründete Gesellschaftsordnung wird missachtet. Der Ausspruch: *Ich will, werde gereinigt*, macht die Gotteslästerung im frühjüdischen Sinne perfekt; denn die Krankheit fortnehmen kann nur der, der sie verhängt hat, Gott allein (Lev 14) und in Ausnahmefällen ein Prophet wie Elischa, der Gott darum bittet (2 Kön 5,1-27). Der dämonologisch verstandene Aussatz verschwindet. Jesus vertreibt die Dämonen; auch die Berührung des Aussätzigen kann ihn nicht verunreinigen. Jesus steht über der kultischen Unreinheit.
Zum Schluss erhält der Geheilte ein doppeltes Gebot. 1. Er muss schweigen und 2. er muss zunächst in der kultischen Frömmigkeit verbleiben. Zu 2: Er muss zum Priester gehen, der die kultische Reinheit zu bestätigen hat (Lev 14,3); denn nur nach dieser Erklärung kann er wieder von der Gemeinschaft als *rein* aufgenommen werden; außerdem muss er Gott ein *Sündopfer* darbringen; denn Gott hat ihn geheilt und gereinigt (Lev 14,1-32). Zu 1: Das Schweigegebot über die Wunder erzeugt das Wundergeheimnis. Die heranströmenden Menschen erfassen nicht, dass die in Jesus angebrochene Königsherrschaft Gottes unbedingte Nachfolge verlangt. Sie kommen lediglich mit Heilungserwartungen und Vertrauensglauben zu ihm, aber ohne die Bereitschaft, mit ihm die Ablehnung zu ertragen (4,16-44; 5,17–6,11); daher stellt Jesus den Sohn-Gottes- und Christus-Hoheitstitel unter das *Leidensgeheimnis* (3,22; 4,29.35.41; 5,35) und die Wunder unter das Wundergeheimnis. So verbietet Jesus die Propaganda seiner Wunder, ohne sie allerdings gänzlich verhindern zu können. Denn das Wundergeheimnis muss ständig übertreten werden, um allen Menschen die Chance zur Heilung und zum Vertrauensglauben zu geben und sie wie Simon vor die Entscheidung zur unbeding-

ten Nachfolge zu stellen. So nimmt für Jesus das Gebet zu Gott-Vater einen größeren Raum ein und schränkt die Zeit für die Heilungstätigkeit ein. Diese geht aber für die Menschen als Angebot zur Umkehr weiter.

Fünf Streitgespräche in Galiläa und Judäa (5,17–6,11)

Jesus hat die Schwerpunkte seines Programms öffentlich gemacht: Auftreten als prophetischer Freudenbote, Verkündigung des Evangeliums von der angebrochenen Königsherrschaft mit wunderbarer Wiederherstellung der heilen Schöpfung und Berufung von Schülern. Nun muss er sein Wirken verteidigen.

Die Heilung eines Gelähmten (5,17-26)

17 Und es geschah an einem der Tage, da lehrte er, und es saßen Pharisäer und Schriftgelehrten da, die aus jedem Dorf Galiläas und Judäas und aus Jerusalem gekommen waren; und die Macht des Herrn war ihm gegeben, dass er heile.
18 Und siehe, es brachten Männer einen, der gelähmt war, auf einer Tragbahre, und sie versuchten, ihn hineinzubringen und vor ihm hinzulegen.
19 Und da sie nicht fanden, wie sie ihn wegen der Volksmenge hineinbrächten, stiegen sie auf das Dach und ließen ihn mit der Tragbahre durch die Ziegel in die Mitte vor Jesus hinab.
20 Und er sah ihren Glauben und sprach: Mensch, vergeben sind dir
deine Sünden.
21 Und es begannen die Schriftgelehrten und die Pharisäer zu überlegen und sagten: Wer ist dieser, der Lästerungen redet? Wer kann Sünden vergeben, wenn nicht allein Gott?
22 Jesus aber erkannte ihre Überlegungen, antwortete und sprach zu
ihnen: Was überlegt ihr in euren Herzen?
23 Was ist leichter, zu sagen: Vergeben sind dir deine Sünden, oder zu sagen: Steh auf und geh
umher?
24 Damit ihr aber wisst, dass der Menschensohn Vollmacht

hat, auf der Erde Sünden zu vergeben – sagte er zum Gelähmten: Dir sage ich, steh auf und trage deine Bahre und geh in dein Haus!
25 Im gleichen Augenblick stand der Mann vor ihnen auf, nahm das, worauf er gelegen hatte, ging weg in sein Haus und pries Gott.
26 Und Entsetzen erfasste alle, und sie priesen Gott und wurden von Furcht erfüllt und sagten: Wir sahen Außerordentliches (parádoxa) heute.

Es ist ein Streitgespräch in ein Heilungswunder eingeschoben worden. Die Einleitung des Wunders schildert Jesu Lehre und Wundertätigkeit in Galiläa und Judäa.
Es folgt die Begegnung Jesu mit einem Gelähmten und seinen Helfern in einem Haus. Die mutige und ungewöhnliche Weise der Helfer, wegen des versperrten Eingangs die Tragbahre durch das Dach herabzulassen, zeigt deren starken Vertrauensglauben. Zum ersten Mal gebraucht der Evangelist den theologischen Zentralbegriff *Glauben* (pístis). Jesus erkennt den Glauben, den der Gelähmte mit seinen Helfern hat, und spricht diesem die Vergebung der Sünden zu. Dieser fühlt sich aufgrund seiner Krankheit von Gott getrennt und macht sich selbst dafür verantwortlich. Denn nach dem weisheitlichen Tun-Ergehen-Schema bedeutet Krankheit die Folge und das Andauern einer Verfehlung gegen Gott und bedarf der Verzeihung Gottes (Ps 103,3). Die in Jesus anbrechende Königsherrschaft Gottes befreit aber nicht nur Gesunde wie Simon (5,8-11), sondern auch Kranke von der Macht der Sünde und gewährt ihnen wieder eine heile Schöpfung. Nun setzt das Streitgespräch ein. Die Pharisäer und deren Schriftgelehrte nehmen an Jesu vermeintlichem Anspruch, selbst Sünden zu vergeben, Anstoß. Die Sündenvergebung ist alleiniges Privileg Gottes (Ps 130,4; Jes 43,25). Das jährliche Versöhnungsfest, der Jom Kippur, ist der Sündenvergebung für ganz Israel gewidmet (Lev 16). Jesus lästert Gott, weil er für sich dieses Privileg Gottes beansprucht.
Jesus antwortet nach Lehrer-Manier mit einer Alternativfrage. Er wiederholt die passivische Formulierung seiner Vergebungszu-

sage. Selbstverständlich bleibt Gott allein Subjekt der Vergebung der Sünden. Die Alternativfrage wiederum kann von den Schriftgelehrten und anderen Anwesenden mühelos beantwortet werden. Daher bleibt die Antwort aus, und der Leser/Hörer kann sie ergänzen. Denn die Wundervollmacht ist leichter als die Vollmacht, Gottes Vergebung zuzusagen. Es gibt viele Wundertäter (11,19), aber keinen außer Jesus, der Gottes Vergebung zusprechen darf. Nur Jesus besitzt als der *Menschensohn* beide Vollmachten. Zum ersten Mal gebraucht der Evangelist den Hoheitstitel *Menschensohn*. Jesus ist 1. der irdisch bevollmächtigte, 2. der leidende und auferweckte, 3. der wiederkommende, rettende und richtende Menschensohn. Um nachzuweisen, dass er die irdische Vollmacht zur Sündenvergebung tatsächlich hat, setzt Jesus die leichtere Vollmacht zur Wunderheilung ein. Nun beginnt der Hauptteil der Wundergeschichte. Jesus spricht das Heilungswort aus.

Sofort tritt die Heilung ein und der Geheilte geht mit dem öffentlichen Zeichen der Bahre nach Haus.

Die Ehrfurcht vor Gottes Handeln in Jesus erfasst alle. Gott hat dem Gelähmten die Freiheit von Sünden und Krankheit geschenkt. Die völlige Gesundheit wird zum symbolischen Ausdruck für die wiederhergestellte, sündenfreie, reine Gottesbeziehung und für die geheilte Schöpfung. So loben die Beteiligten einschließlich der Schriftgelehrten und Pharisäer Gott und preisen das Paradox der erfolgten Heilung und Sündenvergebung. *Paradoxon* meint für den Griechen nicht eine Unmöglichkeit, sondern eine ungewöhnliche Außerordentlichkeit. Lähmungen konnten z. B. in Asklepiosheiligtümern von den Priesterärzten geheilt werden. Jesus kann ebenfalls in außergewöhnlicher Weise Heilungen der Gottesbeziehung und dadurch Heilungen des Leibes bewirken. Und diese *Macht*taten lassen im Unterschied zum griechischen Götterglauben schon jetzt die endzeitliche Vollendung der Welt anbrechen.

Die Berufung des Levi und das Mahl mit den Zöllnern (5,27-32)

27Und danach ging er hinaus und sah einen Zöllner mit Namen Levi bei der Zollstelle sitzen und sagte zu ihm: Folge mir nach!
28Und er verließ alles, stand auf und folgte ihm nach.
29Und Levi bereitete ein großes Gastmahl für ihn in seinem Haus,
und es war eine große Menge von Zöllnern und anderen, die mit
ihnen zu Tisch lagen. 30Und es murrten die Pharisäer und ihre
Schriftgelehrten und sagten zu seinen Schülern: Weshalb esst und
trinkt ihr mit den Zöllnern und Sündern? 31Und Jesus antwortete
und sagte zu ihnen: Nicht nötig haben die Gesunden einen Arzt, son-
dern die, denen es schlecht geht; 32ich bin nicht gekommen, Gerech-
te zu rufen, sondern Sünder zur Umkehr.

Ein biografisches Apophthegma und ein zweites Streitgespräch werden durch den Namen Levi miteinander verbunden. Die Berufung des Zöllners Levi wird knapp berichtet. Der Ort wird nicht angegeben, sodass sowohl Steuern an Landesgrenzen als auch an Stadtgrenzen gemeint sein können. Die Zöllner konnten durch Schikanen erreichen, dass ihnen mehr als die festgesetzten Tarife gezahlt wurden (3,12-13; 19,1-10). Jesus beruft im Unterschied zu den privaten Sündern Simon, Johannes und Jakobus einen öffentlichen Sünder.

Levi folgt wie die anderen Schüler bedingungslos.

Als Dank für die Berufung richtet er für Jesus und seinen Schülerkreis ein Gastmahl aus. Antikem Brauch gemäß nehmen die Zunftgenossen, weitere Bekannte und die Honoratioren der Stadt teil. Letztere, und zwar die Pharisäer und die mit ihnen sympathisierenden Schriftgelehrten, greifen die alten Schüler Jesu mit dem Vorwurf an, dass sie mit sündigen *Zöllnern* und anderen öffentlichen *Sündern* Gemeinschaft halten. Jesus übernimmt als Leiter die Antwort. Er setzt wieder ein geläufiges Sprichwort vom Arzt ein (4,23). Nur die Kranken haben den Arzt nötig. Entsprechend plausibel wirkt die Übertragung auf den eigenen Auftrag Jesu. Er ruft nur die *Sünder* zur *Umkehr*. Der indirekte Appell ist aufrüttelnd. Das *Evangelium* von der angebrochenen *Königsherrschaft Gottes* kann nur von denen gehört werden, denen es als Sünder schlecht geht, die also ihre Sündigkeit einsehen (5,17-26). Denn nur sie sind offen für die Anrede des Arztes Jesus und für die Umkehr. Die Gerechten haben sich dieser Anrede gegenüber verschlossen und können nicht Anteil an der jetzt angekommenen Königsherrschaft Gottes erlangen.

Die Frage nach dem Fasten (5,33-39)

> [33]Die nun sprachen zu ihm: Die Schüler von Johannes fasten häufig
> und verrichten Gebete, ebenso auch die der Pharisäer, die deinen
> aber essen und trinken. [34]Jesus aber sprach zu ihnen: Könnt ihr etwa
> die Söhne des Brautgemachs, während der Bräutigam bei ihnen ist,
> fasten lassen? [35]Es werden aber Tage kommen, da wird ihnen der
> Bräutigam genommen sein; in jenen Tagen werden sie fasten.
> [36]Und er sagte auch ein Gleichnis zu ihnen: Keiner, der einen Flicken
> von einem neuen Gewand reißt, setzt ihn auf ein altes Gewand;
> wenn aber nun doch, wird er auch das neue zerreißen, und mit dem
> alten wird der Flicken von dem neuen nicht zusammenstimmen.
> [37]Und keiner schüttet jungen Wein in alte Schläuche; wenn aber nun
> doch, wird der junge Wein die Schläuche zerreißen und er selbst wird
> verschüttet werden, und die Schläuche werden vernichtet werden.
> [38]Jungen Wein aber muss man in neue Schläuche schütten. [39]Und
> keiner, der alten Wein trinkt, will jungen; denn er sagt: Der alte ist
> gut.

Es liegt ein knappes drittes Streitgespräch mit einer langen Antwort Jesu vor. Die Gegner vermissen das wöchentliche *Fasten* bei den Schülern Jesu. Dieses *Fasten* ist aber keine religiöse Pflicht, sondern eine freiwillige Frömmigkeitsübung (4,1). Die Pharisäer *fasten* freiwillig zweimal in der Woche (18,12), und zwar am Montag und Donnerstag. Die Schüler des Johannes, die hier erstmals genannt werden, halten es ebenso. Jesus kontert mit dem Gleichnis vom Brautgemach. Die Begleiter des *Bräutigams* während der Hochzeitszeremonien sind die *Söhne des Brautgemachs*. Solange der Bräutigam bei ihnen ist, wird gefeiert und nicht gefastet. Die theologische Übertragung spielt auf die alttestamentliche Metaphorik von der Hochzeit Gottes mit der Braut Zion an (Jes 62,5). Die bevorstehende Wegnahme des Bräutigams ist eine verschlüsselte Leidensvoraussage. Die mit Jesus angebrochene Freudenzeit kann nicht unbegrenzt weitergehen, sondern wird zu seiner Wegnahme mit Leiden und Kreuzestod führen. Dann werden die Anhänger trauern (24,17).

Es folgen eine Haushaltsregel und zwei Weinregeln, die ebenfalls als Gleichnisse in die Theologie zu übertragen sind. Nur ein ganz neues Handeln entspricht der Neuheit des Evangeliums. Wer alte Kleider mit alten Flicken repariert und nicht neue Kleider bevorzugt, das Abfüllen jungen Weins in neue Schläuche unterlässt, nur alten Wein trinkt und nur diesen für gut befindet, verbleibt in der alten jüdischen Frömmigkeit und hat keinen Anteil an der eschatologisch angebrochenen Königsherrschaft Gottes.

Abreißen der Ähren am Sabbat (6,1-5)

> 1Es geschah nun am Sabbat, dass er durch die Saaten hindurchging,
> und es rupften seine Schüler die Ähren und aßen sie, sie mit den
> Händen zerreibend.
> 2Einige der Pharisäer aber sagten: Was tut ihr, was an den Sabbaten
> nicht erlaubt ist? 3Und es antwortete ihnen Jesus und sagte. Last ihr
> nicht dies, was David tat, als er hungerte, er und die mit ihm waren,
> 4wie er in das Haus Gottes hineinging und die Schaubrote nahm und
> aß und sie denen mit ihm gab, die Brote, die niemand essen darf,
> außer die Priester allein? 5Und er sagte ihnen: Herr des Sabbats ist
> der Menschensohn.

Ein viertes Streitgespräch folgt. Es geht um das Arbeitsverbot am Sabbat (Ex 20,10; Dtn 5,12-15). Nach pharisäischer Meinung fällt das sonst erlaubte Abreißen von Ähren zur Hungerstillung (Dtn

23,26) unter das Verbot von Erntearbeiten am Sabbat. Jesus hebt mit dem Gegenbeispiel von Davids Gesetzesbruch diese enge Auslegung auf. Aufgrund von lebensbedrohlichem Hunger lässt sich David vom Priester Ahimelech die heiligen Schaubrote für sich und seine Leute geben und verzehrt die für sie verbotenen Brote (1 Sam 21,1-10). Da Jesus der von Gott bevollmächtigte *Menschensohn* ist, dehnt er das Recht Davids, rigide Vorschriften zu brechen, auf den Sabbat aus. Mit der Erlaubnis des Menschensohnes dürfen Bedürfnisse wie Hunger oder Freude an der reifen Saatfrucht auch am Sabbat befriedigt werden.

Heilung eines Menschen am Sabbat (6,6-11)

6Es geschah nun an einem anderen Sabbat, dass er in die Synagoge hineinging und lehrte. Und es war dort ein Mensch, und seine rechte Hand war vertrocknet.
7Es belauerten ihn aber die Schriftgelehrten und die Pharisäer, ob er am Sabbat heilt, damit sie etwas fänden, ihn anzuklagen. 8Er aber wusste ihre Gedanken,
er sagte nun zu dem Mann, der die vertrocknete Hand hatte: Steh auf und stell dich in die Mitte! Und er stand auf und stellte sich hin.
9Es sagte nun Jesus zu ihnen: Ich frage euch, ob es erlaubt ist, am Sabbat Gutes zu tun oder Böses zu tun, ein Leben zu retten oder zu vernichten?
10Und er sah sie alle der Reihe nach an und sagte zu ihm: Strecke deine Hand aus! Der nun tat es, und seine Hand wurde wiederhergestellt.
11Sie aber wurden von Unverstand erfüllt und beredeten miteinander, was sie wohl mit Jesus täten.

Die Streitgespräche werden mit diesem fünften Streitgespräch vorläufig beendet. Wie bei dem einleitenden Gespräch (5,17-26) ist auch beim Abschlussgespräch der Streit (6,7-10a) in eine Wundergeschichte eingeschoben worden. Deren Einleitung ist knapp. Bei Jesu Lehre am Sabbat in einer Synagoge ist ein Mann mit einer funktionsuntüchtigen Hand anwesend. Nun setzt der Streit ein. Die Pharisäer und deren Schriftgelehrte sind inzwischen zu einer festen Gegnergruppe geworden. Sie erwarten aufgrund der bisherigen Sabbatheilungen (4,31-37.38-39) eine erneute Heiltätigkeit Jesu am Sabbat. Jesus erkennt ihre Gedanken und lässt ostentativ den Kranken in die Mitte der Synagoge treten. Danach stellt er wie bei der Heilung des Gelähmten eine Alternativfrage. Diese ist jetzt noch eindeutiger und wird durch die Verdoppelung zur Provokation. Selbstverständlich sind *böse* Taten am Sabbat un*erlaubt*. *Gutes tun* kann dagegen die Sabbatruhe nicht verletzen, weil letztere der Feier des Schöpfungswerks Gottes und seiner Ruhe am siebten Tage dient (Gen 2,1-3; Ex 20,10-11). Das *böse Tun* hingegen wird durch die folgende Alternative als *Unterlassen* aufgedeckt. Am Sabbat muss jedes Leben *gerettet* werden. Gott will am wöchentlichen Gedenktag seiner Schöpfung die *Rettung und nicht die Vernichtung von Leben*. Die Gegner können nicht mehr antworten und schweigen.

Jesus realisiert mit der nun einsetzenden Heilung die neu angebrochene *Königsherrschaft Gottes*, die keine rigide Falschauslegung der Sabbatruhe mehr zulässt. Er spricht dem Kranken das Heilungswort zu und die Heilung erfolgt sogleich. Die Gegner reagieren aber nicht mit Einsicht, sondern mit *Unverstand*. Wie die Nazarener planen auch sie Unheil gegen Jesus. *Unverstand* ist ein Schlüsselbegriff des Evangelisten (23,34). Die Gegner handeln nicht aus niedrigen Beweggründen, sondern verstehen die von Jesus neu eröffneten Einsichten nicht. Ihrer Meinung nach steht das Gesetz über den Bedürfnissen der Menschen, während Jesus als Inkarnation der Weisheit Gottes (7,35; 10,21-22) die Rettung des Menschen zum Prinzip der Gesetzesauslegung macht. Zu diesem Grundkonflikt wird Jesus immer wieder bis zum gewaltsamen Kreuzestod Stellung nehmen. Noch planen die Gegner nicht den Tod Jesu, sondern bleiben für Dialoge und Gastmahlgespräche offen.

Die Feldrede und ihr Rahmen (6,12-16.17-19.20-49)

Die Feldrede fasst die neue Ethik der angebrochenen Königsherrschaft Gottes für Israel und die Völker zusammen. Jesus spricht insbesondere die Schüler an, aus denen er einen Zwölferkreis für die zwölf Stämme des geretteten Israels ausgewählt hat.

Die Wahl der Zwölf (6,12-16)

> [12]Es geschah nun in diesen Tagen, dass er auf den Berg hinausging, um zu beten, und er verbrachte die ganze Nacht im Gebet zu Gott.
> [13]Und als es Tag wurde, rief er seine Schüler herbei und wählte von ihnen zwölf aus, die er auch Apostel nannte, [14]Simon, den er auch Petrus nannte, und Andreas, seinen Bruder, und Jakobus und Johannes und Philippus und Bartholomäus [15]und Matthäus und Thomas und Jakobus, den Sohn des Alphäus, und Simon, den Zelot Gerufenen, [16]und Judas, den Sohn des Jakobus, und Judas Iskariot, der zum Verräter wurde.

Es liegt ein biografisches Apophthegma mit indirekten Aussprüchen vor. Jesus zieht sich vor der Auswahl des Zwölferkreises wie Mose auf einen Berg zurück, um dort im *Gebet* die Anweisungen Gottes zu empfangen (Ex 19,3.20; 24). Jesus *betet* die ganze Nacht hindurch.
Bei Tagesanbruch ruft er die größer gewordene Schülergruppe zu sich (6,17) und wählt *zwölf* aus. Die Zwölf repräsentieren wie die Ältesten am Berge Sinai die zwölf Stämme Israels und erhalten den Namen *Apostel*. *Apostel* ist eine Funktionsbezeichnung. Die apostolische Aufgabe der *Zwölf* wird hier noch nicht genannt, sondern später nachgetragen (9,2). Dann erhalten auch die übrigen Schüler eine besondere Aufgabe (10,1-16). Es geht hier und an der späteren Stelle nicht um hierarchische Ämter, sondern einerseits um die Repräsentanz des geretteten Israels in der angebrochenen Königsherrschaft Gottes durch den Zwölferkreis und andererseits um die Repräsentanz der Völker durch den Kreis der

Zweiundsiebzig (10,1-16). Eine Namensliste schließt sich an die Auswahl der Zwölf an. An der Spitze stehen die erstberufenen Schüler Simon, Andreas und Jakobus, zu der Andreas als Bruder des Simon als Vierter aufrückt. Simon erhält zusätzlich den Beinamen *Petrus*, d. h. *Fels*. Dann folgen weitere Namen. Statt Thaddäus (Mk 3,18) wird hier ein zweiter Judas neben Judas Iskariot genannt. Bei Letzterem wird auf den Verrat und damit erneut auf die Passion angespielt (5,35). Der ebenfalls berufene Zöllner Levi fehlt und bleibt mitwandernder Schüler.

Der Andrang des Volkes (6,17-19)

> 17Und er stieg mit ihnen den Berg hinab und stellte sich auf einen ebenen Platz, und eine große Schar seiner Schüler und eine große Menge des Volkes von der ganzen Judäa und Jerusalem und der Meeresküste von Tyrus und Sidon waren da, 18die kam, um ihn zu hören und geheilt zu werden von ihren Krankheiten; und die von unreinen Geistern Geplagten wurden geheilt, 19und die ganze Schar suchte ihn zu berühren, denn es ging eine Macht von ihm aus und heilte alle.

Es folgt ein biografischer Sammelbericht. Jesus steigt mit dem neuen Zwölferkreis und den anderen Schülern vom Berg hinab, stellt sich auf ein ebenes Feld und hält seine erste große Rede, die *Feldrede*. Um ihn versammeln sich die Schüler und Volksscharen aus Palästina, deren Herkunft sich um die Städte des südlichen Libanons erweitert. Mit dem Libanon ordnet sich heidnisches Gebiet mit einer kleinen jüdischen Minderheit in den Einzugsbereich Jesu ein. Sie alle wollen die Lehre Jesu hören und Wunder erfahren. Die Krankenheilungen werden von den Exorzismen ausdrücklich getrennt. Die Austreibung der *unreinen Geister*, d. h. Dämonen, erfolgt aufgrund des Machwortes Jesu, die Heilung von Krankheiten hingegen ist fast immer mit einem Heilgestus verbunden, der die Heilkraft Jesu überträgt. Die somatische Berührung Jesu im Vertrauensglauben schafft Heil.

Die Feldrede (6,20-49)

20 Und er richtete seine Augen auf seine Schüler und sagte:
Selig die Armen, denn euer ist die Königsherrschaft Gottes.
21 Selig die jetzt Hungernden, denn ihr werdet gesättigt werden.
Selig die jetzt Weinenden, denn ihr werdet lachen.
22 Selig seid ihr, wenn euch die Menschen hassen und wenn sie euch
ausschließen und schmähen und euren Namen als schlecht hinaus-
werfen wegen des Menschensohnes; 23 freut euch an jenem Tag und
hüpft, denn siehe, euer Lohn ist groß im Himmel; denn genauso
taten ihre Väter den Propheten.
24 Jedoch wehe euch, den Reichen, denn ihr habt euren Trost weg.
25 Wehe euch, den jetzt Gesättigten, denn ihr werdet hungern.
Wehe euch, die ihr jetzt lacht, denn ihr werdet trauern und weinen.
26 Wehe, wenn von euch alle Menschen schön reden; denn genauso
taten ihre Väter den falschen Propheten.
27 Aber euch sage ich, die ihr zuhört: Liebt eure Feinde, tut denen gut,
die euch hassen,
28 segnet die, die euch verfluchen, betet für die, die euch schmähen!
29 Dem, der dich auf die eine Wange schlägt, biete auch die andere,
und dem, der dir das Obergewand wegnimmt, verweigere nicht
auch das Untergewand.
30 Jedem, der dich bittet, gib, und von dem, der das Deine wegnimmt,
fordere es nicht zurück!
31 Und wie ihr wollt, dass euch die Menschen tun, tut ihnen gleicher-
weise!
32 Und wenn ihr die liebt, die euch lieben, welcher Dank ist euch?
Denn auch die Sünder lieben die, die sie lieben.
33 Und wenn ihr Gutes denen tut, die euch Gutes tun, welcher Dank
ist euch? Auch die Sünder tun dasselbe.
34 Und wenn ihr denen leiht, von denen ihr hofft, zurückzuerhalten,
welcher Dank ist euch? Auch Sünder leihen Sündern, damit sie das
Gleiche zurückempfangen.
35 Jedoch liebt eure Feinde und tut Gutes und leiht, nichts zurück-
erhoffend; und euer Lohn wird groß sein, und ihr werdet Söhne

des Höchsten sein, weil er gütig ist zu den Undankbaren und Bösen.
36Werdet barmherzig, wie auch euer Vater barmherzig ist.
37Und richtet nicht, und ihr werdet nicht gerichtet; und verurteilt
nicht, und ihr werdet nicht verurteilt. Befreit, und ihr werdet befreit
werden;
38gebt, und gegeben werden wird euch; ein gutes, fest gedrücktes,
geschütteltes, überfließendes Maß wird man in euren Schoß geben:
Denn mit welchem Maß ihr messt, wird euch wiedergemessen wer-
den.
39Er sprach auch ein Gleichnis zu ihnen: Kann etwa ein Blinder einen
Blinden führen? Werden nicht beide in eine Grube hereinfallen?
40Ein Schüler ist nicht über dem Lehrer; als Ausgebildeter aber wird
er wie sein Lehrer sein.
41Was aber siehst du den Splitter im Auge deines Bruders, den
Balken aber, den in deinem eigenen Auge, beachtest du nicht? 42Wie
kannst du deinem Bruder sagen: Bruder, lass zu, ich möchte den
Splitter herausziehen, den in deinem Auge, aber selber siehst du den
Balken in deinem Auge nicht? Heuchler, zieh zuerst den Balken aus
deinem Auge heraus, und dann wirst du zusehen, den Splitter, den
im Auge deines Bruders, herauszuziehen.
43 Denn es gibt keinen guten Baum, der schlechte Früchte hervor-
bringt, noch einen schlechten Baum, der gute Früchte hervorbringt.
44Denn jeder Baum wird aus seiner eigenen Frucht erkannt; denn
nicht sammelt man aus Dornenkraut Feigen, noch erntet man vom
Dornbusch eine Weintraube.
45Der gute Mensch bringt das Gute aus dem guten Schatz des
Herzens hervor, und der Böse bringt aus dem Bösen das Böse hervor;
denn aus Überfluss des Herzens redet sein Mund.
46Was aber ruft ihr mich: Herr, Herr, und tut nicht, was ich sage?
47Jeder, der zu mir kommt und meine Worte hört und sie tut – ich
werde euch zeigen, wem er gleich ist. 48Gleich ist er einem Men-
schen, der ein Haus baute, der grub, in die Tiefe ging und ein Funda-
ment auf den Felsen setzte; als aber ein Hochwasser entstand, stieß
der Fluss an jenes Haus an und vermochte es nicht zu erschüttern,
weil es gut gebaut war.

> 49Wer aber hört und nicht tut, der ist gleich einem Menschen, der ein Haus auf die Erde ohne Fundament baute, an das der Fluss anstieß, und sofort fiel es zusammen, und es war der Zusammenbruch jenes Hauses groß.

Die Rede enthält drei Abschnitte. Abschnitt eins (20-26) besteht aus vier Seligpreisungen und vier Weherufen, Abschnitt zwei (27-38) aus vier zentralen Regeln und Abschnitt drei (39-49) aus vier Gleichnissen. Die Seligpreisungen sprechen vier Menschengruppen an. Die ersten drei Gruppen sind allgemein gehalten: Arme, Hungernde und Weinende. Die vierte Gruppe wird durch die *Ihr*-Anrede direkt auf die Schülergruppe bezogen, auf die Jesus ja seine Augen gerichtet hat, und auf die Glaubenden unter dem zuhörenden Volk.
Die Zusage der angebrochenen Königsherrschaft Gottes für die Armen hat soziale und theologische Sprengkraft. In Palästina lebte über die Hälfte der Bevölkerung unter dem Existenzminimum. Die Armen wurden für ihre soziale Lage selbst verantwortlich gemacht (Neh 5,1-13). Da sie großenteils nur unzureichende Schriftkenntnisse besaßen und ihren Glauben nicht mit pharisäischer Genauigkeit lebten, galten sie für die Pharisäer als gottfern und als permanente Sünder. Dass Jesus den Armen in Israel und über Israel hinaus in allen Völkern schon jetzt die Königsherrschaft Gottes zuspricht, lässt diese anfanghaft Realität werden. Seine größtenteils armen Zuhörer sind von ihren Krankheiten geheilt worden, haben Anteil an der erneuerten Schöpfung der Königsherrschaft Gottes und sind mündige Partner der von Gott erneuerten, unmittelbaren Beziehung zu ihm. Reichtum wird den Armen nicht versprochen, wohl aber tägliche Stillung des *Hungers* (11,3) und die künftige Befreiung von Leiden und *Weinen*, insbesondere von sozialer Unterdrückung. Im Kontrast dazu steht die Seligpreisung der Anhänger Jesu, die in der Gegenwart unter vielfältiger Verfolgung zu leiden haben. Die Befreiung von Verfolgung kann nur dadurch geschehen, dass die Verfolgten die Zwangsmaßnahme ertragen und dadurch den Kreislauf der

Unterdrückung aufbrechen. Wenn die Täter uneinsichtig bleiben, wird Jesus als der wiederkommende Menschensohn am Tag des Weltgerichts das Weinen und Gehasst-, Ausgeschlossen- und Geschmäht-Werden seiner Anhänger beenden und ihnen freudige Anteilnahme an der neuen, vollendeten Einheit der Welt mit Gott gewähren. Der Rückblick auf die Verfolgung der Propheten durch die Vorfahren der israelitischen Zuhörer ruft die Erinnerung wach. Dass deuteronomistische Geschichtswerk (Jos – 2 Kön) hatte die Verfolgung der Propheten aufgeschrieben und hart kritisiert.

In den vier Weherufen wird das negative Gegenbild der Reichen entworfen. Sie bedürfen keines Trostes, weil sie schon jetzt ausreichend Nahrung haben und ohne Sorgen für die Gestaltung der Gegenwart sind. *Lachen* zielt auf die verantwortungslose Sorglosigkeit der damaligen herrschenden Schicht, die jetzt mit *euch* direkt angesprochen wird. Ihr kündigt Jesus für die nahe Zukunft und spätestens für den Gerichtstag den Umsturz der Verhältnisse an: Für sie werden *Hunger* und *Trauer* eintreten. Der letzte Weheruf greift ebenfalls auf die Schrift zurück. Die falschen Hofpropheten haben den Königen geschmeichelt und nicht verhindert, dass Israel von den Feinden in das schmachvolle Exil geführt wurde (586–538 v. Chr.).

Abschnitt zwei beginnt mit einem Aufmerksamkeitsseminar für die Hörer. Sie sollen jetzt besonders gut *zuhören*. Es folgt das zentrale, neue Prinzip der Ethik, die Feindesliebe. Der Kreislauf der Feindschaft und des Hasses wird durchbrochen. Dem Feind und Hasser wird Gutes erwiesen. Weitere paradoxe Forderungen schließen sich an. Für die Verflucher und Schmäher gibt es Segen und Gebet. Dem Gewalttäter wird die Gewaltlosigkeit demonstriert. Dem rücksichtslosen Pfandeintreiber wird nicht nur das Obergewand, also der Mantel, am Abend nicht wieder abgenommen, obwohl das Recht es so vorsieht (Ex 22,25-26; Dtn 24,13). Stattdessen wird ihm auch das lange Untergewand, der Chiton, zusätzlich gegeben, sodass der Geplünderte nackt dasteht. Es ergibt sich ein provozierender Zustand der Nacktheit, den auch der

reiche Gläubiger nicht wollen kann. Das Zinsverbot gilt schon im Alten Testament (Ex 22,24; Dtn 23,20), allerdings nur für den Geldverleih von Juden an Juden, nicht von Juden an Heiden (Dtn 23,21). Die Forderung nach bedingungslosem Verleihen und Sichberauben-Lassen führt zur goldenen Regel. Sie war in der Antike weit verbreitet (Herodot 3,142). Es geht um die ethische Gestaltungskraft des Einzelnen und von einzelnen Gruppen: *Und wie ihr wollt, dass euch die Menschen tun, tut ihnen gleicherweise!*
Diese ideale Vorstellung von einer ethisch handelnden Gesellschaft muss in alltäglicher Praxis dem anderen gegenüber praktiziert werden. Die anschließenden Fragen illustrieren, dass dieses neue ethische Handeln nur durch unbedingtes Vertrauen in die schon jetzt angebrochene Königsherrschaft Gottes möglich wird. Das moralische Handeln auf der Stufe des gegenseitigen Austausches (do ut des, d. h. ich gebe, damit du gibst) kennzeichnet hingegen den Alltag außerhalb der Königsherrschaft Gottes: lieben, Gutes tun und leihen nur bei Gegenseitigkeit. Bei bewusstem Verzicht auf die Gegenseitigkeit hingegen wird die angebrochene Königsherrschaft Gottes sichtbar. Wie der Gerechte in den Spätschriften des Alten Testaments erhalten die ohne Gegenseitigkeit Handelnden den Titel *Sohn/Tochter Gottes* (Weisheit 2,18). Denn Gott bietet den Undankbaren und Bösen beständig seine Herrschaft und Barmherzigkeit an. Allein dieses fortwährende Angebot, das die Christen verwirklichen sollen, vermag Frieden und Rettung aus dem Kreislauf der Undankbarkeit und bösen Gewalt zu stiften. Der erneute Aufruf zur Feindesliebe schließt diesen Abschnitt ab.
Es folgt noch ein kurzer Anhang. Das Verbot des *Richtens* und Verurteilens bezieht sich auf die pharisäische Praxis, die notorischen Übertreter der mosaischen Weisungen als öffentliche Sünder zu brandmarken. *Befreiung* fordert zur Aufhebung dieser öffentlichen Ausgrenzung auf. Es folgen Worte zum Geben und Messen. Das Maß wird metaphorisch in seiner Großzügigkeit charakterisiert. Das Weisheitswort von der alltäglichen Wechselwirkung des Messens rundet den Abschnitt zwei ab.

Jesus eröffnet den dritten Abschnitt mit einem Gleichnis. Es handelt sich nicht um eine ausführliche Erzählung (vgl. 8,4-8; 14,15–16,31 u. ö.), sondern um ein knappes Bildwort. Wenn ein Blinder einen Blinden führt, werden beide in eine der vielen offenen Gruben der Landwirtschaft fallen. Der Spruch vom Schüler und Lehrer bietet eine ähnliche Übertragungsmöglichkeit. Der Schüler ist noch blind. Wenn er ausgebildet ist, wird er wie der Lehrer sehen. Ein noch blinder Schüler dagegen kann andere blinde Schüler nicht führen. Da *Lehrer* (didáskalos) ein Haupttitel Jesu für die Öffentlichkeit ist, zielt die Übertragung auf Jesus. Ohne Jesu Lehre bleiben die Hörer blind und führen sich gegenseitig in offene Gruben.

Das zweite, antithetische Bildwort vom Sehen und Übersehen führt zu einer kleinen Erzählhandlung. Derjenige, der den Splitter im Auge des Bruders sieht, bietet mit Herablassung die Hilfe zum Entfernen an. Der Kommentar Jesu entlarvt dieses Angebot als Heuchelei. Denn Kritik und Hilfe kann nur der anbieten, der selber diese Kritik an sich übt und von anderen zulässt. Nur von gleicher Augenhöhe kommende Kritik ist angemessen.

Das dritte Gleichnis von den schlechten Bäumen mit den schlechten Früchten wird drastisch ausgemalt. Das *Dornenkraut Akanthus*, das als Symbol das korinthische Kapitell ziert und nach den anderen Evangelien als Kranz den Königsanspruch Jesu verhöhnt (Mk 15,17; Mt 27,29; Joh 19,2f.; s. u. 23,26), produziert keine Feigen und der *Dornbusch* keine *Weintrauben*. Der Übertrag auf die Ethik ist wieder zwingend. Gute Menschen bringen aus ihrem Herzen Gutes hervor und böse Menschen Böses. Der theologische Übertrag lautet, dass die Anrede Jesu mit dem Hoheitstitel Herr (2,11) kein Bekenntnis darstellt, wenn das Handeln nach den Worten Jesu ausbleibt. Es muss zum Hören das Tun hinzutreten.

Das letzte Doppelgleichnis veranschaulicht diese Forderung. Die Bildhälfte ist für alle Bodenverhältnisse in der Nähe eines Flusses plausibel. Ein Hausbau bedarf eines sicheren, tiefen Fundaments, möglichst auf felsigem Grund. Künftige Hochwasser können dem Haus dann nichts anhaben. Das Haus ohne Fundament hingegen bricht beim Hochwasser laut zusammen. Die theologische Übertragung bleibt mehrdeutig. Der Hörer kann die nachösterliche Verfolgung assoziieren (6,22.28), aber auch das Weltgericht. Wer nach Jesu Worten handelt, wird in beiden Fällen Bestand haben.

Die Rede über den Täufer und ihr Rahmen (7,1-17.18-35.36-50)

Nach Abschluss der Feldrede folgen zwei ausführliche Wundergeschichten. Jesu Seligpreisungen verwirklichen sich sowohl in neuen Normen ethischen Handelns als auch in machtvollen Wundern. Dann geht Jesus auf sein Verhältnis zum Täufer ein. In einer Lobrede charakterisiert er Johannes als den größten von den Propheten des Alten Bundes. Er bereitet schon jetzt den *Weg* des öffentlichen Wirkens Jesu vor und gehört so mit seiner Askese und Umkehrpredigt zum eschatologischen Beginn der Königsherrschaft Gottes. Ein kontrastierender Gastmahlbericht von einem Pharisäer und einer Sünderin schließt den Komplex ab.

Der Hauptmann von Kafarnaum (7,1-10)

[1]Als er alle seine Worte für das Volk beendet hatte, kam er nach
Kafarnaum hinein. [2]Eines Hauptmanns Sklave aber, der krank war,
war im Begriff zu sterben; der war ihm teuer.
[3]Er hörte nun über Jesus und sandte zu ihm Älteste der Juden und
bat ihn, dass er komme und seinen Sklaven rette.
[4]Die nun kamen zu Jesus heran, baten ihn eifrig und sagten: Er ist
würdig, dass du ihm dies gewährst; [5]denn er liebt unser Volk, und er
selbst baute uns die Synagoge. [6]Jesus nun ging mit ihnen.
Als er schon nicht mehr weit entfernt war von dem Haus, sandte der
Hauptmann Freunde und ließ ihm sagen: Herr, belaste dich nicht,
denn ich bin nicht wert, dass du unter mein Dach hineinkommst;
[7]deshalb auch hielt ich mich nicht für würdig, zu dir zu kommen;
aber sprich ein Wort, und mein Knecht soll geheilt werden. [8]Denn

auch ich bin ein Mensch, unter Vollmacht gestellt, und habe unter mir Soldaten, und sage ich diesem: Geh! Und er geht, und einem anderen: Komm! Und er kommt, und meinem Sklaven: Tue dies! Und er tut es.
9Als Jesus dieses hörte, staunte er über ihn, wandte sich um und sprach zu der ihm folgenden Volksmenge: Ich sage euch: Nicht einmal in Israel fand ich so großen Glauben.
10Und die Abgesandten kehrten in das Haus zurück und fanden den Sklaven gesund.

Das erste Wunder ereignet sich wieder in Kafarnaum. Im Einleitungsteil stehen die Dialoge im Vordergrund und erstrecken sich fast über die ganze Geschichte (7,2-9). Der Hauptteil mit der Wunderhandlung fehlt. Nur der Abschluss wird berichtet (7,10). Jetzt wird der Kreis der Heilungssuchenden um die Heiden erweitert. Der Hauptmann, lateinisch Zenturio, war der Anführer einer Hundertschaft von Soldaten. Juden waren wegen der Pflicht zur Sabbatruhe vom Kriegsdienst befreit. Dass dieser Hauptmann mit seinem todkranken Sklaven nicht zu der kleinen Gruppe freiwilliger jüdischer Soldaten gehört, macht die folgende Handlung klar.
Der Hauptmann hört von Jesus. Er sendet Älteste, und zwar vermutlich die, die die Synagoge leiten, zu Jesus und lässt sie um die Rettung des todkranken Sklaven bitten. Die Ältesten unterstützen die Bitte Jesu mit dem Hinweis, dass der Hauptmann ein Freund der Juden sei und aus eigenen Mitteln die Synagoge in Kafarnaum erbauen ließ. Der Höhepunkt der Erzählung ist erreicht. Jesus geht mit den Abgesandten mit und dokumentiert so seinen Heilungswillen.
Nun erfolgt eine unerwartete Unterbrechung der Handlung. Bevor Jesus in das Haus des Hauptmanns eintreten kann, erreicht ihn eine weitere Gesandtschaft, die aus dessen Freunden besteht. Sie schlägt Jesus vor, das Haus des Hauptmanns nicht zu betreten. Juden konnten beim Betreten eines heidnischen Hauses mit unreinen Gegenständen, insbesondere mit unreinen Speisen, in

Berührung kommen und sich verunreinigen. Daher vermieden sie den Besuch von Heiden in ihren Wohnungen (mOhalot 18,7; bSchab 127a). Der Hauptmann lässt hier durch seine Freunde nicht von einem Gebot sprechen, wie später der Hauptmann Cornelius (Apg 10,28), sondern nur von fehlender Würde des heidnischen Gastgebers. Als Freund und Gönner der Juden wüsste er dafür zu sorgen, dass Jesus sich bei dem Krankenbesuch nicht verunreinigen würde. Doch er will dem großen Lehrer Jesus gegenüber die respektvolle Distanz des Heiden gegenüber den Juden wahren. Deshalb hat er ja auch die persönliche Begegnung mit Jesus vermieden. Eine Überwindung der Distanz sieht der Hauptmann in der Fernheilung. So schlägt er Jesus vor, er möge das wunderwirkende Wort vor der zweiten Gesandtschaft aussprechen. Die Begründung trägt das gemein-antike dämonologische Denken nach. Wie der Hauptmann die Macht über die Soldaten hat, so hat Jesus die Vollmacht über die Dämonen, die Besessenheit, Krankheit und Tod bringen können.

Jesus lobt den starken Glauben des Hauptmanns. Einen Glauben mit dieser Einsicht hat er bisher noch nicht in Israel gefunden, weder beim nachfolgenden Volk noch bei seinen Schülern.

Hier bricht die lange Einleitung zur Wundergeschichte ab. Die eigentliche Wunderhandlung, also das Aussprechen des Heilungswortes, wird übergangen. Lediglich der Schluss, die öffentliche Bestätigung des Wunders, wird berichtet. Die zweite Gesandtschaft kehrt zum Hauptmann zurück und stellt fest, dass der Sklave gesund geworden ist. Auch die Heiden können schon jetzt durch starken Vertrauensglauben Anteil an der Königsherrschaft Gottes gewinnen.

Die Auferweckung in Naïn (7,11-17)

[11]Und es geschah in der folgenden Zeit: Er ging in eine Stadt, gerufen
Naïn, und mit ihm gingen seine Schüler und eine große Volksmenge.
[12]Als er aber nahekam dem Tor der Stadt, siehe, da wurde ein Ver-
storbener, der der einzige Sohn seiner Mutter war, hinausgetragen,

und sie selbst war Witwe, und eine beträchtliche Volksmenge der Stadt war mit ihr.
13Und der Herr sah sie, erbarmte sich über sie und sprach zu ihr: Weine nicht!
14Und er trat hinzu und berührte die Bahre, die Träger nun blieben stehen, und er sprach: Junger Mann, dir sage ich: Steh auf!
15Und der Tote setzte sich auf und begann zu reden, und er gab ihn seiner Mutter.
16Es ergriff nun alle Furcht und sie verherrlichten Gott und sagten: Ein großer Prophet stand unter uns auf und: Gott besuchte sein Volk.
17Und diese Rede über ihn ging hinaus in ganz Judäa und in die ganze Umgebung.

Es folgt eine Totenerweckung in Naïn, die formgerecht erzählt wird. Vor dem Tor dieser noch nicht sicher lokalisierten Ortschaft in Galiläa begegnet Jesus mit Schülern und Volk einem Trauerzug, der aus der *Stadt* hinauszieht. Die Begräbnisstätten lagen außerhalb der Stadt; denn die Toten durften nicht innerhalb der Stadt beerdigt werden. Die Notsituation wird knapp skizziert. Eine Witwe geleitet ihren einzigen Sohn, der ihr einziger Ernährer ist, zum Grab. Jesus sieht die Witwe und erkennt sofort diese Notsituation; er *erbarmt* sich spontan (10,33; 15,20) und spricht der Frau Trost zu. Nun folgt der Höhepunkt der Erzählung. Jesus berührt die Totenbahre und leitet die eigentliche Wunderhandlung ein. Die Träger bleiben stehen. Jesus spricht den jungen Mann persönlich an und gibt ihm den Heilungsbefehl.
Der Tote gehorcht und kann aufstehen und reden. Jesus ist der Herr des Todesdämons, wie es der Zenturio von Kafarnaum zuvor bekannt hat (7,7-8). Der Todesgott oder einer der Dämonen muss dem Toten den Lebensgeist zurückgeben. Jesus gibt daraufhin den wieder lebenden Sohn der Mutter zurück, als Bezugsperson und als Ernährer.
Ehrfurcht erfüllt alle Anwesenden und sie preisen Jesus als eschatologischen Propheten (4,24). In seinem Wirken wird Gott wieder in Israel anwesend, wie es Zacharias vorausgesagt hat

(1,68). Dieser Lobpreis geht von Naïn hinaus nach ganz Galiläa und *Judäa*.

Die Frage des Täufers (7,18-23)

> [18]Und es meldeten Johannes seine Schüler alles dieses. Und
> Johannes rief zwei seiner Schüler herbei, [19]schickte sie zum Herrn
> und ließ sagen: Bist du der Kommende oder sollen wir einen ande-
> ren erwarten?
> [20]Als die Männer zu ihm herankamen, sagten sie: Johannes der
> Täufer sandte uns zu dir und lässt fragen: Bist du der Kommende,
> oder sollen wir einen anderen erwarten?
> [21]In jener Stunde heilte er viele von Krankheiten und Leiden und
> bösen Geistern, und vielen Blinden schenkte er, zu sehen. [22]Und er
> antwortete und sprach zu ihnen: Geht hin und meldet Johannes,
> was ihr saht und hörtet:
> *Blinde sehen wieder, Lahme* gehen umher, Aussätzige werden gerei-
> nigt und *Taube* hören (Jes 29,18; 35,5-8; 42,7.18f.; 61,1), *Tote stehen auf*
> (Jes 26,19), *Armen* wird das Evangelium verkündet (29,19; 61,1); [23]und
> selig ist, wer an mir nicht Ärgernis nimmt.

Es liegt ein biografisches Gespräch vor. Johannes hat einen Schülerkreis. Historisch ist es sehr wahrscheinlich, dass Jesus eine Zeit lang Schüler von Johannes war. Nach dem Evangelisten löst sich Jesus von Johannes aber sofort nach der Umkehrtaufe, tritt allein in Galiläa als Umkehrprediger auf und verkündet den eschatologischen Anbruch der Königsherrschaft Gottes in seinen Worten und Wundertaten. Die Johannesschüler erhalten von diesem machtvollen, öffentlichen Auftreten Jesu Kunde. Ob sie selbst nach Galiläa gegangen sind oder es von den Volkscharen hören, die weiterhin zum Täufer Johannes kommen, lässt der Evangelist offen. Johannes sendet nun die übliche, kleinste Gesandtschaft von zwei Schülern und gibt ihnen die geheimnisvolle Frage mit, ob Jesus der *Kommende* sei. Der *Kommende* bezieht sich auf den nahen Weltenrichter (3,16-17). Für Johannes bleibt es offen, ob

Gott selbst oder eine messianische Gestalt dieser Richter sein wird. Die zwei Schüler kommen bei Jesus an und richten ihren Auftrag aus.
Jesus ist mit Wunderheilungen *vieler* beschäftigt. *Viele* bedeutet im jüdischen Sprachgebrauch alle (6,19). Im Bericht von den Heilungen und Exorzismen (7,21) fehlen noch die Naturwunder. *Leiden* ist ein Parallelismus zu Krankheiten. Die frühjüdischen Besessenenheilungen werden wieder von den somatischen Krankheiten unterschieden. Eigens nachgetragen wird als somatische Krankheit die Blindheit. Es könnte eine metaphorische Anspielung auf die Glaubensblindheit von Johannes vorliegen. Johannes vermag seinen Täufling Jesus nicht als den verheißenen Christus, Sohn Gottes, Menschensohn und Herrn zu erkennen. Die Antwort Jesu baut mithilfe von Jesajaprophezeiungen einen Heilungskatalog auf, den er erfüllt: Zu den Heilungen von Blinden (18,35-43) kommen die von Lahmen (5,17-26), von Aussätzigen (5,12-16), von Taubstummen (11,14) und von Toten (7,11-17) hinzu. Die Besessenenheilungen fehlen, weil sie noch nicht im Jesajabuch stehen. Auch die Naturwunder fehlen weiterhin. Sie stehen ebenfalls nicht im Jesajabuch und sind für seine eschatologische Erfüllung nicht zentral. Als Abschluss erfolgt eine Seligpreisung für diejenigen, die wie der Täufer kein *Ärgernis* (griechisch: skándalon) an Jesus nehmen, also ihn für keinen Skandal halten, sondern offen für seine Botschaft bleiben.

Die Rede über den Täufer (7,24-35)

24Als nun die Boten des Johannes weggingen, begann er zu den Volksmengen über Johannes zu reden: Was kamt ihr heraus, in der Wüste zu sehen? Ein Rohr, vom Wind geschüttelt? 25Was kamt ihr heraus, zu sehen? Einen Menschen, in weiche Gewänder gekleidet? Siehe, die, die in glanzvoller Kleidung und Schwelgerei leben, sind in den Königspalästen. 26Doch, was kamt ihr heraus, zu sehen? Einen Propheten? Ja, ich sage euch, mehr noch als einen Propheten. 27Dieser ist es, über den geschrieben ist: *Siehe, ich sende meinen Boten vor* dei-

nem *Angesicht her, der herrichten wird deinen Weg vor dir* (Ex 23,20;
Mal 3,1). [28]Ich sage euch: Ein Größerer unter den von Frauen Gebore-
nen ist keiner als Johannes. Der Kleinste aber in der Königsherrschaft
Gottes ist größer als er.
[29]Und das ganze Volk, das ihn hörte, und die Zöllner gaben Gott
recht und ließen sich taufen mit der Taufe des Johannes; [30]die
Pharisäer aber und die Schriftgelehrten wiesen den Ratschluss
Gottes für sie selbst ab und ließen sich nicht von ihm taufen.
[31]Wem nun soll ich die Menschen dieses Geschlechts vergleichen,
und wem sind sie gleich? [32]Gleich sind sie Kindern, die auf dem
Markt sitzen und einander zurufen: Auf der Flöte spielten wir euch,
und ihr tanztet nicht, Klagelieder sangen wir, und ihr weintet nicht.
[33]Denn gekommen ist Johannes der Täufer, der nicht Brot isst noch
Wein trinkt, und ihr sagt: Einen Dämon hat er. [34]Gekommen ist der
Menschensohn, der isst und trinkt, und ihr sagt: Siehe, ein Mensch,
ein Fresser und Weinsäufer, ein Freund von Zöllnern und Sündern.
[35]Und es wurde die Weisheit von allen ihren Kindern gerechtfertigt.

Jesus wartet den Weggang der Johannesboten ab, um erst dann eine Lobrede auf Johannes zu halten. Er will dem Volk seine Nähe und Distanz zu Johannes erläutern und gleichzeitig für einen künftigen Dialog mit Johannes offenbleiben. Der Evangelist spielt auf die nachösterliche Situation an, in der Johannesschüler und Jesusschüler in Distanz zueinander stehen, aber zugleich den Dialog suchen (5,33).

Die Rede beginnt mit drei Fragen. Frage eins handelt von dem Motiv, das die Volksmengen in die Wüste am Unterlauf des Jordans zu Johannes hinausgehen lässt. Als provokative Antwort wird eine Metapher eingesetzt. Sie kommt aus der dortigen Pflanzenwelt. Am Jordan, an den nahen Quellteichen im Wüstengelände und an den Zuflüssen steht bis heute Schilfrohr. Dieses Rohr wurde vom Landesherrn, dem Tetrarchen Herodes Antipas, als Symbol der eigenen Münzprägung verwandt. Verhält sich der Täufer im Sinne des herrscherlichen Münzprägers, den eigenen Standpunkt dem jeweils wechselnden Wind anzupassen? Na-

türlich nicht, werden die Hörer antworten. Denn er hat er ja den Tetrarchen wegen der unerlaubten Ehe mit seiner Schwägerin kritisiert (3,19). Die nächste Frage stellt noch deutlicher den Bezug zum Hofstaat von Herodes Antipas her. Der Evangelist berichtet zwar nicht wie seine Vorlage, das ältere Markusevangelium, von der prophetischen Wüstenkleidung von Johannes, und zwar dem Gewand aus Kamelhaaren mit einem Ledergürtel (Mk 1,6), doch für den Leser ist klar, dass Johannes keine feine Hofkleidung trägt. Ebenso erlaubt die schmale Uferbewachsung und Quellteich-Vegetation des Jordangeländes keine *Schwelgerei*. So spricht erst die dritte, rhetorische Frage den eigentlichen Status des Täufers an. Er ist ein *Prophet*. Johannes bleibt zusätzlich bei der asketischen Nahrung des Nasirs, der auch Alkohol meidet (1,15; 7,33).
Johannes erfüllt die Verheißung des endzeitlichen Wiederkommens des Propheten Elija (1,16-17). Zugleich übertrifft er ihn. Johannes ist schon jetzt der eschatologische, endzeitliche Bote für die nahe Ankunft Gottes als Weltenherrscher. Wie bei der Landnahme ein Engel Jahwes Mose und die Stämme Israels führte (Ex 23,20), so geht Johannes als endzeitlicher, engelgleicher Führer dem größeren Gründungspropheten Jesus voran (4,24; 7,16). Johannes ist der bedeutendste Mensch in der Zeit des Alten Bundes Gottes mit Israel. Mit Jesus bricht dann die erwartete, eschatologische Königsherrschaft Gottes an. Sie erfüllt und überbietet das Wirken von Johannes. Daher sind alle Anhänger Jesu schon jetzt Gott näher als Johannes. Doch der Komparativ *Größerer* und der Superlativ *Kleinster* verlieren in der Königsherrschaft Gottes ihre Bedeutung. In ihr sind alle von gleicher Freude über die Gemeinschaft mit Gott erfüllt (7,35; 15,7). Johannes gehört ihr schon jetzt in voller Weise an.
Zum Abschluss der Rede geht Jesus auf die ambivalente Wirkung des Täufers ein. Das Volk und die öffentlichen Sünder, die *Zöllner*, finden zum *gerechten* Leben nach Gottes Weisungen und lassen sich von der sakramentalen Umkehrtaufe des Johannes Befreiung von Schuld für das nahe Weltgericht geben (3,7-13). Die Ge-

lehrten der Weisungen Gottes, der Tora im Alten Testament, hingegen verkennen die letzte Chance zur Umkehr, zu der Gott ihnen durch Johannes *rät*. Sie lehnen die Umkehrtaufe ab und bleiben außerhalb der schon jetzt erfolgten Rettung.

Es folgt ein Gleichnis. Kinder konnten sich nicht über ein gemeinsames Spiel einigen. Die einen spielten auf der Flöte Tanzlieder, doch die anderen verweigerten das Tanzen. Tanzlieder auf der Flöte verweisen auf große Feste wie Hochzeiten oder Gastmähler. Dieselbe oder eine andere Wir-Gruppe sang Klagelieder; doch die anderen verweigerten das *Weinen* und Jammern. Offensichtlich wird auf die Beerdigung angespielt, bei der Trauergesänge, lautes Weinen und Klagen, insbesondere durch Klageweiber, üblich waren (7,12-13; 8,52). Der theologische Übertrag zielt auf die Erwartung der Königsherrschaft Gottes und des Weltgerichts im jüdischen Volk. Die Gruppe der Verkünder der angebrochenen Königsherrschaft Gottes, Jesus mit seinen Anhängern, findet ebenso wie die Gruppe der Verkünder des Weltgerichts, Johannes mit seinen Anhängern, keinen Glauben im Volk. Beide Verkündigungen gehören wie Hochzeit und Tod zusammen (5,34). Jesu Erläuterung deckt die Hintergründe für die Verweigerung des Mitmachens auf. Beiden Verkündern wurde aufgrund ihres Lebenswandels die Vollmacht zur Verkündigung einer Rettungsbotschaft abgesprochen. Die von Gott gewünschte, zeitlich begrenzte Askese des Nasirats bei Johannes wird als dämonisch abgelehnt. Damit gilt auch seine Mahnung zur Umkehr für das Weltgericht als dämonisch und kann abgelehnt werden. Das Fehlen des Nasirats bei Jesus wird gegenteilig als Mangel an Askese ausgelegt, zu dem noch die provokante Zuwendung zu *Zöllnern und Sündern* hinzutritt (5,27-32). Einem Fresser und Weinsäufer braucht man nicht zu folgen. Es fehlt in Israel an echter Bereitschaft zur Umkehr. Nur die *Kinder der Weisheit* erkennen, dass sowohl die Klage des Täufers als auch die freudige Gemeinschaft Jesu mit Sündern den eschatologischen Anfang der Königsherrschaft Gottes und deren nahe Vollendung im Weltgericht symbolisieren. Die Ankündigung von Zacharias erfüllt sich bei Jesus, dass die Weisheit Gottes in Israel wieder Wohnstatt genommen hat (1,68.78-79) und in neuer Weise die Glaubenden als ihre *Kinder* lenkt, die sich sowohl über die unmittelbare Gemeinschaft mit Gott und Jesus freuen und Gottes Weisheit *rechtfertigen* als auch über die Verfehlungen trauern, durch die die weisheitliche Ordnung der Schöpfung völlig zerrüttet worden ist.

Symposion und Begegnung Jesu mit einer Sünderin (7,36-50)

36 Es bat ihn aber einer von den Pharisäern, dass er mit ihm esse, und
er ging in das Haus des Pharisäers und legte sich zu Tisch.
37 Und siehe, eine Frau, welche in der Stadt eine Sünderin war, erfuhr,
dass er im Haus des Pharisäers zu Tisch liegt, brachte eine Alabaster-
flasche mit Öl 38 und stellte sich hinten zu seinen Füßen
und begann damit, mit Tränen seine Füße zu benetzen, und wischte
mit den Haaren ihres Kopfes sie ab und küsste seine Füße ab und
salbte sie mit dem Öl.
39 Als aber der Pharisäer, der ihn eingeladen hatte, das sah, sprach er
bei sich selbst: Wenn dieser ein Prophet wäre, würde er erkennen,
wer und was für eine die Frau ist, die ihn berührt, und zwar dass sie
eine Sünderin ist.
40 Und es antwortete Jesus und sprach zu ihm: Simon, ich habe dir
etwas zu sagen. Der sagt nun: Sprich, Lehrer: 41 Zwei Schuldner hatte
ein Geldverleiher; der eine schuldete fünfhundert Denare, der ande-
re fünfzig. 42 Da sie nichts zurückzugeben hatten, schenkte er es bei-
den. Wer nun von ihnen wird ihn mehr lieben?
43 Es antwortete Simon und sprach: Ich nehme an: der, dem er mehr
schenkte. Er nun sprach zu ihm: Richtig urteiltest du. 44 Und sich
umwendend zu der Frau, sagte er zu Simon: Siehst du diese Frau? Ich
ging in dein Haus, du gabst mir kein Wasser auf die Füße; sie aber
benetzte mit den Tränen meine Füße und wischte sie mit ihren
Haaren ab. 45 Einen Kuss gabst du mir nicht; sie aber ließ, seit ich he-
reinkam, nicht ab, meine Füße abzuküssen. 46 Mit Öl salbtest du
nicht meinen Kopf; sie aber salbte meine Füße mit Öl. 47 Deswegen

sage ich dir: Erlassen sind ihre vielen Sünden, weil sie viel liebte; wem aber wenig erlassen wird, liebt wenig.
48 Er sprach nun zu ihr: Erlassen sind deine Sünden. 49 Und es begannen die mit zu Tisch Liegenden bei sich zu sagen: Wer ist dieser, der auch Sünden erlässt? 50 Er sprach aber zu der Frau: Dein Glaube hat dich gerettet; gehe in Frieden!

Es liegt ein langes, biografisches Gespräch vor. Ein Pharisäer lädt Jesus zu einem Gastmahl ein. Ziel dieses Symposions ist eine Diskussion über Gesetzesfragen. Trotz des vorhergehenden, heftigen Streits Jesu mit den Pharisäern um Sündenvergebung, Zuwendung zu Sündern, Fasten und Sabbatruhe (5,17–6,11) brechen die Pharisäer den Kontakt zu Jesus nicht ab. Der Evangelist betont, dass bis zur Passion der intensive Dialog Jesu mit den Pharisäern anhält. Er wirbt beständig um sie, hält sich aber auch wie hier nicht mit Kritik zurück.
Eine stadtbekannte Sünderin dringt mit einer Flasche aus kostbarem Alabaster mit teurem Öl in das Gastmahl ein und stellt sich zu Jesu Füßen hin. Der Evangelist nennt nicht die Sünde dieser Frau. Es kann sich um eine Prostituierte oder Tänzerin, aber auch um eine wohlhabende Frau handeln, die nicht nach dem Gesetz lebt, wie z. B. die herodianische Prinzessin Drusilla zu späterer Zeit, die mit dem römischen Statthalter Felix verheiratet war (Apg 24,24). Die Heirat einer Jüdin mit einem Heiden verstieß gegen die mosaischen Weisungen (Dtn 7,3). Der Zugang zu einem Gastmahl war normalerweise von einem Pförtner/einer Pförtnerin bewacht, der/die einer stadtbekannten Prostituierten oder Tänzerin oder anderen Personen zur Kurzweil einen Besuch gestatten konnte.
Die Sünderin verhält sich ungewöhnlich. Sie trägt nicht mit Worten ihr Anliegen vor, sondern vollzieht unter Tränen eine Fußsalbung. Der Vorgang wird sehr eindringlich beschrieben. Mit den Tränen reinigt sie die Füße, mit ihren Haaren trocknet sie sie ab; das Abküssen der Füße steigert die Erotik; als Abschluss erfolgt die Salbung. Die grobe Sinnlichkeit vieler griechischer

Gastmähler mit bezahlten Tänzerinnen und Prostituierten, aber auch mit vornehmen BittstellerInnen, wird zur demütigen, liebevollen Salbung mit Öl sublimiert. Der Pharisäer stört sich daher nicht an der Intensität der Salbung, sondern an der Person der Salbenden. Sie hat seinem Erachten nach kein Recht auf eine Salbung Jesu. An dieser Diskriminierung kann Jesus einsetzen. Als Prophet hat er längst mit von Gott verliehener Weisheit den Status der Frau erkannt.

Nun stellt er Simon mit einem weisheitlichen Gleichnis vom Geldverleiher mit zwei Schuldnern auf die Probe. Ein Denar entspricht einem Tageslohn (Mt 20,2). Die Beträge von 50 und 500 Denaren sind Darlehen in üblicher Höhe und rückzahlbar, werden aber hier wegen Zahlungsunfähigkeit großzügig erlassen. Simon kann den Übertrag mühelos leisten. Es gilt für ihn die moralische Stufe des Austausches: Wer *mehr* erlassen bekommt, liebt mehr (6,32-34). Jesus bestätigt das Urteil und überträgt es auf die Situation des Gastmahls. Simon hat die übliche Höflichkeit der Fußwaschung durch einen Sklaven sowie den Begrüßungskuss unter Freunden (22,47-48) als auch die Reichung von Öl zur Salbung des Kopfes unterlassen. Das Verhältnis des Pharisäers Simon zu Jesus ist gespannt und daher von mangelnder Höflichkeit gekennzeichnet. Die Sünderin hat die fehlenden Höflichkeitsakte nachgeholt. Sie wollte ohne Gegenleistung Jesus Liebe erweisen. Sie hat mit der freiwilligen Salbung deutlich die moralische Ebene des Tausches überschritten. Weil sie bedingungslos aus großer Liebe (*viel liebte*) zu Jesus eine neue Form der respektvollen Gemeinschaft geschaffen hat, kann ihr *alles* (semitisch *vieles*) verziehen werden.

Die Frage der Anwesenden nach der Vollmacht zur Sündenvergebung, die Jesus der Frau zuspricht, wiederholt die entsprechende Frage bei der Heilung des Gelähmten (5,20-21). Diese Frage kann mit der Kenntnis der bisherigen Taten Jesu beantwortet werden. In Jesus ist die Königsherrschaft Gottes angebrochen. Jeder wird in ihr in seiner Lebensweise geschätzt und höflich behandelt; er ist *gerettet*, u. a. aus den diskriminierenden Normen des Alltags, die gegen die Weisheit der Schöpfung verstoßen. So kann Jesus die Sünderin, die ihm mit Vertrauensglauben übergroße Liebe erwiesen hat, als *gerettet* in *Frieden* entlassen. Wie sie ihr Leben in Zukunft sündenfrei in der angebrochenen Königsherrschaft gestaltet, bleibt ihrer *Weisheit* überlassen (7,35).

Die Gleichnisrede und ihr Rahmen (8,1-3.4-18.19-21)

Die Gleichnisrede veranschaulicht den unscheinbaren Anbruch der Königsherrschaft Gottes in der Gegenwart Jesu und seiner Gemeinde. Die Liste der Schülerinnen und die neue Bestimmung der Familie Jesu umrahmen die Rede.

Zwölferkreis und Frauen in der Nachfolge Jesu (8,1-3)

> [1]Und es geschah in der Zeit darauf, dass er selbst durch jede einzelne Stadt und jedes einzelne Dorf zog, predigend und das Evangelium von der Königsherrschaft Gottes verkündend, und die Zwölf mit ihm; [2]und einige Frauen, die von bösen Geistern und Krankheiten geheilt worden waren, Maria, genannt Magdalene, aus der sieben Dämonen ausgefahren waren, [3]und Johanna, die Frau des Chuzas, eines Verwalters des Herodes, und Susanna und andere viele, die ihnen mit ihrem Vermögen dienten.

Es liegt ein kurzer, biografischer Sammelbericht vor. Jesus sucht jede Stadt und jedes Dorf in Galiläa und Judäa auf, um das Evangelium von der angebrochenen Königsherrschaft Gottes zu verkünden. Zusätzlich zum Zwölferkreis gehören jetzt auch Frauen zur engen Begleitung Jesu. Es wird eine Liste von Frauen angeführt. An erster Stelle stehen die Frauen mit Wunderheilungen; von ihnen wird nur *Maria* von Magdala (d. i. *Maria Magdalene*), einem größeren Ort am See Gennesaret, namentlich genannt. Aus ihr konnte Jesus sieben Dämonen austreiben; sie wird mit *Johanna* nach der Passion Jesu zur ersten Zeugin der

Auferweckung (24,10); *Johanna* wird darin von Maria Magdalena unterschieden, dass sie eine Wunderheilung nicht benötigt hat und durch ihren Ehegatten, nicht durch den Ortsnamen, näher gekennzeichnet wird. Der Ehegatte *Chuzas* hat beim Vierfürsten *Herodes* Antipas die hohe Position eines Verwalters inne. Johanna muss wohlhabend gewesen sein. Singulär und ohne Erläuterung bleibt die Nennung der *Susanna*. Neben Johanna und Susanna folgen viele weitere Frauen ohne Wunderheilungen Jesus. Sie alle *dienen* Jesus und dem Zwölferkreis, sind also Schülerinnen Jesu. Allerdings unterscheiden sie sich darin von den Schülern, dass sie ihre Ehegatten und ihr Vermögen nicht verlassen. Sie bleiben zunächst an ihre Kernfamilie und ihr Eigentum gebunden im Unterschied zu den Schülern. So können sie Jesus aus ihrem *Vermögen* unterstützen. Später verlangt Jesus auch von ihnen die radikale Lösung von der Familie und vom Vermögen (12,13-34; 14,25-33; 18,28-30).

Die Gleichnisrede (8,4-18)

Das Gleichnis vom Sämann (8,4-8)

4 Als aber eine große Volksmenge zusammenlief, und sie aus Städten zu ihm wanderten, sprach er durch ein Gleichnis:
5 Es ging der Sämann hinaus, um seinen Samen zu säen. Und als er säte,
fiel das eine auf den Weg, und es wurde zertreten, und die Vögel des Himmels fraßen es auf.
6 Und ein anderes fiel auf den Felsen, und als es aufgewachsen war, vertrocknete es, weil es keine Feuchtigkeit hatte.
7 Und ein anderes fiel mitten unter die Dornen, und die mitgewachsenen Dornen erstickten es.
8 Und anderes fiel in die gute Erde, wuchs auf und brachte hundertfache Frucht.
Dies sagte er und rief: Wer Ohren hat, zu hören, soll hören!

Es folgt eine kurze Gleichnisrede. Der Aufbau ist klar: Gleichnis (8,4-8), Schulgespräch (8,9-10), allegorische Deutung (8,11-18). Das Gleichnis ist an die Volksmenge gerichtet; diese hat sich wieder zusammengefunden. Es geht um das sich immer wiederholende Handeln von Sämann, Saat und Boden. Der Sämann wirft die Samenkörner aus. Die Samenkörner fallen auf vier verschiedene Bodensorten. Die ersten drei Böden *Weg, Felsen* und *Dornen* verhindern das Fruchtbringen, erst der vierte *gute* Boden erbringt hundertfache Frucht. Der Sämann muss Verluste zulassen, bedarf der Geduld und Hoffnung und wird am Ende belohnt. Die Samenkörner erbringen nach anfänglichen Verlusten eine reiche Ernte, die die Verluste weit übertrifft. Der Boden erweist sich trotz der drei schlechten Qualitätsanteile insgesamt als ertragreich. Die Bildhälfte trifft auf die Mehrzahl der Ackerböden im Mittelmeerraum zu. Wege, aufsteigendes Gestein und Unkraut bilden unvermeidbare Hindernisse. Doch insgesamt bleibt die Ernte groß.

Der theologische Übertrag auf die angebrochene Königsherrschaft Gottes bedeutet, dass der Verkünder mit Verlusten bei den Hörern rechnen muss, aber doch die Zahl der gläubigen Hörer bei der Vollendung der Königsherrschaft Gottes im Weltgericht groß sein wird. Das Gleichnis leitet den Hörer an, die eschatologische Spannung der Königsherrschaft Gottes zwischen kleinem Anfang und großem Ende aufzubauen und produktiv auf sich zu beziehen. Er soll als guter Boden das Wort schon jetzt in sich wirken lassen, reichlich Frucht bringen und Vertrauen in die alles übersteigende Größe der eschatologischen Ernte haben.

Sinn der Gleichnisse (8,9-10)

9Es befragten ihn aber seine Schüler, was dieses Gleichnis bedeute.
10Der sprach nun: Euch ist es gegeben, zu erkennen die Geheimnisse der Königsherrschaft Gottes, den übrigen aber zu erkennen in Gleichnissen; damit sie als Sehende nicht sehen und als Hörende nicht verstehen (Jes 6,9).

Es schließt sich ein Schulgespräch an. Die Frage der Schüler überrascht, weil sie sich für unfähig erklären, dieses evidente Gleichnis aus dem Landleben auf die theologische Ebene zu übertragen. Jesu Antwort führt als Verständnishilfe zwei Hörertypen ein: die Schüler (*ihr*) und die Volksmenge (*übrige*). Die Schüler haben die Erkenntnis, dass mit Jesus die *Königsherrschaft Gottes* angebrochen ist. Sie sollen sogar wie Jesus deren *Geheimnisse* (griechisch: mysterion, lateinisch: sacramentum) weitervermitteln, die in Jesu Lehren und Wundertaten offenbar werden (9,1-6). Die anderen Hörer hingegen erkennen die Verbindung von Gleichnissen und Jesu Geistbesitz und Vollmacht noch nicht. Mit dem Zitat aus Jesaja (Jes 6,9) erläutert Jesus dieses Unverständnis. Gott hat die Hörer verstockt. Ob Glaube entsteht, ist allein Gottes Werk und beruht nicht auf einem mangelhaften Bemühen von Jesus und seinen Schülern.

Die Deutung des Gleichnisses vom Sämann (8,11-18)

11 Das aber bedeutet dieses Gleichnis: Der Same ist das Wort Gottes.

12 Die aber entlang des Weges sind die, die es hören, dann kommt der Teufel und trägt das Wort von ihrem Herzen weg, damit sie nicht glauben und nicht gerettet werden.

13 Die aber auf dem Felsen sind jene, die, wenn sie es hören, das Wort mit Freude annehmen, aber diese haben keine Wurzel, sie, die für einen Augenblick glauben und im Augenblick einer Versuchung abfallen.

14 Das aber in die Dornen Gefallene, das sind die, die hören, aber von Sorgen und Reichtum und Vergnügungen des Lebens in ihrem Lebenswandel erstickt werden und nicht zur Reife kommen.

15 Das aber in der guten Erde, das sind die, die in einem schönen und guten Herzen das Wort, das sie hören, festhalten und in Geduld Frucht bringen.

16 Niemand aber, der ein Licht anzündet, bedeckt es mit einem Gefäß oder stellt es unter ein Bett, sondern stellt es auf einen Leuchter, damit die Hereinkommenden das Licht sehen.

> [17]Denn es gibt nichts Verborgenes, das nicht offenbar werden wird, und nichts Geheimes, das nicht erkannt wird und ins Offenkundige kommt.
> [18]Seht nun zu, wie ihr hört! Denn wer hat, dem wird gegeben werden; und wer nicht hat, dem wird auch das, was er zu haben meint, weggenommen werden.

Die nun folgende Deutung stellt klar, dass auch aufseiten der Außenstehenden Verantwortung besteht, für den Glauben an das Wort von der Königsherrschaft Gottes offen zu sein und es beständig zu bewahren. Die Deutung überträgt zunächst die Erzählrollen auf theologische Handlungsträger. Der *Same* ist Gottes Wort, das in der Verkündigung der Königsherrschaft Gottes hörbar wird; *die Erde* ist die Hörerschaft. Der *Sämann* wird nicht explizit gedeutet, ist aber in der Verkündigung implizit anwesend. Jeder Verkünder ist der Sämann. Nun setzt die Allegorese, die allegorische Deutung, ein. Die unterschiedlichen Bodenqualitäten und die Nebenfiguren der Bildhälfte werden ohne Berücksichtigung der Gesamthandlung auf die theologische Ebene übertragen. Es wird eine Psychologie der Christwerdung entwickelt. Der Same *auf* festgetrampeltem *Weg* ist der oberflächliche *Hörer*. Die *Vögel* stehen für den *Teufel*, den Verführer, der das *Wort* aus dem *Herzen* nimmt. Die oberflächlichen Hörer gelangen nicht zum beständigen Glauben und gehören beim Weltgericht nicht zu den *Geretteten*.
Der Same *auf dem Felsen* sind die momentan Begeisterten ohne feste Glaubenshaltung. Jede künftige Versuchung kann sie zum Abfall bewegen.
Die *Dornen* stehen für Sorgen, Reichtum und Vergnügungen. Das Wort unter diese Strebungen fallen zu lassen, hat das Ersticken des Glaubens zur Folge (6,24-26).
Das Wort *in guter Erde* ist Ausdruck für das griechische Ideal der *Gutheit und Schönheit*. Solche Ideal-Hörer halten das Wort fest, bewahren *Geduld* und bringen Frucht. Die Zahl 100 wird nicht allegorisch ausgelegt. Denn sie bedeutet die eschatologische Vollendung, die in der Gegenwart noch nicht eingetreten ist.

Es folgen noch drei Gleichnis-Bildworte. 1. Ein Licht wird nicht bedeckt, sondern auf einen Leuchter gestellt, damit es den *Hereinkommenden* Licht gibt. So ist auch die angebrochene Königsherrschaft Gottes nicht verborgen, sondern spendet den Suchenden bereits jetzt das Licht der Erkenntnis. 2. Alles Verborgene und Geheime wird beim Endgericht vom Weltenrichter geoffenbart werden. 3. Die Weisheitsregel, dass der Wohlhabende zugewinnt und der Mittellose ständig verliert, muss auf die Königsherrschaft Gottes übertragen werden. Nur der Glaubende wird im Endgericht belohnt werden, der Ungläubige verliert sein Leben (9,24-26).

Die neue Familie Jesu (8,19-21)

> 19 Es kamen nun zu ihm die Mutter und seine Brüder, und sie konnten mit ihm wegen der Volksmenge nicht zusammentreffen.
> 20 Es wurde ihm aber gemeldet: Deine Mutter und deine Brüder stehen draußen und wollen dich sehen. 21 Er aber antwortete und sprach zu ihnen: Meine Mutter und meine Brüder sind die, die das Wort Gottes hören und tun.

Es liegt ein kurzes, biografisches Gespräch vor. Nach Beendigung der Rede taucht die Familie Jesu auf. Zum ersten Mal während des öffentlichen Auftretens Jesu will Maria als *Mutter* ein Treffen mit ihm. *Seine Brüder* als zusätzliche Begleitung verweisen darauf, dass Maria nach Jesus noch weitere Kinder geboren hat. Das Anliegen des Besuches wird nicht genannt (anders Mk 3,20-21). Die Volksmenge erweist sich zunächst als Hindernis.

Aber sie bemerkt die Familie und gibt hilfreich ihre Ankunft an Jesus weiter. Das Volk betont die familiäre Position *Mutter* und *Brüder*, deren problematische gegenwärtige *Außen*position und deren *Wille*, Jesus zu sehen. Das Fehlen des Vaters Josef wird nicht erläutert. Der Leser muss einen frühen Tod annehmen. Die Antwort Jesu bedeutet einen Bruch mit der Ursprungsfamilie. *Seine Mutter* und *Brüder* sind nur die, die Gottes Wort *hören und tun*. Noch fehlen die leibliche Mutter und die leiblichen Brüder in der Nachfolge Jesu. Trotz der Verheißungen in der Kindheitsgeschichte (1,26-38; 2,35) steht Maria mit ihren nachgeborenen Söhnen noch außerhalb der angebrochenen Königsherrschaft Gottes. Es bleibt auch bei diesem einzigen Treffen. Jedoch das Schwertwort von Simeon sagt voraus, dass der Kreuzestod Jesu bei Maria einen Gesinnungswandel bewirken wird (2,35). Nach Ostern schließt sich Maria mit ihren Söhnen den Schülern und Schülerinnen ihres gekreuzigten und auferweckten Sohnes an (Apg 1,14). Die Macht des antiken Patriarchats kann nur dann gebrochen werden, wenn die Familie revolutionär neu definiert wird und sich allein aus den glaubenden Anhängern zusammensetzt, die wiederum offen für die leibliche Familie bleiben.

Wundergeschichten, Aussendung und Herodesfrage (8,22–9,17)

Den Höhepunkt und Mittelpunkt des Evangeliums (9,18-50) bereitet eine Sammlung von fünf Wundergeschichten, die Aussendung des Zwölferkreises und die Herodesfrage vor.

Der Sturm auf dem See (8,22-25)

22Es geschah nun eines Tages, dass er mit seinen Schülern in ein Boot einstieg, und er sprach zu ihnen: Lasst uns ans andere Ufer des Sees hinüberfahren! Und sie fuhren ab.
23Als sie nun segelten, schlief er ein. Und es fiel ein Sturmwind auf den See herab, und sie wurden überflutet und waren in Gefahr.
24Sie traten nun zu ihm, weckten ihn auf und sagten: Lehrer, Lehrer, wir werden vernichtet.
Er aber, nachdem er aufgewacht war, fuhr den Wind und das Wogen des Wassers an; und sie hörten auf, und es trat eine Stille ein.

[25]Er sprach nun zu ihnen: Wo ist euer Glaube? Sie fürchteten sich, staunten und sagten zueinander: Wer ist dieser, dass er auch den Winden befiehlt und dem Wasser, und sie gehorchen ihm?

Es liegt eine formgerechte Wundergeschichte vor, und zwar ein Naturwunder mit dem Hauptmotiv *Rettung*. Jesus und seine Schüler fahren über den See. Abfahrts- und Ankunftsort werden nicht genannt. Ein öfter auftretender, plötzlicher Fallsturm tritt ein, während Jesus eingeschlafen ist.
Der Höhepunkt der Erzählung ist erreicht. Die Schüler wecken Jesus auf und machen auf die *Vernichtungsgefahr* aufmerksam.
Nun beginnt die eigentliche Wunderhandlung. Jesus fährt den Sturm und das aufgewühlte Wasser als Dämonen an. Sie gehorchen und bringen sofort Luft und Wasser zur Ruhe. Eine *Stille* tritt ein; der Erfolg ist für die Schüler offenkundig.
Zum Abschluss wirft ihnen Jesus mangelnden Glauben vor. Solange er mit ihnen im Boot ist, können sie nicht *vernichtet* werden. *Vernichtung* erhält die metaphorische Bedeutung, dass in Gemeinschaft mit Jesus das Leben *gerettet* bleibt, auch wenn ein physischer Untergang eintritt (9,24). Das staunende Schlusswort der Schüler hebt noch einmal die Herrschaft Jesu über die Schöpfung und über die Naturgottheiten heraus, die nach dem antiken Weltbild die *Winde* und *Gewässer* beherrschen.

Die Heilung des Besessenen von Gerasa (8,26-39)

[26]Und sie segelten in das Gebiet der Gerasener, das Galiläa gegen-
überliegt. [27]Als er nun an Land ging, begegnete ihm ein Mann aus
der Stadt, der Dämonen hatte, und er hatte seit Langem kein Kleid
an und blieb nicht in einem Haus, sondern in den Grabstätten.
[28]Er sah nun Jesus, schrie auf, fiel vor ihm nieder und sprach mit lau-
ter Stimme: Was ist zwischen mir und dir, Jesus, Sohn Gottes, des
Höchsten? Ich bitte dich, quäle mich nicht! [29]Denn er gebot dem
unreinen Geist, aus dem Menschen herauszufahren. Denn lange Zeit
hatte er ihn gepackt, und er wurde mit Ketten gefesselt und mit

Fußfesseln gehalten, und er zerbrach die Fesseln und wurde von
dem Dämon in die Einöden getrieben.
30Es befragte ihn nun Jesus: Was ist dein Name? Der sprach: Legion,
weil viele Dämonen in ihn hineingekommen waren. 31Und sie baten
ihn, dass er ihnen nicht befehle, in den Abgrund auszufahren.
32Es war nun dort eine große Schweineherde, die auf dem Berg weidete; und sie baten ihn, dass er ihnen erlaube, in jene hineinzufahren; und er erlaubte es ihnen.
33Die Dämonen fuhren nun von dem Menschen aus und fuhren in die Schweine hinein, und es raste die Herde den Abhang hinunter in den See, und sie ersoff.
34Als die Hirten aber das Geschehene sahen, flohen sie und meldeten es in der Stadt und in den Dörfern.
35Sie kamen nun heraus, das Geschehene zu sehen, und kamen zu Jesus und fanden den Menschen, von dem die Dämonen herausgekommen waren, bekleidet und bei Verstand zu den Füßen von Jesus sitzen, und sie fürchteten sich.
36Es berichteten ihnen nun die, die gesehen hatten, wie der
Besessene gerettet wurde. 37Und es bat ihn die ganze Menge aus der Umgebung der Gerasener, von ihnen wegzugehen, weil sie von großer Furcht bedrängt wurden; er nun stieg in ein Boot ein und kehrte zurück.
38Es bat ihn aber der Mann, von dem die Dämonen herausgefahren
waren, mit ihm zu sein; er entließ ihn aber und sagte: 39Kehre zurück
in dein Haus und erzähle alles, was dir Gott tat!
Und er ging weg und verkündete in der ganzen Stadt alles, was ihm Jesus tat.

Es liegt ein formgerechter Exorzismus vor. Gerasa ist eine große griechische Stadt. Ihr Herrschafts*gebiet* reichte dicht bis an den See Gennesaret, erreichte aber nicht das Ufer. Allerdings war das Ostufer in der Hand des griechischen Städteverbandes *Dekapolis* (Zehnstädte), zu dem Gerasa gehörte. So konnte für einen unkundigen Leser das Ostufer durch das bekannte Gerasa als heidnisch und wohlhabend gekennzeichnet werden. Jesus hat sich in heidnisches Gebiet begeben. Dort begegnet ihm ein Besessener. Die Dämonen hatten ihn gezwungen, unbekleidet zu sein und außerhalb von Städten sich in den Grabhäusern oder -höhlen aufzuhalten. Es handelt sich um einen geistig Verwirrten, der nach damaliger Volksmedizin mit *Ketten* und *Fußfesseln* beruhigt werden sollte, diese aber zu sprengen wusste und sich in unbewohnte Gegenden zurückzog.

Wieder zeigt sich bei ihm ein schizophrenes Verhalten wie beim Besessenen in Kafarnaum (4,31-37). Der Kranke läuft mit einem Rest von Selbstbestimmung auf Jesus zu und fällt vor ihm demütig nieder, während die Dämonen aus ihm Abwehrformeln schreien. Es fällt der Hoheitstitel *Sohn Gottes* wie beim Sammelbericht in Kafarnaum (4,41). Der Zusatz *des Höchsten* verweist auf das heidnische Pantheon. Wie beim ersten Exorzimus in Kafarnaum wollen die Dämonen die Akzeptanz ihrer Machtbereiche erreichen (4,34). Doch wieder lässt sich Jesus nicht darauf ein, sondern bleibt bei seinem Ausfahrbefehl.

Allerdings erlaubt sich Jesus jetzt eine komödienhafte Ausnahme. Nur hier befragt er die Dämonen nach ihrem Namen. Sie bezeichnen sich als eine *Legion*. Die volle Kriegsstärke einer römischen Legion betrug 6000 Mann. Der Besessene übernimmt die Angst der unterdrückten Bevölkerung vor der römischen Militärmacht und symbolisiert sie im Namen *Legion* für die Dämonen. Diese bitten nun Jesus, sie nicht in den dunkelsten Ort des Totenreiches, in den *Abyssos*, zu verbannen. Stattdessen schlagen sie die Ausfahrt in eine grasende Schweineherde vor. Für Juden ist Schweinehaltung nicht erlaubt, da das Schwein als unreines Tier verunreinigt und nicht gegessen werden darf (15,15; Lev 11,7-8; Dtn 14,8). Jesus gestattet ihnen, dass sie als unreine Dämonen in unreinen Schweinen Wohnstatt nehmen anstatt im Abyssos oder in anderen Menschen (11,24-26).

Nun ist der Höhepunkt erreicht. Es vollzieht sich die Ausfahrt der Dämonen. Bei der Besetzung durch die Dämonen geraten die Schweine in Panik, stürzen sich in den See und ertrinken. Das Symbol der römischen Legion X in Syrien, der Eber, ist in voller

Legionsstärke vernichtet worden. Ähnlich wird es der Legion selbst ergehen, die bei der Niederschlagung des jüdischen Aufstands 66–70 n. Chr. eingesetzt werden wird, wenn sie die Zivilbevölkerung unterdrückt (3,14). Jetzt sind die Dämonen in den Leibern der toten Schweine auf dem Seegrund eingeschlossen und können kein Unheil mehr anrichten (11,24-26). Sie haben den Abyssos mit dem Grund des Sees vertauscht. Das Unreine ist aus dem heidnischen Gebiet vertrieben worden und wird auf dem Grund des Sees festgehalten.

Die Hirten melden den Vorfall den Eigentümern. Diese kommen und finden den Besessenen geheilt vor. Es erfasst sie die übliche Ehrfurcht.

Doch überraschenderweise bitten sie Jesus um Weggang, nachdem sie von dem Verlust ihrer Herde gehört haben. Sie wollen einen solch hohen Preis für eine Heilung nicht noch einmal bezahlen und für die Gemeinschaft mit dem Juden Jesus auch nicht auf den Verzehr von unreinem Schweinefleisch verzichten (dagegen 7,1-10). Mit Jesu Weggang verlieren sie ihre Chance, schon jetzt Anteil an der Königsherrschaft Gottes zu gewinnen.

Der Geheilte hingegen nutzt diese Chance und bittet um die Nachfolge Jesu. Dieser nimmt ihn zwar nicht in seinen Schülerkreis auf, bevollmächtigt ihn aber, in seiner heidnischen Familie (also seinem *Haus*) die in Jesus wirkende Macht Gottes zu verkünden. Die Zeit der Völkermission bricht erst nach Ostern an (Apg 1,8). Der Geheilte erweitert aber diese Vollmacht selbstständig schon jetzt auf die ganze *Stadt*. Er wird zum Verkünder der angebrochenen Königsherrschaft Gottes im Einflussgebiet von Gerasa, also in der ganzen Dekapolis. Die gemeinschaftliche Beziehung mit dem Schülerkreis Jesu muss allerdings noch bis Ostern warten.

Totenauferweckung und Heilung (8,40-56)

40Als Jesus nun zurückkehrte, empfing ihn die Volksmenge; denn alle erwarteten ihn.

41Und siehe, es kam ein Mann namens Jaïrus, der ein Vorsteher der
Synagoge war, fiel Jesus zu Füßen und bat ihn, in sein Haus hinein-
zukommen, 42weil er eine einzige Tochter hatte von etwa zwölf
Jahren und diese im Sterben lag.
Als er nun hinging, erdrückten ihn fast die Volksmengen.
43Und eine Frau, die seit zwölf Jahren an Blutungen litt, die ihr ganzes
Vermögen für Ärzte verbraucht hatte und von niemandem geheilt
werden konnte, 44kam von hinten heran und berührte den Saum sei-
nes Gewandes, und auf der Stelle kam die Blutung zum Stillstand.
45Und es sprach Jesus: Wer ist es, der mich berührte? Es leugneten
alle und Petrus sprach: Lehrer, die Volksmengen bedrängen dich und
pressen dich.
46Jesus aber sprach: Es berührte mich jemand; denn ich erkannte,
dass eine Kraft von mir ausging. 47Es sah aber die Frau, dass sie nicht
verborgen blieb, und sie kam zitternd,
fiel vor ihm nieder und meldete vor allem Volk, aus welchem Grund
sie ihn berührte und wie sie auf der Stelle geheilt wurde. 48Er aber
sprach zu ihr: Tochter, dein Glaube hat dich gerettet; gehe in Frieden!
49Noch als er redet, kommt einer vom Synagogenvorsteher her und
sagt: Gestorben ist deine Tochter; bemühe nicht mehr den Lehrer!
50Jesus aber hörte es und antwortete ihm: Fürchte dich nicht, glau-
be nur, und sie wird gerettet werden!
51Er ging nun in das Haus und ließ keinen mit sich hineingehen,
außer Petrus und Johannes und Jakobus und den Vater des Kindes
und die Mutter.
52Es weinten alle und betrauerten sie. Er aber sprach: Weint nicht,
denn sie starb nicht, sondern schläft! 53Und sie verlachten ihn, wis-
send, dass sie tot war.
54Er aber ergriff ihre Hand, rief und sagte: Kind, steh auf! 55Und es
kehrte ihr Geist zurück und sie stand auf der Stelle auf,
und er ordnete an, dass ihr zu essen gegeben werde. 56Und es ent-
setzten sich ihre Eltern; er aber gebot ihnen, zu keinem über das
Geschehene zu sprechen.

Es handelt sich um die Verschachtelung von zwei Heilungsgeschichten: Die *Heilung einer kranken Frau* (8,43-48) ist in die *Auferweckung der Tochter des Jaïrus* (8,40-42.50-56) eingebettet worden. Die Einleitung für das zweite Wunder dient gleichzeitig als Einleitung für das erste Wunder. Jesus kehrt zum jüdischen Ufer des Sees Gennesaret zurück und wird wie üblich von der Volksmenge empfangen.
Der Synagogenvorsteher Jaïrus bittet ihn mit demütigem Fußfall um die Heilung seiner sterbenskranken Tochter.
Jesus macht sich auf den Weg und wird von der Volksmenge fast erdrückt.
Dieser Zustand leitet zur zweiten Heilungsgeschichte über und berichtet sogleich deren Höhepunkt, und zwar die Heilung. Weil die Volkmenge Jesus umdrängt, kann eine kranke Frau unbemerkt von hinten herankommen, sein Gewand berühren und geheilt werden. Die Krankheit wird volkstümlich als permanente Blutung beschrieben. Es handelt sich vermutlich um Störungen der Menstruation. Nach jüdischem Kultrecht ist eine Frau nach der Menstruation sieben Tage unrein und verunreinigt jeden, der sie berührt; eine länger andauernde Blutung macht in derselben Weise unrein (Lev 15,19-27). Bei den *Ärzten* ist an griechische Ärzte gedacht; denn für Israel galt Gott als der einzige Arzt (Ex 15,26) und entsprechend gab es im damaligen Judentum keine Ausbildung zum Mediziner. Auch die griechischen Ärzte können nicht helfen und plündern die ausgegrenzte Frau nur aus. Mit ihrer Berührung verunreinigt sie das Gewand Jesu und durch dieses Jesus selbst (vgl. die Heilung des Aussätzigen 5,12-16). Der mutige Vertrauensglaube aber an Jesu Heilkraft, die die Macht der kultischen Verunreinigung übersteigt, wird sofort belohnt. Die Heilung tritt ohne ein Wort oder eine Geste Jesu ein.
Nun gibt es für die Demonstration des Wunders eine längere Diskussion. Jesus fragt wegen der Berührung nach. Alle *leugnen* sie und Petrus antwortet mit Unverständnis.
Jesus erläutert nun die Wirkung der Berührung als *Kraft*-Übertra-

gung. Daraufhin meldet sich die Frau mit ehrfürchtigem *Zittern*. Sie hat jetzt die Gewissheit, dass Jesu Kraft sie geheilt hat, muss aber ihre unerlaubte Berührung öffentlich bekennen.

So fällt sie demütig wie zuvor Jaïrus Jesus zu Füßen und meldet vor allem Volk die Motive für die Berührung, die Berührung selbst und die Heilung. Jesus bestätigt die Heilung. Aufgrund ihres Verbote überschreitenden Vertrauensglaubens ist sie schon jetzt *gerettet* worden. Mit dem üblichen Friedensgruß entlässt sie Jesus. Es bleibt offen, aber für den Leser wahrscheinlich, dass sie sich dem Kreis der Schülerinnen mit Nachfolge und Dienst anschließt (8,1-3).

Nun geht es mit der zweiten Heilung weiter. Ein Bote kommt und meldet dem Synagogenvorsteher den Tod der Tochter. Jesus fordert daraufhin furchtlosen Vertrauensglauben und verspricht die *Rettung*.

Er begibt sich zum Hause des toten Mädchens und lässt nur drei seiner Schüler und die Eltern eintreten. Petrus, Johannes und Jakobus sind die erstberufenen Schüler und nehmen eine Sonderstellung ein (5,10-11). Die Vertreibung des Todesdämons soll wie beim Knecht des Hauptmanns von Kafarnaum verborgen vor der Öffentlichkeit stattfinden (7,9-10).

Doch im Hause selbst befinden sich bereits Personen, vermutlich aus der Nachbarschaft und der Verwandtschaft, die laut *weinen* und *trauern* (8,32). Jesus provoziert sie mit der doppeldeutigen Metapher vom Tod als *Schlaf*. Da das pharisäische Judentum im Unterschied zu den Sadduzäern an das Weltgericht mit der Auferweckung der Toten glaubt, besteht zum einen aufgrund der Auferweckungshoffnung kein Grund zu einer übermäßigen Klage. Der Tod ist der Schlafzustand bis zur Auferweckung. Zum andern hat die Königsherrschaft Gottes mit der neuen Welt schon jetzt begonnen. Als Symbol für ihren Anbruch kann Jesus schon jetzt das Leben dem Mädchen zurückgeben. Allerdings handelt es sich noch um das irdische und noch nicht um das ewige Leben, doch das wird das irdische Leben vollenden. Ungläubig verlachen ihn die Trauergäste. Für sie ist wie für die

Sadduzäer der Tod das endgültige Ende des personalen Lebens (20,27-40).
Jetzt ist der Höhepunkt gekommen. Jesus führt die Heilung mit der Geste der Hand-Ergreifung und dem Machtwort: *„Steh auf!"* (8,14) durch. Der Erfolg tritt sogleich ein. Der Lebensgeist (pneuma) des Mädchens kehrt zurück. Sie kann sogleich aufstehen.
Für die öffentliche Demonstration der Heilung ordnet Jesus das Essen an. Außerdem gibt er den Eltern, die das übliche *Entsetzen* über Jesu Wundermacht zeigen, das Schweigegebot. Jesus will seine Wundermacht nicht von der gläubigen Nachfolge bis zum Kreuzestod isolieren (5,14).

Die Aussendung des Zwölferkreises (9,1-6)

> 1Er rief nun die Zwölf zusammen und gab ihnen Kraft und Vollmacht
> über alle Dämonen und zur Heilung von Krankheiten, 2und er sandte
> sie aus, die Königsherrschaft Gottes zu verkünden und die Kranken
> zu heilen, 3und er sprach zu ihnen: Nehmt nichts mit auf dem Weg,
> weder Stock, noch Tasche, noch Brot, noch Silbergeld, noch habt zwei
> Untergewänder. 4Und in was für ein Haus ihr hineingeht, dort bleibt
> und von dort geht hinaus! 5Und jedes Mal, wenn die euch nicht auf-
> nehmen, geht aus jener Stadt hinaus und schüttelt den Staub von
> euren Füßen ab zum Zeugnis gegen sie!
> 6Sie gingen nun hinaus und durchzogen die Dörfer, verkündeten das
> Evangelium und heilten überall.

Es liegt ein biografisches Gespräch vor. Jesus gibt dem Zwölferkreis die *Vollmacht* zu Exorzismen, Krankenheilungen und Lehre. In allen drei Formen zeigt sich der Anbruch der *Königsherrschaft Gottes*. Zugleich *sendet* (*apostéllo*) Jesus den Zwölferkreis zur Ausübung der neuen Vollmacht aus. Der Apostel-Titel ist funktional als Vollmacht für Israels Rettung zu verstehen (6,12-16). Jesus gibt den Ausgesandten, den Aposteln, einige Missionsregeln mit. Sie sollen völlig mittellos sein: 1. weder den *Stock* als Waffe mitführen, 2. noch in einer *Tasche* Vorräte wie Brot, Silberdenare und

-drachmen oder ein zweites langes Untergewand (Chiton) tragen. 3. Sie sollen in die Häuser hineingehen und dort bleiben. Zum Überleben sind sie auf die Gastfreundschaft der Bewohner angewiesen. Sie sollen die Häuser während ihres Aufenthaltes auch nicht wechseln, z. B. wegen Sympathie oder Komfort. 4. Für den Fall der Nichtaufnahme in ein Haus sollen sie die *Stadt* verlassen und alles von ihr zurücklassen, sogar den Staub. Zeugnis meint die Anklage gegen diese Stadt im Weltgericht.
Der Zwölferkreis befolgt die Regeln, geht aber nicht nur in die *Städte*, sondern auch in die *Dörfer*. Die Stadtmission schließt die Landmission mit ein. Für alle Bewohner Israels *verkündet* der Zwölferkreis das *Evangelium* und *heilt* die Kranken. Diese Vollmacht geht nach Ostern weiter (Apg 1–28).

Die Herodesfrage (9,7-9)

> 7Es hörte nun Herodes, der Tetrarch, all das Geschehene, und er war
> ratlos, weil von einigen gesagt wurde: Johannes wurde von den
> Toten auferweckt, 8von einigen aber: Elija erschien, von anderen
> aber: Ein Prophet, einer der alten, stand auf.
> 9Es sprach nun Herodes: Ich ließ Johannes enthaupten; wer aber ist
> dieser, über den ich solches höre? Und er suchte, ihn zu sehen.

Es folgt ein weiteres biografisches Gespräch. Der Tetrarch, der Vierfürst Herodes Antipas, hört als Landesherr Jesu von den großartigen Ereignissen. Er wird ratlos, da er mehrere Deutungen hört: Johannes soll in Jesus wiederauferweckt worden sein oder der in den Himmel entrückte Prophet Elija soll in Jesus wieder Mensch geworden sein, um mit einem menschlichen Leib in die eschatologische Welt einzugehen, oder einer der verstorbenen alten Propheten hat in Jesus eine Auferweckung gefunden (Dtn 18,18). Auferweckung ist metaphorisch gemeint. Ein Lebender kann einem Verstorbenen ähneln, aber nicht dessen Inkarnation sein; das Wiederkommen Elijas wurde für die Endzeit erwartet und Johannes wurde als Träger seiner Kraft angekündigt (1,17;

Mal 3,23-24). Johannes ist metaphorisch der wiedergekommene Elija, aber auch Jesus könnte in metaphorischer Weise Elija oder einer der alttestamentlichen Propheten sein.
Herodes Antipas erinnert sich daran, dass er Johannes nicht nur einkerkern (3,20), sondern auch hinrichten ließ (9,9). Der Evangelist berichtet von diesem Martyrium nur die Ursache (3,19), nicht aber den Verlauf (Mk 6,17-29). Allein der Kreuzestod Tod Jesu eröffnet für alle Menschen die Auferweckung und wird daher ausführlich berichtet (22–23). Der Tetrarch kommt zu der richtigen Einsicht, dass die Behauptung der Inkarnation verstorbener Propheten in Jesus nur metaphorisch zu verstehen ist und die Inkarnation von Elijas Kraft in Johannes und Jesus den Anbruch der Endzeit bedeuten würde, den er, Herodes, noch nicht erkennen kann. Daher fragt er mit echter Ratlosigkeit nach der Identität Jesu. Allerdings zeigt er gegenüber den Anfängen der Königsherrschaft Gottes in Worten und Werken Jesu keinen Vertrauensglauben. So bedeutet sein Wunsch, Jesus zu *sehen*, nur unverbindliche und gefährliche Neugier (13,31-33). Schließlich hat er ja den Täufer willkürlich hinrichten lassen. Jesus weicht daher der Begegnung mit seinem Landesherrn aus.

Die Rückkehr der Schüler und die Speisung der Fünftausend (9,10-17)

10 Und die Apostel kehrten zurück und erzählten ihm, was sie taten. Und er nahm sie mit und zog sich für sich allein in eine Stadt, Betsaida genannt, zurück.

11 Die Volksmengen aber erkannten es und folgten ihm; und er nahm sie an,
redete zu ihnen über die Königsherrschaft Gottes und heilte die, die Heilung nötig hatten.

12 Der Tag aber begann sich zu neigen. Die Zwölf nun kamen zu ihm hin und sprachen zu ihm: Entlasse die Volksmenge, damit sie in die Dörfer und Gehöfte im Umkreis gehen, sich auflösen und Verpflegung finden, weil wir hier an einem einsamen Platz sind.

[13]Er sprach aber zu ihnen: Gebt ihr ihnen zu essen! Sie aber sprachen:
Wir haben nicht mehr als fünf Brote und zwei Fische, falls wir nicht
hingehen und für dieses ganze Volk Speisen kaufen. [14]Denn es waren
etwa fünftausend Männer.
Er sprach aber zu seinen Schülern: Lasst sie sich in Gruppen von je
fünfzig lagern! [15]Und sie taten so und ließen alle sich lagern.
[16]Er nahm nun die fünf Brote und die zwei Fische, schaute zum
Himmel auf und segnete sie,
und er brach und gab sie den Schülern, sie der Volksmenge vorzulegen.
[17]Und sie aßen und wurden alle satt, und es wurde aufgesammelt
das, was sie an Brocken übrig ließen, zwölf Körbe voll.

Es handelt sich um ein Naturwunder, und zwar um ein Geschenkwunder (5,1-11). Die Einleitung ist überlang: 9,10-16. Der Zwölferkreis ist durch die Aussendung zu zwölf wirksamen *Aposteln* für Israel geworden. Die zwölf Schüler haben erfolgreich an der Rettung Israels mitgewirkt (6,13; 9,10; 22,14; 24,10). Im Reisebericht richtet Jesus dann einen weiteren Schülerkreis ein, der Samaria und die Völker repräsentieren wird (10,1-16; 11,49; 17,5-19). Der apostolische Zwölferkreis kehrt zurück und zieht mit Jesus zur Stadt Betsaida am Nordufer das Sees Gennesaret, das zur Tetrarchie des Philippus gehört (3,1).
Die Volksmenge folgt ihm und Jesus kümmert sich um sie.
Er verkündet die neue Lehre und Ethik der angebrochenen Königsherrschaft Gottes (4,14–9,6) und heilt die Kranken als Symbol für die erneuerte, heile Schöpfung.
Da es Abend wird, bittet der Zwölferkreis um die Entlassung des Volkes. Die Begründung ist plausibel. Die Menge muss sich auflösen, um in kleinen Gruppen in Dörfern und Gehöften wie zuvor der Zwölferkreis Verpflegung zu finden (9,1-6).
Die Aufforderung Jesu, dass der Zwölferkreis für die Verpflegung zu sorgen hat, ist weniger plausibel, da dieser darauf hinweisen kann, dass er nur kargen Vorrat – *fünf Brote und zwei Fische* – für sich selbst besitzt und für 5000 Männer erst an einem fernen Ort *einkaufen* müsste.

Doch Jesus will die Lehr-Lerngemeinschaft mit dem Volk nicht aufheben. Der Vorschlag des Zwölferkreises zum Einkaufen stellt sich nun als ein Missverständnis heraus. Jesus ordnet die Bildung von Gruppen an, wie sie beim Auszug aus Ägypten schon einmal existierten (Ex 18,21).
Es entstehen 100 Gruppen, die wie bei einem Festmahl *liegen*.
Nun handelt Jesus wie ein Hausvater, der über die Mahlmaterien *Brot und Fische* das tägliche Segensgebet spricht.
Danach bricht er Brote und Fische in kleine Brocken, gibt sie den Schülern und lässt sie sie den Mahlgemeinschaften vorlegen.
Die Wunderhandlung mit Wort und Geste fehlt. Es wird nur der Erfolg berichtet. Alle essen, werden satt, und es bleiben Körbe mit der symbolischen Zahl *Zwölf* für die zwölf Stämme Israels übrig. Sie alle sind zum gemeinsamen Mahl mit Jesus eingeladen. Es kommt nicht auf eine magische Brotvermehrung an, wie sie der Teufel vergeblich von Jesus gefordert hat (4,2-4), sondern es kommt auf die Erhaltung und Erweiterung der Gemeinschaft mit Jesus in Worten und Werken an. Der himmlische Vater sorgt dann überraschend für das tägliche Brot (11,3) und die Sättigung. Wie er hier für die Sättigung gesorgt hat, bleibt offen. Erklärungen wie die, dass alle ihre Marschverpflegung aus ihren Taschen geholt und verteilt haben, können aus dem Erzählverlauf erschlossen werden und müssen nicht als Rationalisierung oder Psychologisierung sogleich ausgeschlossen werden. Jesus hätte dann mit seiner Teilung den Anfang gesetzt, die anderen haben verstanden und geteilt. Es gibt auch die Tradition vom Mannawunder in der Wüste (Ex 16), vom Brotwunder des Elija für die Witwe von Sarepta (4,16-30; 1 Kön 17,8-16) und von der wunderbaren Speisung von 100 Männern mit 20 Gerstenbroten durch Elischa (2 Kön 4,42-44). Auch der römische König Numa konnte mithilfe einer Göttin bei einem Gastmahl kostbare Speisen servieren (Plutarch, Numa 15). Die Neuschöpfung von Nahrung mit Überfluss durch Gott oder eine Gottheit kann bei den Mahlfeiern Jesu ebenfalls die Deutung liefern.

Die christologische Mitte (9,18-50)

Der Mittelpunkt des Evangeliums ist erreicht. Nun geht es innerhalb des Schülerkreises um die Klärung der Christologie mit ihrer neuen Verbindung zum Leiden gegenüber alttestamentlichen und hellenistischen Rettungserwartungen. Auch das Volk darf zuhören und ein christologisches Problem vortragen, und zwar das Weitergehen der Wundervollmacht Jesu und seiner Schüler nach Ostern.

Messiasbekenntnis und Leidens- und Auferweckungsvorraussage (9,18-22)

> 18Und es geschah, als er allein betete, waren bei ihm die Schüler, und
> er fragte sie und sagte: Wer, sagen die Volksmengen, bin ich? 19Sie
> antworten und sprachen: Johannes der Täufer, andere aber: Elija,
> andere aber: Ein Prophet, einer der alten, stand auf.
> 20Er aber sprach zu ihnen: Ihr aber, wer, sagt ihr, bin ich? Petrus ant-
> wortete und sprach: der Christus Gottes. 21Er aber fuhr sie an und
> befahl, keinem dies zu sagen. 22Er sprach: Es muss der Menschen-
> sohn vieles leiden und von den Ältesten und Hohenpriestern und Schriftgelehrten verworfen und getötet werden und am dritten Tag auferweckt werden.

Es liegt ein Schulgespräch vor. Jesus fragt während eines Gebetes nach seiner Identität gemäß der öffentlichen Meinung. Die Schüler wiederholen verkürzt die Aussagen, die kurz zuvor Herodes Antipas gehört hat (9,7-8).

Daraufhin befragt Jesus sie nach der eigenen Meinung. Petrus bekennt stellvertretend für die anderen Schüler Jesus als den *Christus Gottes*, hebräisch *Messias*. Jesus ist der für die Endzeit erwartete *gesalbte* (christós) König aus dem Davidshaus (1,31-33; 2 Sam 7). Überraschend erlegt Jesus den Schülern das Schweigegebot auf. Die Begründung ist die Leidens- und Auferweckungsvoraussage vom Kreuzestod in Jerusalem (9,22.43b-45; 17,25; 18,31-

34). Der Hoheitstitel *Menschensohn* meint den von Gott bevollmächtigten Menschen, der Leiden und Tod durch die anderen und in Stellvertretung für sie erleiden muss (Jes 53). Das *muss* verweist auf den Willen Gottes. Die Auferweckung bestätigt Jesu gesamtes Leben als *Rettung* für alle und hebt das Schweigegebot auf. Nach Ostern *muss* allen Völkern die Umkehr und die Sündenvergebung verkündet werden (24,47). Das Leidensgeheimnis muss bis zum Kreuzestod gewahrt bleiben, weil die Schüler, das Volk und die Gegner den eschatologischen Christusanspruch Jesu vor Ostern noch nicht mit Leiden und Tod zusammenbringen können und erst durch die Nachfolge bis zum Kreuzestod und bis zu den Christuserscheinungen begreifen können. Gott setzt den Christusanspruch nicht mit Gewalt durch, wie es die Apokalyptiker, Widerstandskämpfer und Pharisäer erwarten (22,47–23,49), sondern stiftet durch Gewaltlosigkeit und Erleiden von Gewalt den eschatologischen Frieden seiner Herrschaft (6,27-36; 22,24-30).

Von Nachfolge und Selbstverleugnung (9,23-27)

> 23Er sagte nun zu allen: Wenn einer hinter mir hergehen will, soll er sich selbst verleugnen und sein Kreuz täglich tragen und mir folgen! 24Denn wer sein Leben retten will, wird es verlieren; wer aber sein Leben um meinetwillen verliert, der wird es retten. 25Denn was nützt es einem Menschen, der die ganze Welt gewinnt, sich selbst aber verliert oder Schaden nimmt? 26Denn wer sich meiner und meiner Worte schämt, dessen wird sich der Menschensohn schämen, wenn er in seiner und des Vaters und der heiligen Engel Herrlichkeit kommt. 27Ich sage euch aber in Wahrheit: Es sind einige unter den hier Stehenden, die den Tod nicht schmecken werden, bis sie die Königsherrschaft Gottes sehen.

Eine kleine Rede für die Schüler und das Volk (*alle*) schließt sich an. Im Sinne des Leidensgeheimnisses verlangt Jesus von seinen Nachfolgern die Selbstverleugnung und Leidensbereitschaft.

Kreuz ist zum einen metaphorisch gemeint, da es *täglich* getragen werden muss, zum anderen aber auch wörtlich. Das Kreuz kann, wie das folgende Weisheitswort ansagt, den *Verlust des Lebens um Jesu willen* bedeuten. Vom Christen wird ständige Todesbereitschaft für Jesus gefordert. Sie bedeutet die *Rettung des Lebens* im nahen Weltgericht. Das Gewinnstreben nach weltlichen Gütern oder gar nach der machtpolitischen Weltherrschaft, wie sie die römischen Cäsaren beanspruchen, führt nur zur Selbstbeschädigung oder gar zum Verlust der *Rettung* (4,5-8).
Nun folgt das Gerichtsbild vom apokalyptischen Menschensohn, der am Weltende aus dem Himmel mit *Herrlichkeit* kommt, sich von seinen Gegnern abwendet und nur seine Anhänger rettet (17,22-37; 21,25-28). Die Worte und Taten des irdischen Menschensohns Jesus werden mit dem nach Ostern kommenden himmlischen *Menschensohn* identisch gesetzt. Schon jetzt zeigt der irdische *Menschensohn* die Anfänge der künftigen Herrlichkeit. So erhalten die Hörer dieser Rede die Ankündigung, dass einige vor dem Tode *die Königsherrschaft Gottes sehen* werden. Es ist das intensive *Sehen* gemeint, das die folgende Szene von der *Verklärung Jesu* vor drei Schülern veranschaulicht. Ohne Verklärung kann ja die Königsherrschaft Gottes in allen bisherigen Taten und Worten Jesu schon jetzt anfanghaft von allen Glaubenden erkannt werden (8,4-18). Das wahre Erkennen der Gottessohnschaft Jesu hingegen gewährt schon jetzt das Sehen der künftigen, himmlischen Verklärung.

Die Verklärung Jesu (9,28-36)

28Es geschah nun etwa acht Tage nach diesen Worten, dass er Petrus und Johannes und Jakobus mit sich nahm und auf den Berg hinaufstieg, um zu beten.
29Und es wurde bei seinem Beten das Aussehen seines Gesichtes andersartig und seine Kleidung weiß aufblitzend. 30Und siehe, zwei
Männer redeten mit ihm, diese waren Mose und Elija, 31die in
Herrlichkeit erschienen und über sein Ende sprachen, das er in Jerusalem erfüllen sollte.

> [32]Petrus aber und die, die bei ihm waren, waren vom Schlaf beschwert; sie wachten auf und sahen seine Herrlichkeit und die zwei Männer, die bei ihm standen.
> [33]Und es geschah, als sie sich von ihm trennten, sprach Petrus zu Jesus: Lehrer, schön ist es, dass wir hier sind, und wir wollen drei Hütten machen, eine für dich und eine für Mose und eine für Elija, nicht wissend, was er sagt.
> [34]Als er aber dieses sagte, entstand eine Wolke und überschattete sie; sie fürchteten sich bei ihrem Hineingehen in die Wolke.
> [35]Und eine Stimme kam aus der Wolke, die sagte: Dieser ist mein erwählter Sohn, ihn hört! [36]Und beim Erklingen der Stimme wurde Jesus allein gefunden. Und sie schwiegen und meldeten in jenen Tagen keinem etwas von dem, was sie gesehen hatten.

Es liegt eine Theophanie vor, eine Erzählung vom Erscheinen Gottes wie bei der Taufe (3,21-22). Jesus steigt mit der bevorzugten Dreiergruppe Petrus, Johannes und Jakobus (8,51) zum Gebet einen Berg hinauf wie Mose mit Begleitern auf den Berg Sinai (Ex 24,9-11).
Die Veränderung von Jesu Gesichtsausdruck und das *Aufblitzen* seiner Kleidung lassen die künftige göttliche Sphäre Jesu schon jetzt sichtbar werden.
Die Erscheinung von Mose und Elija aus der göttlichen Sphäre zeigt an, dass Jesus nicht die Inkarnation von einem dieser beiden großen Propheten ist (9,7-9.18-22). Jesus behält eine eigene Identität mit einem eigenen Todesschicksal in Jerusalem. Die beiden Propheten reden mit ihm über sein Schicksal, weil es die alttestamentlichen Verheißungen erfüllt.
Der Schlaf wird nach griechischem Weltbild als eigenständige, dämonische Macht verstanden. Er überwältigt gleich zu Anfang die Schüler wie später am Ölberg (22,39-46). Doch sie wachen noch rechtzeitig auf und sehen Jesu *Herrlichkeit* und die beiden Propheten in ihrer individuellen *männlichen* Gestalt. Die Wahrnehmung der Herrlichkeit besonders bei Jesus stellt heraus, dass er die beiden Propheten überragt. Der Höhepunkt der Erzählung ist erreicht.

Petrus missversteht Verklärung und Erscheinungen und will sie mit Wohnstätten für die drei Personen auf dem Berg perpetuieren. *Hütte* spielt auf das Fehlen eines Grabmals für Mose (Dtn 34,6) und Elija an, der ja in den Himmel aufgenommen wurde (2 Kön 2,1-18). Griechische Heroen dagegen halten von der Insel der Seligen her ständigen Kontakt zu ihrem Grabmal und können dort Segen vermitteln und Wunder wirken. Doch für Gott und Jesus ist ein solcher Grabkult überflüssig. Gottes Königsherrschaft bindet sich nicht an Zelte, Hütten oder Grabdenkmäler für Mitglieder der himmlischen Welt (11,47-51; 24,1-53).
So erscheint Gott in der Wolke wie beim Auszug aus Ägypten (Ex 13,17–14,31), überschattet die Schüler und lässt sie mit Ehrfurcht in sie hineingehen.
Dann erschallt seine Stimme und proklamiert Jesus als den besonderen *auserwählten Sohn* (Jes 42,1). Er überragt als Lehrer Mose mit der Tora und den Wundertaten und Elija mit der Prophetie und den Wundertaten. Daher sollen die Schüler nur auf Jesus hören, und zwar auf den irdischen, nicht auf den kurzzeitig verklärten Jesus. So finden die Schüler nach der Proklamation Jesus allein und in irdischer Gestalt wieder vor.
Ohne ausdrücklichen Befehl Jesu halten sie sich an das Leidensgeheimnis und verkünden bis Ostern nichts von dem Ereignis. Denn noch können sie nicht verstehen, dass zur künftigen himmlischen Herrlichkeit Jesu, die momentan hier aufgeleuchtet ist, das Leiden und der Kreuzestod gehören.

Die Heilung eines besessenen Jungen (9,37-43a)

37Es geschah nun am folgenden Tag, als sie vom Berg herabkamen, da kam ihm eine große Volksmenge entgegen.
38Und siehe, ein Mann aus der Volksmenge rief und sagte: Lehrer, ich bitte dich, nach meinem Sohn zu sehen; denn er ist mein Einziger,
39und siehe, ein Geist ergreift ihn, und plötzlich schreit er und zerrt ihn mit Schaum, und kaum geht er weg von ihm, ihn quälend. 40Und ich bat deine Schüler, dass sie ihn austreiben, aber sie konnten es

> nicht. 41Es antwortete nun Jesus und sprach: O ungläubiges und verkehrtes Geschlecht, bis wann werde ich bei euch sein und euch ertragen? Führe deinen Sohn hierher!
> 42Als er noch herbeikam, riss ihn der Dämon nieder und riss ihn hin und her; Jesus aber fuhr den unreinen Geist an und heilte den Jungen,
> und er gab ihn seinem Vater zurück. 43Es gerieten alle außer sich über die Großartigkeit Gottes.

Es liegt ein formgerechter Exorzismus vor. Beim Herabgehen vom Berg kommt die Volksmenge Jesus schon entgegen.
Ein Mann aus der Menge bittet um die Heilung seines besessenen Sohnes. Die Schilderung des Wirkens des Dämons zählt Symptome der Epilepsie auf, die damals als *heilige Krankheit* bekannt war, weil sie auf gute Dämonen zurückgeführt wurde. Der Vater will aber für seinen Sohn die Befreiung von dieser Krankheit (4,31-37). Seine Bitte an die Schüler während Jesu Bergaufenthalt bleibt allerdings erfolglos. Jesus führt dieses Versagen auf die Ungläubigkeit seiner ganzen Generation zurück. Sie hat einschließlich der Schüler nicht den Vertrauensglauben, dass die Vollmacht zur Heilung auch auf die Schüler übergegangen ist (9,1-6). Die nachösterliche Situation ist mit angesprochen. Da gerade für sie gilt, dass die Heilungsvollmacht weitergeht, lässt Jesus den besessenen Jungen kommen.
Nun beginnt der Hauptteil. Der Dämon wirft den Jungen wie einen Epileptiker auf den Boden und reißt ihn dort hin und her, Jesus gibt den Ausfahrbefehl und der Junge wird sofort geheilt.
Zur Demonstration übergibt Jesus dem Vater den Jungen. Alle Beobachter staunen über Gottes Wirken durch Jesu Heilungstat. Gott setzt nach Ostern dessen Wunderwirken in der Wundervollmacht der Schüler fort.

Die zweite Ankündigung von Leiden (9,43b-45)

43b Als nun alle staunten über alles, was er tat, sprach er zu seinen
Schülern: 44 Lasst diese Worte in eure Ohren dringen; der Men-
schensohn nämlich wird in die Hände von Menschen ausgeliefert
werden. 45 Sie aber verstanden dieses Wort nicht,
und es blieb vor ihnen verborgen, sodass sie es nicht begriffen, und
sie fürchteten sich, ihn über dieses Wort zu fragen.

Die zweite Leidensankündigung ist eine Kurzform der ersten Ankündigung und ist ebenfalls nur an die Schüler gerichtet (9,22; 17,25). Es wird nur von der Auslieferung des Menschensohnes an Menschen gesprochen. Nachgetragen wird jetzt, dass die Schüler das Leidensgeheimnis nicht verstehen.
Der Wille Gottes, dass Jesus durch sein machtvolles Wirken und ohnmächtiges Leiden die Rettung der Menschen bewirkt, bleibt ihnen noch verborgen. So begreifen sie Jesu Voraussage nicht und wagen gleichzeitig nicht, ihn zu befragen. Jesu Wissen um den Willen Gottes übersteigt vor Ostern noch ihr Fassungsvermögen.

Rangstreit und unbefugter Wundertäter (9,46-48.49-50)

46 Es kam aber unter ihnen die Frage auf, wer der Größere von ihnen
sei. 47 Jesus nun kannte die Frage ihres Herzens, nahm ein Kind zu
sich, stellte es neben sich 48 und sprach zu ihnen: Wer dieses Kind in
meinem Namen aufnimmt, nimmt mich auf; und wer mich auf-
nimmt, nimmt den auf, der mich sandte; denn wer der Kleinere
unter euch allen ist, dieser ist groß.
49 Es antwortete Johannes und sprach: Lehrer, wir sahen einen in dei-
nem Namen Dämonen austreiben, und wir hinderten ihn, weil er
nicht mit uns nachfolgt. 50 Es sprach aber Jesus zu ihm: Hindert ihn
nicht! Denn wer nicht gegen euch ist, ist für euch.

Es folgen zwei Schulgespräche. Die erste Schülerfrage geht um die Rangfolge untereinander. Jesus erkennt, dass diese Frage die

Schüler zentral in ihren Gefühlen berührt (*Herz*) und setzt zur Klärung eine drastische Symbolhandlung. Das Kind gilt in der Antike als unbedeutend. Sprachlich wird es mit dem Sklaven (pais) gleichgesetzt, die beide dem Vater der Familie (pater familias) rechtlos untergeordnet bleiben. Jesus erklärt nun das Kind zu seinem Stellvertreter. Das Kind, das Jesus zu seinem *Namen*, d. h. zu seiner Anhängerschaft, zählt, vertritt ihn und ist genauso von Gott als Bevollmächtigter seiner angebrochenen Königsherrschaft *gesandt* wie Jesus selbst, der Zwölferkreis, die nachfolgenden Frauen und die anderen Anhänger. Das Kind wird mit seinem Urvertrauen und seinem gesellschaftlichem und religiösem Gering-geschätzt-Werden zum Vorbild des Schülerseins. Wer sich im Schülerkreis wie ein Kind als der Kleinere verhält, ist der eigentlich Große. Vor Ostern kann Jesus noch darauf verzichten, Ämter zu verleihen. Nach Ostern bedarf die Urgemeinde in Jerusalem einer Leitung. Der Zwölferkreis übernimmt sie (Apg 1–2). Danach entstehen in aller Welt unterschiedliche Formen von Gemeinden mit unterschiedlichen Ämtern (Apg 6–21). Für sie alle gilt, dass es nicht um Größe und Vorrang geht, sondern um den demütigen Dienst eines Kindes.

Das zweite Schulgespräch, das Johannes beginnt, geht über das Recht zur Dämonenaustreibung. Ein Wundertäter, der nicht zum nachfolgenden Schülerkreis gehört, treibt im *Namen* Jesu Dämonen aus, d. h., er verwendet bei dem Ausfahrbefehl Jesu Namen. Die Schüler untersagen ihm diese Form von Exorzismus. Ob sich der Betreffende an den Einspruch gehalten hat, bleibt offen. Überraschend ergreift Jesus für den unbefugten Wundertäter Partei. Die Schüler sollen den Exorzisten im *Namen* Jesu nicht *hindern*. Denn wie der Geheilte in Gerasa (8,39) haben auch andere ohne Nachfolgegemeinschaft ihr Vertrauen auf Jesus gesetzt. Mit der *Ihr*-Anrede wird die nachösterliche Situation angesprochen. Das Weisheitswort deckt auf, dass solche anonymen Christen nicht gegen die Schüler Jesu sind; sie können sogar wie die Schüler vollmächtig in Jesu Namen Dämonen austreiben und Krankheiten heilen. Es kommen die unterschiedlichen Formen des Christseins in den Blick. Auch ohne sichtbare Gemeinschaft mit den Jesusschülern können Anhänger eine glaubende Beziehung zu Jesus und seiner Vollmacht aufbauen. Diese Beziehung ist zu tolerieren.

Teil 2: Der Reisebericht (9,51–19,27)

Mit 9,51 ist die Textmitte des Lukasevangeliums (11,37) fast erreicht. Der Reisebericht (9,51–19,27) erhält gleiches Gewicht wie die vorhergehende Zeit Jesu in Galiläa und die nachfolgende Zeit in Jerusalem. Jesus wiederholt und vertieft bei der Reise sein Auftreten als wundertätiger, prophetischer Weisheitslehrer mit Reden und Taten. Sie erhalten den Charakter eines Testaments. Gleichzeitig schildert der Reisebericht eine unbestimmte Wanderung von Galiläa an den Grenzen Samarias entlang, die schließlich zum Jordangraben mit Jericho als Station führt (18,35–19,10) und von dort in Richtung Jerusalem (19,11-27) weitergeht.

Der Aufbruch nach Jerusalem (9,51)

51Es geschah aber, als sich die Tage seiner Hinaufnahme erfüllten, dass er das Gesicht darauf richtete, nach Jerusalem zu gehen.

Dieser kurze Sammelbericht leitet wie 4,14-15 Teil 1 und 19,28 Teil 3 den Reisebericht als Teil 2 ein. Der Zeitpunkt für die Aufnahme Jesu in den Himmel ist nahegekommen. Zu ihr gehören der Kreuzestod und die Auferweckung. Ort der Passion und Himmelfahrt ist Jerusalem.

Die ungastlichen Samariter (9,52-56)

52Und er sandte Boten vor seinem Angesicht her. Und sie wanderten und kamen in ein Dorf der Samariter, um ihm eine Herberge zu bereiten; 53aber sie nahmen ihn nicht auf, weil er sein Gesicht darauf gerichtet hatte, nach Jerusalem zu wandern.
54Die Schüler Jakobus und Johannes sahen es und sprachen: Herr, willst du, dass wir sprechen, dass *Feuer herabsteigt vom Himmel und sie vertilgt?* (2 Kön 1,10.12) 55Er aber wandte sich um und fuhr sie an.
56 Und sie gingen in ein anderes Dorf.

Es handelt sich um ein Schulgespräch. Jesus *sendet* zur Vorbereitung seiner Übernachtung *Boten* (ángelos) aus. Diese kurzfristigen Sonder-*Apostel* bitten ein Dorf der Samariter um Aufnahme für die Nacht. Zum ersten Mal werden Samariter erwähnt. Sie haben sich vom orthodoxen Judentum getrennt, halten sich aber wie dieses an die Tora des Mose. Streitpunkt ist das Verbot der Mischehe mit Heiden, das nach dem Exil verschärft wird (Esra 9). Die jüdische Bevölkerung Samarias, des Kernlandes des ehemaligen, 722 zerstörten Nordreiches *Israel*, verweigerte die Trennung von ihren heidnischen Ehepartnern. Sie errichteten in Konkurrenz zum Tempel in Jerusalem ein Heiligtum auf dem Berg Garizim bei Sichem und nahe bei ihrer Hauptstadt Samaria. Wegen dieses Schismas herrscht Feindschaft zwischen Juden und Samaritern.

Galiläa ist der Teil vom untergegangenen Nordreich, der noch nördlich von Samaria liegt. Der naheste Wallfahrtsweg zum Tempel nach Jerusalem geht durch Samaria. Doch da er vielfach durch die Samariter blockiert wird, wird normalerweise von den Festpilgern der Weg durch den Jordangraben gewählt (Mk 10,1). Die Schüler probieren aufgrund des Friedensprogramms der Königsherrschaft Gottes den Weg durch das feindliche Samaria aus. Das samaritische Dorf verweigert prompt die Aufnahme. Die enttäuschten Schüler fordern von Jesus, wie der Prophet Elija von Gott, mit Feuer vom Himmel die Ablehnenden zu vernichten (2 Kön 1,10.12). Jesus argumentiert nicht dagegen, sondern fährt die Schüler nur an. Der Kraftausdruck wird nicht mitgeteilt. Zu offenkundig ist es, dass die Vernichtung von Gegnern der Missionsregel widerspricht, bei Ablehnung nur das Dorf zu verlassen (9,5). Ein anderes Dorf nimmt die Jesusgruppe auf. Ob es sich um ein Dorf in Samaria oder Galiläa handelt, bleibt offen.

Von der Nachfolge (9,57-62)

57Und als sie auf dem Weg wanderten, sprach einer zu ihm: Ich werde dir folgen, wo immer du hingehst. 58Und es sprach zu ihm

> Jesus: Die Füchse haben Höhlen und die Vögel des Himmels Nester,
> der Menschensohn aber hat nichts, wohin er den Kopf lege.
> 59 Er sprach nun zu einem anderen: Folge mir! Der aber sprach: Herr,
> erlaube mir, zuerst fortzugehen und meinen Vater zu begraben. 60 Er
> sprach aber zu ihm: Lass die Toten ihre Toten begraben, du aber gehe
> weg und verkünde die Königsherrschaft Gottes.
> 61 Es sprach aber auch ein anderer: Folgen werde ich dir, Herr; zuerst
> aber erlaube mir, mich von denen in meinem Haus zu verabschieden.
> 62 Es sprach aber Jesus zu ihm: Keiner, der die Hand an den Pflug legte
> und nach hinten sah, ist tauglich für die Königsherrschaft Gottes.

Drei Berufungen sind in der Form von Schulgesprächen miteinander verbunden worden. Während der Wanderung erklärt ein Mitwanderer, dass er die feste Absicht hat, wie der Zwölferkreis Jesus ständig zu folgen. Zum zweiten Male bittet ein Glaubender um ständige Nachfolge (8,38-39). Jesus macht auf die Mühe der Nachfolge aufmerksam. Er ist ein Wanderlehrer ohne Besitz eines Hauses oder einer Wohnung. Ähnlich gab es auch griechische Wanderphilosophen mit betonter Armut, z. B. Epiktet (3,21-22) oder die Kyniker Diogenes von Sinope und Peregrinus (Lukian, Peregrinus). Es bleibt offen, ob der selbstbewusste Frager bei seiner Absicht bleibt. Doch ist für den Leser kaum anzunehmen, dass er als Mitwanderer die Besitzlosigkeit Jesu nicht kannte. Er ließ sich sicherlich nicht abschrecken.

Nun folgt das übliche Berufungsmodell, dass *Jesus* einen Mann in die Nachfolge ruft. Dieser bittet aber ausnahmsweise um die Erlaubnis, zuerst seinen verstorbenen Vater zu begraben. Die Antwort Jesu ist überraschend rigoros. Die *Toten*, die noch nicht das Leben der angebrochenen Königsherrschaft Gottes haben, sollen die Verstorbenen begraben, die ja auch noch nicht Anteil an ihr gewinnen konnten. Beim Weltgericht wird Jesus als Menschensohn über ihr weiteres Schicksal entscheiden. Den Angeredeten trifft die Aufforderung, schon jetzt die *Königsherrschaft Gottes zu verkünden* und den Anteil an ihrem Leben schon jetzt zu haben. Auch hier wird die Reaktion nicht berichtet. Doch

der Leser, der sich mit dem Angeredeten identifiziert, wird kaum ein solches Angebot ausschlagen.
Bei der dritten Berufungsgeschichte bittet wieder ein Mann um Nachfolge. Im Unterschied zur Bitte des ersten Bewerbers stellt er wie der zweite Bewerber eine Bedingung. Er will sich zuvor von seiner Familie (*Haus*) verabschieden. Erneut verweist Jesus darauf, dass die Bereitschaft zur Nachfolge keinen Aufschub erlaubt. *Vom Pflug nach hinten zu sehen* meint nach rückwärts zu blicken und nicht nach vorn. Zum ersten Mal spricht Jesus eine deutliche Sanktion aus. Abschied und sofortige Nachfolge schließen sich aus. Es kann nur eines von beiden gewählt werden. Die Entscheidung des dritten Bewerbers bleibt ebenfalls offen. Auch für ihn kann der Leser annehmen, dass er wie der zweite Bewerber seine Bedingung fallen lässt. Denn die nachfolgende Aussendungsrede macht deutlich, dass inzwischen weit mehr als drei Männer bereit sind, zusätzlich zum Zwölferkreis ständig Jesus nachzufolgen. Dieser legt noch einmal die Bedingungen und Regeln für die Nachfolge fest. Sie führen bei keinem Einzigen der zweiundsiebzig Ausgewählten zum Ausstieg.

Die Aussendung der zweiundsiebzig Schüler (10,1-16)

> 1Danach nun setzte der Herr andere Zweiundsiebzig ein und sandte
> sie zu zwei und zwei her vor seinem Angesicht in jede Stadt und
> jeden Ort, wohin er selbst kommen wollte. 2Er sagte zu ihnen:
> Die Ernte ist zwar groß, die Arbeiter aber sind wenige; bittet nun den
> Herrn der Ernte, dass er Arbeiter in seine Ernte ausschicke. 3Geht!
> Siehe, ich sende euch wie Lämmer mitten unter Wölfe. 4Tragt nicht
> einen Geldbeutel, nicht eine Tasche, nicht Sandalen und grüßt kei-
> nen am Wege! 5In was für ein Haus aber ihr hineingeht, sagt zuerst:
> Friede diesem Haus! 6Und wenn dort ein Sohn des Friedens ist, wird
> auf ihm euer Friede ruhen; wenn aber nicht, wird er auf euch zurück-
> kehren. 7In dem Haus selbst bleibt, esst und trinkt das von ihnen;
> denn der Arbeiter ist seines Lohnes wert. Wechselt nicht von Haus zu
> Haus! 8Und in was für eine Stadt ihr hineingeht und sie euch auf-

nehmen, da esst das euch Vorgesetzte [9]und heilt die Kranken in ihr und sagt ihnen: Nahegekommen ist die Königsherrschaft Gottes zu euch. [10]In was für eine Stadt aber ihr hineingeht und sie euch nicht aufnehmen, da geht auf ihre Plätze hinaus und sprecht: [11]Auch den Staub, der uns aus eurer Stadt an den Füßen hängt, wischen wir euch ab; jedoch erkennt dies, dass nahegekommen ist die Königsherrschaft Gottes! [12]Ich sage euch: Sodoma wird es an jenem Tag erträglicher ergehen als jener Stadt.
[13]Wehe dir, Chorazin, wehe dir, Betsaida! Denn wenn in Tyros und Sidon die Wunder geschehen wären, die bei euch geschahen, sie wären längst, in Sack und Asche sitzend, umgekehrt. [14]Jedoch Tyros und Sidon wird es erträglicher im Gericht ergehen als euch. [15]Und du, Kafarnaum, wirst du zum Himmel erhoben werden? Bis in den Hades wirst du hinabsteigen.
[16]Wer euch hört, hört mich, und wer euch abweist, weist mich ab; wer aber mich abweist, weist den ab, der mich sandte.

Die Aussendungsrede beginnt mit der *Einsetzung* von zweiundsiebzig Schülern. Die Zahl 72 steht für die Völker. Im griechischen Text der Völkerliste der alttestamentlichen Urgeschichte sind zweiundsiebzig heidnische Völker aufgezählt (LXXGen 10). Die zweiundsiebzig Schüler sollen nach ihrer *Aussendung* in jüdisches und samaritisches Gebiet in der nachösterlichen Zeit den Völkern das Evangelium verkünden.
Die Rede selbst leitet Jesus mit einem Gleichnis und einem Bildwort ein. Die Ernte ist ein eschatologisches Bild für das Weltgericht. Es bricht in Jesus schon jetzt an (8,4-15). Daher kann er schon jetzt mit seinen Schülern die Glaubenden sammeln und vor der Vernichtung retten. Allerdings bedürfen die Menschen des Evangeliums. Der Zwölferkreis und der Kreis der Zweiundsiebzig übernehmen die Verkündigung in Wort und Praxis. Doch die Zahl der Verkünder ist zu klein, sie sind nur *wenige*. Daher sollen sie Gott um mehr Mitarbeiter bitten. Jeder Christ ist ein *Erntearbeiter*. Jesus spielt auf die Nachfolge der Frauen (8,1-3; 10,38-42) und der künftigen nachösterlichen Verkünder an (Apg 1–28).

Das folgende Bildwort stellt wieder die Gefahren der Nachfolge heraus. Sie bringt nicht nur Wohnungslosigkeit und Distanz zu Familienverpflichtungen mit sich, sondern totale Schutzlosigkeit wie den Aufenthalt von *Lämmern* unter Wölfen. Phädrus (ca. 20 v. Chr. – ca. 51) gestaltet mit diesem Bild die erste Fabel seines großen, gesellschaftskritischen Fabelbuchs aus (Phädrus, Fabelbuch: Der Wolf und das Lamm).

Die Armutsregeln von der Aussendung des Zwölferkreises werden wiederholt und ergänzt: kein Geld und keine Tasche (9,3), hinzu kommt das Verbot des Sandalentragens, gemeint ist wohl ein Paar von Ersatzsandalen (Mk 6,9). Ein weiteres Verbot schließt sich an: Die Schüler sollen sich nicht durch Gruß und anschließende Gespräche aufhalten lassen. Danach werden die Hausregeln wiederholt (9,4-5) und ausgestaltet. Das Verbot des Hauswechsels unterstreicht, dass das Haus nicht nach Wohlstand ausgesucht werden soll. Wegen der völligen Mittellosigkeit sind die Schüler auch bei den Armen auf die Teilung von Essen und Trinken angewiesen. Hinzu kommt außerdem die Vollmacht, die Königsherrschaft Gottes mit ihrer Heilungskraft für Kranke zu verkünden. Das Staubabschütteln wird um Warnungen ergänzt. Mit der Ablehnung der Boten wird die Königsherrschaft Gottes abgelehnt und damit die Vernichtung im Weltgericht riskiert. Selbst Sodoma, das durch Feuer zerstört wurde (9,54; Gen 19), hat eine größere Chance auf gnädige Rettung.

Es schließen sich Weherufe über drei galiläische Ortschaften an, in denen Jesus zunächst erfolgreich gewirkt hat: Chorazin, nur hier erwähnt und nahe bei Kafarnaum liegend (par Mt 11,21), Betsaida (9,10) und Kafarnaum (4,31-44; 7,1). Tyrus und Sidon im Libanon hatten sich als Nachbarstädte Israels schon im Alten Testament feindselig gegenüber Jahwe verhalten (Jes 23). Wie Sodoma werden aber auch die libanesischen Städte Gnade im Weltgericht finden (6,17-19). Hades ist der Gott der Unterwelt. Die Einwohner der drei galiläischen Städte werden nicht gerettet werden, sondern sich dort als Schatten ohne Beziehung zu Gott und ohne Bewusstsein ihrer früheren Identität aufhalten. Weder

die alttestamentliche Scheol (d. h. Unterwelt) noch der griechische Hades sind, abgesehen vom Abyssos (8,31; 16,23), Straforte mit Qualen, sondern bedeuten das Ende des individuellen Lebens.
Ein Sendungsspruch schließt die Rede ab. Die Schüler vertreten als *Gesandte (Apostel)* Jesus selbst, der wiederum der *Gesandte (Apostel)* Gottes ist (9,48).

Der Lohn der Schüler (10,17-20)

> [17]Es kehrten nun die zweiundsiebzig mit Freude zurück und sagten: Herr, auch die Dämonen sind uns in deinem Namen untertan. [18]Er sprach zu ihnen: Ich schaute den Satan wie einen Blitz aus dem Himmel fallen. [19]Siehe, ich habe euch die Vollmacht gegeben, auf Schlangen und Skorpione zu treten, und über alle Kraft des Feindes, und gewiss wird euch nichts schädigen. [20]Jedoch darüber, dass die Geister euch untertan sind, freut euch nicht, freut euch aber, dass eure Namen im Himmel eingeschrieben sind.

Es folgt ein Schulgespräch. Die zweiundsiebzig Schüler berichten voll Freude ihre erfolgreiche Herrschaft über Dämonen mit Exorzismen und Heilungen. Jesus bestätigt diesen Erfolg mit dem Wort vom Sturz des Satans. Im alttestamentlichen Ijobbuch war Satan noch Mitglied des himmlischen Hofstaats, und zwar als Ankläger, der Prüfungen für Ijob mit Gottes Erlaubnis verhängen durfte (Ijob 1,6–2,10). Inzwischen ist Satan Herr der Dämonen, die aus eigener Vollmacht Krankheiten und Besessenheit bewirken können (11,14-23). Durch deren jetzige Vertreibung ist er entmachtet worden und stürzt wie ein Blitz aus dem Himmel an den Rand der Welt. Auch der paradiesische Tierfrieden (Jes 11,8) und der kosmische Frieden brechen für die Schüler mit der Herrschaft über die Dämonen an. Schlangen, Skorpione und alle unheilvollen Naturkräfte können den Schülern nichts anhaben. Doch der eigentliche Gewinn ist, dass die Schüler in die Bürgerliste des Himmels eingetragen sind (Phil 3,20). Schon jetzt haben sie am Himmel Anteil.

Dank Jesu an den Vater und Seligpreisung (10,21-22.23-24)

21In eben der Stunde jubelte er im Heiligen Geist und sprach: Ich preise dich, Vater, Herr des Himmels und der Erde, dass du dieses vor Weisen und Verständigen verbargst und es Unmündigen offenbartest; ja, Vater, weil es so vor dir Gefallen fand.
22Alles wurde mir von meinem Vater übergeben, und keiner erkennt, wer der Sohn ist, außer dem Vater, und wer der Vater ist, außer dem Sohn und wem der Sohn es offenbaren will.
23Und allein an seine Schüler gewandt, sprach er: Selig die Augen, die sehen, was ihr seht.
24Denn ich sage euch: Viele Propheten und Könige wollten sehen, was ihr seht, und sahen es nicht, und hören, was ihr hört, und hörten es nicht.

Es liegen zwei Preisungen vor. Zunächst preist Jesus mit der Kraft des Heiligen Geistes den Vater als Schöpfergott und Lenker der Welt. Mit seiner Weisheit hat Gott das Weltall geschaffen und lenkt es; doch seine Weisheit bleibt vor denen verborgen, die sich für weise und verständig halten, und wird nur den Unmündigen geoffenbart (7,35). In Jesus hat die Weisheit Gottes endgültig Wohnstatt gefunden und wird von ihm geoffenbart. Zwischen Gott-Vater und dem Sohn Jesus besteht eine singuläre, vom Geist getragene Beziehung. Jesus kann daher von meinem Vater sprechen (2,49). Die spätantike Lehre von der Trinität (Dreifaltigkeit) ist in diesem Jubelruf grundgelegt.

Es folgt eine Seligpreisung der Schüler. Sie haben schon jetzt Anteil an der Offenbarung der Weisheit des Vaters durch den Sohn. Für die Schüler erfüllen sich die Verheißungen, die für die Propheten seit Mose und für die Könige wie David, also für die gehorsamen Führer seit dem Exodus, gelten (13,22-30).

Das Gleichnis vom barmherzigen Samariter (10,25-37)

25 Und siehe, ein Schriftgelehrter stand auf, um ihn zu prüfen, und
sagte: Lehrer, was soll ich tun, um ewiges Leben zu erben? 26 Er nun
sprach zu ihm: Was ist im Gesetz geschrieben? Was liest du?
27 Der antwortete und sprach: *Du sollst den Herrn, deinen Gott, lieben
aus deinem ganzen Herzen und mit deiner ganzen Seele und mit deiner ganzen Kraft und mit deiner ganzen Einsicht, und deinen
Nächsten wie dich selbst.* (Dtn 6,5; Lev 19,18). 28 Er sprach nun zu ihm:
Richtig antwortetest du; dies tue, und du wirst leben. 29 Der aber
wollte sich rechtfertigen und sprach zu Jesus: Und wer ist mein Nächster?
30 Jesus nahm es auf und sprach:
Ein Mensch ging von Jerusalem nach Jericho hinab und fiel unter Räuber,
die zogen ihn aus, versetzten ihm Schläge und gingen weg, ihn halbtot liegenlassend.
31 Durch Zufall aber ging ein Priester auf jenem Weg hinab, sah ihn und ging vorbei;
32 gleicherweise kam auch ein Levit an den Ort, sah ihn und ging vorbei.
33 Ein Samariter aber, der unterwegs war, kam zu ihm, sah ihn und wurde im Innersten berührt,
34 und er ging hin, verband seine Wunden, goss darauf Öl und Wein; setzte ihn auf das eigene Maultier, führte ihn in eine Herberge und sorgte für ihn.
35 Und am folgenden Tag nahm er zwei Denare heraus, gab sie dem Herbergswirt und sprach: Sorge für ihn, und was du dazu aufwendest, werde ich bei meinem Zurückkommen dir zurückgeben.
36 Wer von diesen dreien, scheint dir, ist dem, der unter die Räuber
fiel, Nächster geworden? 37 Er sprach: Der das Erbarmen an ihm getan hat. Es sprach nun Jesus zu ihm: Geh und tue du gleicherweise!

Das Gleichnis bildet in der Mitte des Evangeliums den Auftakt zu den längeren Parabeln (11–20). Es steht im Zentrum des Evangeliums. Ein Schulgespräch zu den zentralen theologischen Themen *ewiges Leben, Gottes- und Nächstenliebe* leitet es ein. Ein anonymer Schriftgelehrter erhebt sich und stellt Jesus eine Schulfrage. Es geht um den Erbanteil am ewigen Leben. Jesus stellt eine Rückfrage, sodass ein zweiter Gesprächsgang notwendig wird. Da der Schriftgelehrte mit der Antwort Jesu noch nicht zufrieden ist, eröffnet er einen dritten Gesprächsgang. Innerhalb dieses Gesprächs erzählt Jesus das Gleichnis.

Die knappe Charakterisierung des Schriftgelehrten stört allerdings den Eindruck eines Schulgesprächs. Der Schriftgelehrte *prüft* Jesus. Israel stellt ebenfalls Jahwe ständig auf die Probe. Am Anfang der großen Gesetzesrede am Horeb weist Jahwe auf das Gebot der Gottesliebe und auf die törichten Versuche Israels hin, die Bundestreue Gottes zu seinem Volk zu prüfen (Dtn 6,1-16). Wie Israel unverständig ist und Satan zu Beginn des öffentlichen Auftretens Jesus in unverständiger Weise *prüfen* will (4,12), so verkennt auch der Schriftgelehrte die wahre Weisheit Jesu. Doch der Schriftgelehrte wird trotz seines Unverständnisses nicht zum Feind. Er verleiht Jesus respektvoll den gleichrangigen Titel *Lehrer* und führt in konstruktiver Weise die Schuldebatte. Die *Prüfung* ist hier berechtigter Ausdruck der Konkurrenz unter Schriftgelehrten. Mit der Art der Frage spricht der Schriftgelehrte Jesus sogar einen *Vorrang* zu, sodass das vorliegende Gespräch zum Schulgespräch wird. Die Ausgangsfrage nach dem ewigen Leben entspricht der frühjüdischen Auferstehungshoffnung (Dan 12,2; 4 Makk 15,3).

Entsprechend der Rückfrage Jesu zitiert der Schriftgelehrte gelehrig wie ein Schüler die zentrale alttestamentliche Weisung zur Gottesliebe (Dtn 6,5) und kombiniert sie mit der alttestamentlichen Weisung zur Nächstenliebe (Lev 19,18). Das vom Schriftgelehrten selbstständig gebildete Schriftzitat gibt allerdings keine Auskunft über die individuelle Auferstehung, sondern beschreibt die Hauptprinzipien des jüdischen und späteren christlichen Glaubens. Die Liebe zum einen Gott ist das Spezifikum Israels gegenüber den anderen Völkern (Dtn 6,4). Jesus bestätigt die schriftgelehrte Kombinationsarbeit seines Gesprächspartners als richtig. Das Frühjudentum hatte bereits die Liebe zum Nächsten und die Gottesliebe zueinander in Bezug gesetzt. Allerdings war es die Leistung des vorösterlichen Jesus gewesen, diese beiden im Alten Testament auseinanderliegenden Gebote (Dtn 6,5; Lev 19,18) zu einer knappen Doppelformel zu verbinden und zum Hauptprinzip der Schriftauslegung zu erklären. Philon spricht ähnlich von „zwei Grundlehren" (Kephalaia), zitiert sie aber nicht wie Jesus, sondern umschreibt sie inhaltlich als „in Bezug auf Gott das Gebot der Gottesverehrung und Frömmigkeit, in Bezug auf Menschen das der Nächstenliebe und Gerechtigkeit" (Philon, Spec. leg. II 63). Die alttestamentlichen Gebote der Gottes- und Nächstenliebe legen sich gegenseitig aus. Gottes Liebe zu seinem Volk ermöglicht die Erwiderung der Liebe und in der Liebe zum Mitmenschen wird die Liebe Gottes erfahren. In dieser Verschmelzung beider Gebote zu einem Doppelgebot wird ein neues theologisches und ethisches Prinzip konstituiert, nach dem alle Schriftstellen sich erst richtig im theologischen und humanen Sinne interpretieren lassen. Doch dem Evangelisten kommt es nicht auf abgrenzende Originalität, sondern auf verbindende Gemeinsamkeit an. Der Schriftgelehrte kann, wie die Testamente der Zwölf Patriarchen (Test Benj. 3,3-4; Test Dan 5,3; Test Seb 5,1; Test Iss 5,1; 7,6), Philon (Spec. leg. II 63) und die spätere jüdische Exegese, die beiden Gebote zueinander in Beziehung setzen. Die anschließende Anweisung Jesu entspricht jüdischem wie hellenistischem Weisheitsverständnis vom Tun-Ergehen-Zusammenhang. Das als richtig Erkannte ist zu befolgen, dann ergeht es einem gut. Konsequent fragt der Schriftgelehrte nach der Reichweite des Doppelprinzips. Wer muss als *Nächster* bestimmt werden, um die Liebe zu ihm praktizieren zu können?

Es unterschied das Judentum zwar zwischen „Nächster" und „Fremder", doch es erstreckte sich die Nächstenliebe auch auf den Fremden (Dtn 10,18; 14,29). Und der Hass auf die Feinde wird *nur* von Qumran gepredigt (1 QM). Es bleibt aber auch für Qumran zu bedenken, dass der Hass erst für den endzeitlichen Krieg gegen die Söhne Belials, des Teufels, gilt. Der Hass ist also ein Anteil der Selbstverteidigung, keine imperiale Angriffsstrategie wie bei den Widerstandskämpfern.

In der anschließenden Parabel gelingt es Jesus, nicht nur für Qumran, sondern für die gesamte damalige Hörerschaft verborgene Ausgrenzung aufzudecken und in tätige Liebe umzukehren. Der einmalige Fall beginnt mit dem Hinabgehen eines Mannes von Jerusalem mit der Höhe von 750 m in die Jordansenke von Jericho mit rund 250 m unter dem Meeresspiegel. Auf einer Strecke von ca. 24 km ist ein Höhenunterschied von 1000 m zu überwinden. Die eigentliche Erschwernis liegt in dem menschenleeren Wüstencharakter dieser Gebirgslandschaft. Auf einem schmalen Weg entlang den tiefen Abgründen des Wadis Quelts können Wanderer und Reiter nur mühsam und gefährdet nach Jericho gelangen. Nach Josephus gefährden Räuber die Gegend (Jos. bell. 4,474). Nomadisierende Hirten können blitzartig auftauchen und wieder verschwinden. Es handelt sich also um einen realistischen Fall, wenn Straßenräuber den anonymen, einsamen Wanderer überfallen.

Die Ausplünderung durch Räuber führt ohne Nennung von Gründen zum Niederschlagen und hat das Halb-tot-Sein des Überfallenen zur Folge. *Halb-tot-* oder Fast-tot-Sein wird zu einem Schlüsselwort der Parabel.

Dann tritt der Priester auf. Er wandert nach seinem Tempeldienst in Jerusalem nach Jericho, das als Priesterstadt bekannt ist. Die Berührung mit einem Toten verunreinigt jeden Juden, insbesondere den Priester (Lev 5,2-3; 21,1-3; Num 5,2; 6,6-8; 19,1-22; Ez 44,25-27). Zwar hat der Priester seinen Wochendienst am Tempel beendet, doch er kann auch in Jericho priesterliche Aufgaben erfüllen, z. B. die Annahme von Reinigungsopfern (2,24) oder die Spendung des Priestersegens in der Synagoge. Die Berührung mit einem Toten verunmöglicht für mindestens eine Woche solche Handlungen und trennt von jeder menschlichen Gemeinschaft. Der Priester sieht den *Halb-Toten* und entscheidet sich, ihn für tot zu halten. Er geht an ihm vorüber, weil er für einen Toten nicht zuständig ist und sich dem Kultgesetz entsprechend nach Möglichkeit von ihm fernhalten soll.

Mit dem Leviten wird der Anteil des Klerus verdoppelt und die erzählerische Dreizahl vorbereitet. Mit Priester und Levit, der als Kultdiener am Tempel einen niedrigeren Rang als der Priester einnimmt, sind die Repräsentanten des kultisch orientierten Judentums gemeint. Priester und Levit sehen den Halbtoten, und nichts rührt sich in ihnen. Sie haben die Möglichkeit, ihn für sich selbst für tot zu erklären und ihn aufgrund der Totenunreinheit zu meiden. Weil sie diese Möglichkeit wählen, verpassen sie die Chance, ihm Nächster zu werden. Kann man im Überlebenskampf dem hilfsbedürftigen Anderen immer Nächster werden?

Die Parabel bewertet nicht, spielt aber mit der dritten Figur diese zweite Alternative durch. Auch der Samariter unterliegt den Reinheitsgeboten der Tora. Er sieht und wird *im Innersten*, wörtlich „in den Eingeweiden", angerührt. Während das Gefühl bei Priester und Levit stumm geblieben ist, rührt es sich beim Samariter. Ähnlich wird der Vater bei der Rückkehr des verlorenen Sohnes *im Innersten* berührt (15,20). Entsprechend haben sich zuvor bei Jesus beim Anblick der Witwe von Nain, die um ihren einzigen Sohn trauert, die Eingeweide gerührt (7,13). Der Samariter wie der Vater und Jesus selbst können gar nicht mehr anders, sondern sie müssen ihrem Gefühl gehorchen. Dieses Ereignis steht daher im Mittelpunkt der Erzählung.

Priester und Levit sind nicht Exempel der Selbstsucht, sondern Opfer des Systems der Reinheit. Sie befürchten eine Totenunreinheit und wollen diese unvermeidbare Verunreinigung den Angehörigen oder den Leitern der zuständigen Stadt überlassen (Dtn 21,1-9). Sie sehen aufgrund ihres Systemzwanges erst gar nicht richtig hin. Jesus hat mit *halbtot* einen Widerspruch des Systems der Reinheit aufgedeckt. Dem kranken Volksgenossen müssen natürlich Priester und Levit helfen, dem toten nicht. Was aber ist, wenn der Tote nur halbtot ist? Und kann es Gottes Wille sein, dass Priester und Levit am tatsächlich Toten gefühllos vorübergehen? Jesus provoziert mit der Rollenwahl von Priester und Levit das System der Reinheit, das für Grenzbereiche verhindert, Nächster zu werden. Dieses System blockiert auch das Verständnis seiner Gleichnisse von der in ihm angebrochenen Gottesherrschaft (8,4-18); es schließt Menschen als Aussätzige, Besessene und Sünder aus und verbietet deren Berührung. Jesus setzt sich provokativ über diese kultischen und moralischen Abgrenzungen hinweg (4,31–6,11; 7,36-50; 8,26-56; 9,37-50).

Priester und Levit werden entlastet, aber nicht freigesprochen. Denn es wird aufgezeigt, was sie nicht geworden sind. Sie sind nicht Nächster geworden. Sie haben keine Mitleidsgefühle aufkommen lassen. Sie sind vom Gefühl abgeschnittene, einsame Gestalten. Der *Halbtote* ist nicht nur in der Erzählhälfte die Hauptperson, denn er allein handelt durchgehend in den Ereignissen, sondern auch in der theologischen Sinnhälfte, die der Hörer selbstständig ergänzen muss. Der *Halbtote* baut die Beziehung zum anderen auf und bestimmt, ob dieser ihm Nächster geworden ist. *Ewiges Leben* wird schon anfanghaft in diesem Leben erfahren, indem der Frager vom hilfsbedürftigen Anderen als Nächster angerührt und akzeptiert wird. Priester und Levit bleiben außerhalb dieser eschatologischen Erfahrung. Der Samariter lässt sich rühren, wird zum Nächsten und bringt als Samariter zusätzlich die Systemkritik hinein. Er, der als Schismatiker ausgegrenzt ist, geht spontan das Risiko der Totenunreinheit ein und setzt das Gefühl für den Nächsten über die Erhaltung der Reinheit.

Die Frage nach dem Nächsten wird umgekehrt zur Frage, wer dem Hilfsbedürftigen zum Nächsten geworden ist. Jesu neues Verständnis von der unauflösbaren Einheit der Gottes- und Nächstenliebe ermöglicht diesen Perspektivenwechsel und steht daher im Zentrum des Evangeliums. Im hilfsbedürftigen Nächsten begegnen Juden, Samariter, Christen und die Völker Gott.

Maria und Marta (10,38-42)

> 38 Während sie wanderten, ging er selbst in ein Dorf hinein. Eine Frau nun mit Namen Marta nahm ihn auf.
> 39 Und sie hatte eine Schwester, Maria genannt, und sie setzte sich zu den Füßen des Herrn und hörte sein Wort.
> 40 Marta aber war überbeschäftigt mit viel Dienst. Sie trat nun hin und sprach: Herr, kümmert es dich nicht, dass meine Schwester mich allein zurückließ, zu dienen? Sprich nun zu ihr, damit sie mir bei-
> steht. 41 Es antwortete aber und sprach zu ihr der Herr: Marta, Marta,
> du sorgst und beunruhigst dich um vieles, 42 eines aber ist nötig.
> Maria wählte den guten Teil, der von ihr nicht weggenommen werden wird.

Es liegt ein Schulgespräch vor. Jesus sondert sich ab und geht allein in ein Dorf. Marta hat von ihm gehört und bietet ihm ein Quartier an.
Deren Schwester Maria setzt sich als Schülerin zu den Füßen Jesu und hört seiner Lehre zu.
Marta hingegen übernimmt allein den Tischdienst und fühlt sich *überbeschäftigt*. Daher beklagt sie sich bei Jesus und fordert von ihm, dass er von Maria die Mithilfe verlange. Jesus lehnt eine Intervention ab. Stattdessen klärt er Martas *Überforderung*. Marta hat freiwillig die Sorge um vieles gewählt und sich damit überlastet. Die Konzentration auf eine einzige, notwendige Sache ist dagegen allein erforderlich, und zwar auf das Hören der Lehre Jesu. Maria hat sogleich dieses Hören als den *guten Teil* der Handlungsmöglichkeiten gewählt. Daher wird ihr das Hören der Lehre nicht genommen werden. Für Marta wird es Zeit, sich dieser kleinen Lehr-Lern-Gemeinschaft zuzugesellen. Der von allen dann ausgeübte Tischdienst kann sich später anschließen. Maria ist schon jetzt zum Dienst an der Verkündigung berechtigt wie die anderen nachfolgenden Frauen (8,1-3) und die beiden männlichen Schülerkreise.

Das Gebet des Herrn (11,1-4)

> 1Und es geschah, als er an einem Ort war und betete, als er aufhör-
> te, da sprach einer seiner Schüler zu ihm: Herr, lehre uns beten,
> gleichwie auch Johannes seine Schüler lehrte. 2 Er sprach nun zu
> ihnen: Wenn ihr betet, sagt:
> Vater, geheiligt werden soll dein Name;
> es komme deine Königsherrschaft;
> 3unser nötiges Brot gib uns täglich;
> 4und erlass uns unsere Sünden,
> denn auch wir selbst erlassen sie jedem uns Schuldenden;
> und führe uns nicht in Versuchung hinein.

Es liegt ein Schulgespräch vor. Die Schüler bitten Jesus nach seinem Gebet mit Verweis auf Johannes und dessen Schüler um eine Einführung in das Beten.

Jesus gibt ihnen das kunstvoll gestaltete Vater-Gebet. Es steht exemplarisch für die Gottesverkündigung Jesu. Statt der matthäischen 7 Bitten hat das Gebet im Lukasevangelium und in Q nur 5 Bitten, eine Zahl, die auf das originale Gebet Jesu zurückgeht. Das Gebet besteht aus zwei Strophen, die sich asymmetrisch zueinander verhalten. Auf zwei Du-Bitten folgen drei Wir-Bitten. Die beiden Du-Bitten folgen ohne Verbindungswort. Die drei Wir-Bitten sind durch *und* verbunden. Der ausgewogene, gleichbleibende Rhythmus, die klare Zweiteilung der Strophen mit dem Achtergewicht auf der zweiten Strophe und der deutliche Wechsel in der Thematik zwischen beiden Strophen verweisen auf rituellen, liturgischen Gebrauch.

Strophe 1 leitet mit der *Vater*-Anrede ein. Jesus öffnet seinen Anhängern seine singuläre Gott-*Vater*-Beziehung für das tägliche Gebet. Der *Vater*gott Israels (Dtn 32,6; Ps 68,6; Hos 11; 2 Sam 7,14) hat sich Jesus in der endzeitlichen Nähe der Gottesherrschaft singulär zugewandt (10,21-22) und erfüllt in dessen Praxis anfanghaft die nun folgenden Bitten. Die ersten beiden Du-Anreden bitten mit einem synthetischen Parallelismus um das machtvolle Handeln Gottes. Das Passivum divinum der ersten Du-Bitte (11,2b) verweist auf Gottes eigene Aktivität, „dein *Name*" auf die Durchsetzung des Zweiten Gebotes des Dekalogs für die Gegenwart (Ex 20,7; Dtn 5,11). Von Gott geht die Eröffnung des Heiligkeitsraumes aus. Die zweite Du-Bitte (11,2c) ist eschatologisch auf die Zukunft ausgerichtet. Die *Königsherrschaft* Gottes soll in naher Zukunft in Fülle *kommen* und die Heiligung des *Namens* Gottes vollenden. Beide Bitten haben den Charakter von Lobpreisungen, d. h. Eulogien. Die Verbindung dieser beiden Bitten hat eine Parallele in der frühjüdischen Liturgie. Die ersten beiden Eulogien des Kaddisch-Gebetes handeln gleichfalls von der Heiligung des Namens und dem Kommen der Königsherrschaft Gottes.

Strophe 2 wendet sich mit performativen Bitten den Interaktionsbereichen des Beters zu. Zuerst wird die Ökonomie, die elementare Grundlage des Lebensunterhalts, genannt (11,3). Das notwendige *Brot* für den heutigen Tag soll angesichts der angebrochenen Gottesherrschaft und ihrer eschatologischen Form von Gemeinschaftsstiftung zur Verfügung stehen. Die nächste Bitte geht auf den sozialen Bereich über (11,4ab). Die Vergebung eigener *Schuld* durch Gott setzt dazu frei, fremde *Schuld* zu vergeben. Die Einbeziehung eigener Vergebungsbereitschaft ist ein Zusatz zum ursprünglichen Gebet Jesu. Die ethisch-eschatologische Botschaft der Weisheitsworte von der Bedürfnislosigkeit und der Nächstenliebe ist von Jesus und dem Evangelisten in die Gebetssprache übertragen worden (6,20-49). Die Abschlussbitte (11,4c) greift die Botschaft von der eschatologischen Entscheidungszeit auf. Mit *Versuchung* (peirasmós) ist der zerrüttete, apokalyptische Endzeitzustand gemeint. Gott lässt die Verfolgung der Gläubigen in der gottfeindlichen Welt zu, verheißt aber gleichzeitig seinen Schutz (Dan 7–12). An Gott liegt es, wie intensiv die endzeitliche Versuchung ausfällt und wie der Glaubende sie durchhält.

Die ersten zwei Wir-Bitten haben Parallelen im jüdischen Achtzehngebet, dem Hauptgebet des Synagogengottesdienstes.

Die Brotbitte entspricht dem Segensspruch 9 über die Jahresernte, die Bitte um Vergebung entspricht dem Segensspruch 6. Die apokalyptische Schlussbitte hat nur indirekte Anklänge im Achtzehngebet. Im Rahmen der damaligen jüdischen Gebetssprache ist ein eigenständiges, zentrales Gebet mit neuer Ausrichtung auf die angebrochene Königsherrschaft Gottes entstanden.

Das Gleichnis vom bittenden Freund (11,5-8)

> [5]Und er sprach zu ihnen: Wer von euch wird einen Freund haben und
> würde zu ihm gehen um Mitternacht und zu ihm sprechen: Freund,
> leih mir drei Brote, [6]da ein Freund von mir auf der Reise zu mir kam
> und ich nichts habe, was ich ihm vorsetzen kann; [7]und jener von
> innen würde antworten und sprechen: Bereite mir nicht Mühen;
> schon ist die Tür verschlossen, und meine Kinder sind mit mir im
> Bett; ich kann nicht aufstehen und dir etwas geben?
> [8]Ich sage euch, wenn er auch nicht aufstehen und ihm geben wird,
> weil er sein Freund ist, wird er doch wegen seiner Unverschämtheit
> aufstehen und ihm so viel geben, wie er bedarf.
> [9]Und ich sage euch: Bittet, und es wird euch gegeben werden; sucht,
> und ihr werdet finden; klopft an, und es wird euch geöffnet werden.
> [10]Denn jeder Bittende empfängt, und der Suchende findet, und dem
> Anklopfenden wird geöffnet werden.
> [11]Welchen Vater aber unter euch wird der Sohn um einen Fisch bit-
> ten, und er wird anstelle eines Fisches eine Schlange ihm überge-
> ben? [12]Oder auch um ein Ei bitten, wird er ihm einen Skorpion über-
> geben? [13]Wenn nun ihr, die ihr böse seid, gute Gaben euren Kindern
> zu geben wisst, wie viel mehr wird der Vater im Himmel Heiligen
> Geist denen geben, die ihn bitten.

An das Gleichnis vom *bittenden Freund* sind eine Regel und zwei Bildworte angehängt worden.
Das Gleichnis wird durch eine Frage eingeleitet, die einen fiktiven Fall in realistischer Weise aufrollt. Es geht um die Beziehung der Hörer (*euch*) zu einem *Freund*, der um *Mitternacht* aufgesucht

werden kann, um dem Bittsteller bei der Bewirtung eines unerwartet angekommenen, anderen *Freundes* zu helfen. Die Bitte ist realistisch konkret. Es werden nur drei Brote benötigt. Doch nun führt der Erzähler eine irreale Antwort ein, um auf eine Komplikation aufgrund des Zeitpunkts aufmerksam zu machen. Um Mitternacht ist normalerweise die Haustür geschlossen und es schlafen die Kinder. Der Freund könnte außerdem seine einfachen Lebensverhältnisse näher ausführen. Sein Haus hat nur einen Wohnraum; vor der Tür schlafen Frau und Kinder auf Matten. Das Öffnen der Tür würde also die Kinder aufwecken. So wird seine mögliche Ablehnung verständlich, dass er *nicht aufstehen* und die erbetenen Brote herausgeben kann.

Doch der Freund wird sich hüten, mit dieser plausiblen Argumentation die Bitte abzulehnen.

Die Gründe führt der Erzähler dann mit dem Aufmerksamkeitssignal *Ich sage euch an*: 1. Eine Freundesbitte muss normalerweise erfüllt werden. 2. Bei einer Komplikation kann der gesellschaftliche Druck die Einhaltung der Norm der Freundschaftshilfe erzwingen. *Unverschämtheit* meint, dass der Freund durch länger anhaltendes Bitten die Kinder, die Frau des Angesprochenen und die Nachbarn aufwecken und eine Missbilligung der Ablehnung durch sie erreichen würde.

Die *Euch*-Anrede lenkt die theologische Übertragung. Die Hörer werden zum bittenden Mann, Jesus und Gott zum angesprochenen Freund, der hilft. Der gesellschaftliche Normendruck soll nicht auf Gott und Jesus übertragen werden, weil Gott immer fürsorglicher *Freund* bleibt, wohl aber das *unverschämte* Bitten zu jedem Zeitpunkt.

Die anschließende Aufforderung zum *Bitten, Suchen* und *Klopfen* und die Zusage des Erfolgs für jedermann unterstreicht die Aufforderung zur ständigen Bitte.

Die zwei angehängten Bildworte bringen wieder Selbstverständliches. Fisch ist ein Grundnahrungsmittel (9,16). Die Schlange hingegen gilt als gefährlich, weil damals zwischen giftigen und ungiftigen Schlangen kaum unterschieden wird (10,19). Natürlich

reicht der fürsorgliche Vater dem bittenden Kind nicht anstelle des glitschigen Fisches eine tödliche Schlange. Den gleichen Kontrast erzeugt der Gegensatz von Ei und Skorpion. Das Ei ist lebensspendend, der als Ei zusammengerollte giftige Skorpion kann einem Kind Krankheit und Tod bringen.
Jesus überträgt die beiden Bildworte ausdrücklich auf Gott. Er schließt vom Kleineren auf das Größere. Obwohl die Hörer noch nicht der in Jesus angebrochenen Königsherrschaft Gottes vertrauen, noch nicht unaufhörlich bitten und daher noch von einem bösen Herzen regiert werden (6,45; 11,29-36), erweisen sie ihren Kindern aufgrund deren Bitte fürsorgliche Liebe. Um wie viel mehr wird Gott denen, die ihn bitten, seine Liebe und seinen Geist geben.

Verteidigungsrede Jesu gegen Satan und Dämonen (11,14-26)

> 14Und er trieb einen Dämon aus, der stumm war. Es geschah nun, als der Dämon ausfuhr, redete der Stumme, und es staunten die Volksmengen.
> 15Einige aber von ihnen sprachen: Mit Beelzebul, dem Herrscher der
> Dämonen, treibt er die Dämonen aus. 16Andere aber versuchten ihn
> und verlangten von ihm ein Zeichen vom Himmel. 17Er aber kannte
> ihre Gedanken und sprach zu ihnen: Jede Königsherrschaft, in sich selbst zerteilt, wird verwüstet, und Haus fällt auf Haus.
> 18Wenn aber auch der Satan in sich zerteilt wurde, wie wird seine Königsherrschaft bestehen? Denn ihr sagt, dass ich mit Beelzebul die
> Dämonen austreibe. 19Wenn ich aber mit Beelzebul die Dämonen austreibe, mit wem werfen eure Söhne sie hinaus? Deswegen wer-
> den sie eure Richter sein. 20Wenn ich aber mit dem Finger Gottes die Dämonen austreibe, so kam zu euch die Königsherrschaft Gottes.
> 21Wenn der Starke seinen Hof bewaffnet bewacht, ist sein Besitz in
> Frieden. 22Wenn aber ein Stärkerer als er herbeikommt und ihn besiegt, nimmt er seine Rüstung, auf die er vertraute, und verteilt
> seine Beute. 23Wer nicht mit mir ist, ist gegen mich, und wer nicht mit mir sammelt, zerstreut.

[24]Wenn der unreine Geist vom Menschen ausfährt, durchzieht er wasserlose Gegenden, sucht einen Ruheplatz und findet ihn nicht; dann sagt er: Ich werde in mein Haus zurückkehren, von wo ich herauskam; [25]und er kommt und findet es gefegt und geschmückt. [26]Dann geht er und nimmt sieben andere Geister, böser als er selbst, mit, und sie kommen hinein und wohnen dort;
und es wird mit jenem Menschen am Ende schlimmer als zuvor.

Es liegen ein Exorzismus und ein Streitgespräch mit einer kleinen Rede vor. Die Wundergeschichte setzt gleich mit dem Hauptteil, der Dämonenaustreibung, ein. Der Abwehrruf des Dämons unterbleibt, weil dieser Dämon stumm ist und Stummheit beim Kranken bewirkt. Die zur Stummheit führende Taubheit fehlt, wird aber zuvor von Jesus beim Heilungskatalog für Johannes angeführt (7,22). Jetzt erfüllt sich die von Jesaja vorausgesagte endzeitliche Heilung der Taubstummen (Jes 35,5). Während der Ausfahrt des Dämons tritt die Heilung sofort ein. Der *Stumme* kann *reden*, und die Volksmenge reagiert mit Staunen.
Allerdings fehlt einigen im Volk der Vertrauensglaube. So kommt es zu einem Streitgespräch. Einige Gegner aus dem Volk erheben den Vorwurf, dass Jesus mit dem mächtigsten Dämon die Dämonen austreibt. Andere fordern ein eindeutiges Zeichen vom Himmel, dass Jesus von Gott allein die Vollmacht zur Wundertätigkeit hat (11,29-32). Der Name *Beelzebul* ist rätselhaft. In der Philisterstadt Ekron gab es den Stadtgott Baalzebul, d. h. Herr der erhöhten Residenz. Das Alte Testament ironisierte den Namen zu Baalzubub, d. h. Gott der Fliegen (2 Kön 1,2-16). Ob die Hörer noch die alte Gottesbezeichnung der Philister oder ihre Ironisierung durch das Alte Testament kennen, muss offenbleiben. Jedenfalls bezeichnet Beelzebul einen *Herrscher der Dämonen*, und Jesus setzt ihn anschließend mit Satan gleich, dessen Sturz er kurz vorher proklamiert hat (10,18).
Die Antwort Jesu ist eine kleine Rede. Sie beginnt mit einem weisheitlichen Gleichnis. Eine Königsherrschaft, die *sich* durch innere und äußere Streitigkeiten *zerteilt*, wird zur *Einöde*, d. h.,

die Häuser werden zerstört, die Bewohner vertrieben und die Ländereien verwüstet. Diese Bildhälfte überträgt Jesus auf die *Königsherrschaft Satans* und auf seine eigene Rolle. Wenn *Satan-Beelzebul* Dämonen austreibt, zerstört er seine eigene Herrschaft. Daher handelt Jesus bei der Austreibung der Dämonen nicht in Koalition mit ihm, wie die Gegner behaupten, sondern gegen ihn. Als zusätzlicher Beweis dient die Frage nach der Vollmacht derjenigen Juden, die neben Jesus Dämonen austreiben (9,49-50; Apg 19,11-16). *Söhne* ist ein unscharfer Begriff für wundertätige Schriftgelehrte. Neben Jesus haben nach der Überlieferung die Schriftgelehrten Honi, der Kreiszieher (mTaan 3,8), Chanina Ben Dosa (bBerak 34b; bPes 112b/113a) und Eleazar (Jos. ant 8,42-49) Wunder gewirkt. Doch darf die Wundertätigkeit in Palästina nicht als häufiges Phänomen vorausgesetzt werden. Sie ist für den Schriftgelehrten keine selbstverständliche Qualifikation, sondern bleibt die Ausnahme. Da aber die wundertätigen Propheten Mose, Elija und Elischa und der König Salomo (Jos. ant 8,45) als Beauftragte Gottes galten (10,24), werden sie mit den anderen, späteren Wundertätern beim Weltgericht die Ablehnung der Wundertätigkeit Jesu nicht akzeptieren und mit dem Weltenrichter Jesus zusammen diese Ablehnung verurteilen (11,29-32). Abschließend konstatiert ein Weisheitswort unmissverständlich die neue eschatologische Vollmacht Jesu. Die Hand Gottes ist schöpferisch (Jes 45,12) und gewährt Kraft und Schutz, besonders in den Exoduserzählungen (Ex 13,14). Dort bewirkt auch der *Finger Gottes* die Plage der Stechmücken (Ex 8,14-15). In Jesus wirkt er aber zum Guten, vertreibt die Besessenheit und Krankheit bewirkenden Dämonen und lässt die neue eschatologische Schöpfung machtvoll anbrechen.

Ein weiteres weisheitliches Gleichnis schließt diese Auslegung ab. Es handelt weiterhin von der Kriegssituation. Der *Starke* bewacht mit Waffen sein Eigentum; wenn er besiegt wird, nimmt ihm der Sieger die Rüstung ab und verteilt die Beute an seine Krieger. So befindet sich auch Jesus gegenüber Dämonen und Satan im Krieg und ist der Stärkere. Das Anwendungswort bezieht die Hörer ausdrücklich in diesen Kampf mit ein. Wer Jesus begegnet, muss sich für ihn entscheiden, sonst steht er auf der Seite Satans und der Dämonen. Wer es unterlässt, mit Jesus zusammen Menschen für die angebrochene Königsherrschaft Gottes zu sammeln, schwächt die Jesusbewegung.

Es folgt ein Gleichnis über das Verhalten ausgetriebener Dämonen. Solche Dämonen suchen wie vertriebene Menschen einen Ruheplatz. Wenn sie ihn nicht finden, wollen sie in das alte Wohnhaus zurückkehren. Da sie es *gefegt und geschmückt* vorfinden, nehmen sie noch weitere böse Geister mit und hausen dort schlimmer als vorher. Sieben ist eine symbolische Zahl für die Fülle.

Die Anwendung betont, dass es dem Geheilten nach dem Rückfall schlechter mit den vielen Dämonen als vor der Heilung ergeht. Die Übertragung muss der Hörer an die vorhergehende Regel anknüpfen. Wer als Geheilter nicht für Jesus ist, ist *gegen* ihn und verbleibt im Herrschaftsbereich der Dämonen. Nach der Austreibung des Dämons hat der Befreite die Freiheit, mit Vertrauensglauben sich Jesus anzuschließen (8,38-39) oder ihn abzulehnen. Die von Jesus ausgesprochene Anwendung warnt eindringlich vor solch einer Ablehnung. Es wird die damalige Erfahrung deutlich, dass die Befreiung vom Dämon nur im Vertrauen auf Jesus erfolgen kann. Ohne bleibende Beziehung zu diesem fällt der momentan Geheilte nur noch stärker in die frühere psychische Labilität und Krankheit zurück.

Zweierlei Seligpreisungen (11,27-28)

> 27Es geschah nun, als er dieses sagte, da erhob eine Frau aus der Volksmenge ihre Stimme und sprach zu ihm: Selig der Leib, der dich trug, und die Brüste, an denen du sogst. 28Er aber sprach: Selig vielmehr die, die das Wort Gottes hören und bewahren.

Dieses Schulgespräch enthält zwei Seligpreisungen. Eine Frau aus dem Volk preist die Mutter Jesu selig, weil sie einen Sohn mit

Vollmacht über die Dämonen geboren hat. Jesus dagegen wiederholt die Seligpreisung für seine neue Familie, denn nur diese *hört* durch ihn das *Wort Gottes*, das mehr als die Vollmacht zur Dämonenaustreibung umfasst (8,19-21), und *bewahrt es*. Die biologische Kernfamilie bedarf zu ihrer Seligkeit noch der Nachfolge Jesu.

Zeichenverweigerungund Gleichnisse (11,29-32.33-36)

29 Als aber die Volksmengen herzudrängten, begann er zu sagen:
Dieses Geschlecht ist ein böses Geschlecht. Es verlangt ein Zeichen,
aber ein Zeichen wird ihm nicht gegeben werden, außer dem Zeichen
des Jona. 30 Denn wie Jona den Niniviten ein Zeichen wurde, so wird
es auch der Menschensohn für dieses Geschlecht sein. 31 Die Königin
des Südens wird beim Gericht über die Männer dieses Geschlechts
aufstehen und wird sie verurteilen; denn sie kam von den Enden der
Erde, die Weisheit Salomos zu hören, und siehe, hier ist mehr als
Salomo. 32 Niniviten werden beim Gericht über dieses Geschlecht auftreten, und sie werden es verurteilen; denn sie kehrten um zur
Verkündigung des Jona, und siehe, hier ist mehr als Jona.
33 Keiner, der eine Lampe anzündet, stellt sie ins Verborgene, auch nicht unter den Scheffel, sondern auf den Leuchter, damit die Eintretenden die Lampe sehen.
34 Das Licht des Leibes ist dein Auge. Wenn dein Auge lauter ist, ist
auch dein ganzer Leib licht; wenn es aber böse ist, ist auch dein Leib
finster. 35 Achte nun, dass nicht das Licht in dir Finsternis ist. 36 Wenn
nun dein ganzer Leib licht ist und keinen finsteren Teil hat, wird er ganz licht sein, wie wenn das Licht mit seinem Strahl dich erleuchtet.

Diese zweite kurze Rede antwortet auf die vorhergehende Forderung eines eindeutigen Beglaubigungszeichens vom Himmel (11,16). Jesus bezeichnet seine Generation als *böse*, weil sie nicht zu ihm umkehrt (11,13). So verbleibt sie im Herrschaftsbereich der Dämonen und Satans. Das eindeutige himmlische Beglaubigungszeichen gibt es nicht. So galt in Salamis auf Zypern Elymas mit seinen Wundertaten als von Gott beauftragter Prophet, bis ihn Paulus mit seiner wahren Wunderkraft mit Blindheit schlug und vor den Augen aller als Magier und Pseudoprophet entlarvte (Apg 13,4-13). Selbst das Erwecken von toten Brüdern kann keinen Glauben erzeugen (16,31). Allein der Glaube an die Botschaft der alttestamentlichen Propheten kann zum Glauben an ihre Erfüllung in Jesus führen. Zwei Zeichen werden genannt: 1. die erfolgreiche Umkehrpredigt von Jona für Ninive, der Hauptstadt des Weltreichs von Assur (Jona 3–4), und 2. der Besuch der Königin des Südens, und zwar von Saba, bei Salomo (1 Kön 10,1-13). Beide Erzählungen sind fiktiv. Gleichwohl bringen sie zum Ausdruck, dass Gott universal für alle Menschen auch außerhalb Israels sorgt. Die Ablehnung von Jonas Umkehrpredigt hätte für Ninive die Zerstörung durch Gott bedeutet; entsprechend wird die Ablehnung Jesu durch die eigenen jüdischen Zeitgenossen die Verurteilung im Weltgericht durch den *Menschensohn*-Richter Jesus zur Folge haben (9,26). Die *Königin des Südens* hat Gottes *Weisheit* in Salomo gesucht. Diese Weisheit hat in Jesus endgültig Wohnstatt genommen (7,35; 10,21-22) und wird im Weltgericht von der Königin anerkannt werden, sodass sie gerettet wird und mit verurteilen darf. Jesus erfüllt schon jetzt endgültig die Weisheit Salomos; er wiederholt die Umkehrpredigt von Jona an alle Völker und überhöht sie mit der Zusage der angebrochenen Königsherrschaft Gottes für alle.

Zwei kleine weisheitliche Gleichnisse schließen die Rede ab. Der Anzünder einer *Lampe*, gemeint ist eine Öllampe, versteckt diese selbstverständlich nicht, z. B. unter das Getreidemaß *Scheffel*, sondern stellt sie auf einen Leuchter, um Besuchern das *Eintreten* zu erleichtern. So werben Jesus und die Königsherrschaft Gottes mit dem wahren Licht der Weisheit (8,16).

Ähnliches gilt für das *Auge*. Es gibt dem Leib Anteil am Licht. Allerdings kann das Auge auch im Unterschied zu einer angezündeten Lampe die Weitergabe des Lichtes verweigern. Diese Verweigerung wird ethisch interpretiert. Das Auge ist dann *böse*, wenn es das Licht der Weisheit nicht sehen will. So folgt der Aufruf, gegenüber diesem Licht nicht *finster* zu bleiben. Das Ergebnis wird sein, dass der Leib ganz licht wird, weil er vom Licht der Weisheit Gottes erleuchtet wird.

Worte gegen die Pharisäer und die Schriftgelehrten (11,37-54)

37Bei seinem Reden nun bittet ihn ein Pharisäer, dass er bei ihm eine
Mahlzeit einnehme. Er ging hinein und ließ sich nieder.
38Der Pharisäer aber sah es und staunte, dass er sich nicht zuerst vor
der Mahlzeit wusch. 39Es sprach aber der Herr zu ihm:
Nun, ihr Pharisäer, ihr reinigt das Äußere des Bechers und des Tellers,
euer Inneres aber ist voll von Raub und Bosheit. 40Unvernünftige,
schuf nicht der, der das Äußere schuf, auch das Innere? 41Gebt doch
das, was drinnen ist, als Almosen, und siehe, alles ist euch rein.
42Aber wehe euch Pharisäern; denn ihr verzehntet die Minze und die
Raute und alles Gemüse und geht am Recht und an der Liebe zu Gott
vorbei; dieses aber muss man tun und jenes nicht lassen.
43Wehe euch Pharisäern; denn ihr liebt den ersten Sitz in den Synagogen und die Begrüßungen auf den Märkten.
44Wehe euch; denn ihr seid wie die unkenntlichen Gräber, und die
Menschen, die darüber gehen, wissen es nicht.
45Es antwortete aber einer der Schriftgelehrten und sagte zu ihm:
Lehrer, mit diesen Worten beschimpfst du auch uns. 46Er aber
sprach:
Wehe auch euch Schriftgelehrten; denn ihr belastet die Menschen mit unerträglichen Lasten und rührt selbst nicht mit einem eurer Finger an die Lasten.
47Wehe euch; denn ihr baut die Grabmale der Propheten, eure Väter
aber töteten sie. 48Also seid ihr Zeugen und stimmt den Werken
eurer Väter zu; denn sie töteten sie zwar, ihr aber baut. 49Deswegen
auch sprach die Weisheit Gottes: Ich werde zu ihnen Propheten und
Apostel senden, und einige von ihnen werden sie töten und verfolgen, 50damit von diesem Geschlecht das Blut aller Propheten, das
seit der Erschaffung der Welt vergossen worden ist, gefordert wird,
51vom Blut Abels bis zum Blut des Zacharias, der zwischen dem Altar

und dem Tempelhaus umkam. Ja, ich sage euch, es wird von diesem
Geschlecht gefordert werden.
52Wehe euch Schriftgelehrten; denn ihr nahmt den Schlüssel der
Erkenntnis weg. Ihr selbst kamt nicht hinein und hindertet die
Hineingehenden.
53Und als er von dort herauskam, begannen die Schriftgelehrten und
die Pharisäer, außerordentlich zu grollen, ihn über vielerlei auszufra-
gen 54und ihm nachzustellen, um ihn mit eigenen Worten zu fangen.

Es liegt ein Streitgespräch mit zwei kurzen Drohreden vor. Ein Pharisäer lädt Jesus zu einem Mahl ein. Jesus geht hin und legt sich zum Mahl nieder (7,36-50).
Der Pharisäer bemerkt, dass Jesus vor dem Mahl die kultische Reinigung der Hände unterlässt, und nimmt daran wortlos Anstoß (vgl. Mk 7,1-23). Jesus kontert daraufhin mit der ersten Drohrede.
Zunächst kritisiert er die pharisäischen Reinigungsriten von *Bechern* und *Tellern*. Sie waren von der Mose-Tora nicht vorgeschrieben worden, sondern beruhten auf pharisäischer, mündlicher Tradition. Der Traktat Abot (Sprüche der Väter) der Mischna (ca. 200) setzt programmatisch mit der Erklärung der Traditionsbildung ein: „Mose hat die Tora auf dem Sinai empfangen und sie dem Josua überliefert, und Josua den Ältesten, und die Ältesten den Propheten, und die Propheten haben sie den Männern der großen Versammlung überliefert. Diese sprachen drei Dinge aus: Seid vorsichtig beim Richtspruch, stellet viele Schüler aus und machet einen *Zaun um die Tora*" (mAbot 1,1). Die mündliche Tradition schafft den Zaun um die Tora. Zur Tradition gehört bei den Pharisäern die Pflicht, Hände zu waschen, um kultische Verunreinigungen abzuspülen. Jesus kritisiert diese neuen Vorschriften, weil sie formal äußerlich bleiben und nicht die innere Einstellung berühren. Auch bei einer verborgenen falschen Einstellung wie *Raub* und Verweigerung von Umkehr (*Bosheit*) halten die Pharisäer an den äußerlich sichtbaren Zeichen besonderer Frömmigkeit fest. Doch Gott, der Schöpfer, will zuerst die

Reinheit der inneren Einstellung (Apg 15,9). Der Imperativ beschreibt dann, wie die wahre äußere Reinheit des Essgeschirrs aussehen müsste. Der Inhalt müsste den hungernden Armen als *Almosen* zur Sättigung gegeben werden (6,21; 16,19-31), das Abspülen ist dann bedeutungslos, denn für den Wohltäter ist das gesamte Geschirr aufgrund des Almosens *rein*.

Es schließen sich drei Wehesprüche an: 1. Nach der Tora muss der zehnte Teil der Ernte von Korn, Wein und Öl Gott als Naturalien oder Geld geopfert werden (Dtn 14,22-27). Die Pharisäer dehnen diese Abgabepflicht auf die Gartenkräuter und das Gemüse aus. Jesus bestätigt diese Erweiterung, verlangt aber vorrangig das Einhalten der richtigen inneren Haltung zum Mitmenschen (*Recht*) und zu Gott (*Liebe*) (10,25-37). 2. Das Streben nach Vorrang in der Synagoge und auf dem öffentlichen Markt ist Ausdruck von unangemessener Eigenliebe (14,7-11; 18,9-14). 3. Nach der Tora verunreinigt das Berühren eines Grabes für die Dauer von sieben Tagen (Num 19,16). Da es den Pharisäern an Liebe zu Gott und an Gerechtigkeit den Mitmenschen gegenüber mangelt, sind sie wie verborgene Gräber, die mit der Totenunreinheit andere anstecken, ohne dass diese das merken. Mit *unkenntlichen Gräbern* wird auf die Erdbestattung angespielt, bei der die Erde in Kontakt mit dem Toten bleibt, aber die Stelle der Bestattung in Vergessenheit geraten ist. Der Vorwurf, wie ein Toter ohne Liebe zu Gott und dem Mitmenschen zu sein, trifft allerdings nur den rituell zwanghaften Pharisäer, den eitlen Pharisäer (18,9-14) und weitere Formen von fehlentwickelter Frömmigkeit, die in der Mischna und im Talmud die *Schläge der Pharisäer* genannt werden; die Mehrheit der Pharisäer hielt die mündliche Weiterentwicklung der Tora aus Liebe zu Gott und den Mitmenschen ein (13,31-35; Apg 5,34-42; mSot 3,4).

Da ein Teil der *Schriftgelehrten* die Laienpartei der Pharisäer beriet und unterstützte, fühlt sich ein Schriftgelehrter ebenfalls angesprochen und protestiert. Er räumt mit dem *Lehrer*-Titel Jesus den gleichen Rang ein (10,25). Jesus antwortet wieder mit drei Wehe-Rufen: 1. Die Weiterentwicklung der Mose-Tora durch die mündliche Auslegung der Schriftgelehrten baut *unerträgliche Lasten* auf und die Schriftgelehrten unterlassen es, die unnötigen Lasten wieder abzubauen. Als Beispiel kann der Hörer das Spülen der Hände und des Geschirrs assoziieren, das ja am Anfang des Gastmahls den Streit ausgelöst hat. 2. Jesus verurteilt die damalige Erinnerungsarbeit an der Ermordung und Tötung alttestamentlicher Propheten. Der Bau von Prophetengräbern setzte zur Zeit Jesu ein (Vitae Prophetarum); allerdings ist keine einzige Grabanlage eines Schriftpropheten bis heute archäologisch gesichert. Jesus kritisiert, dass die Bauherren wie ihre Väter die Kritik der Propheten nicht einlösen. Sie brauchen die Propheten auch nicht mehr zu ermorden, sondern sie vermögen sie jetzt mit dem Bombast der Anlagen zu ersticken.

Nun lässt Jesus ausdrücklich die Weisheit Gottes, die ja in ihm einwohnt, zu Wort kommen. Die Verantwortung vor dem Weltgericht für die Verfolgung der Propheten geht weiter bis zu seiner Generation. Diese Verantwortung bezieht alle Opfer von der *Erschaffung der Welt* an ein, und zwar besonders die Opfer unter den *Propheten und Aposteln*, d. h. *Gesandten*, der Weisheit. Schon das deuteronomistische Geschichtswerk (Jos – 2 Kön) hatte den Vorwurf erhoben, dass Israel die Propheten und Gerechten verfolgt. So kann der gerechte Abel der Urgeschichte als erstes Opfer der Prophetenverfolgung angeführt werden. Als letztes Opfer wird im hebräischen Alten Testament die Ermordung des Propheten Secharja (griechisch: Zacharias) erwähnt (2 Chr 24,20-22). Die *Apostel* Jesu und Jesus selbst werden die weiteren Opfer der zeitgleichen Schriftgelehrten und Priester sein (22–23; Apg 4,1-28,31). 3. Der erste Weheruf wird weitergeführt. Die Schriftgelehrten verwalten zwar die *Erkenntnis*, die Weisungen des Mose für die neuen Situationen der Gegenwart anzupassen. Doch es gelingt ihnen nicht, das grundlegende Prinzip der Gottes- und Nächstenliebe durchzuhalten und in den neuen Einzelbestimmungen sichtbar zu machen (10,25-37). So kommen sie nicht zur wahren Erkenntnis vom gegenwärtigen Anbruch der Königsherrschaft Gottes in Jesus und hindern außerdem ihre Anhän-

ger, auf Jesus zu hören und mit ihm zur wahren Erkenntnis zu gelangen.
Die Pharisäer und Schriftgelehrten halten an ihrer Gegnerschaft gegen Jesus fest (6,11) und lehnen die Drohreden mit *Groll* ab. Sie befragen Jesus zwar weiterhin, aber nicht mehr mit lernbereiter Offenheit, sondern um eine Anklage gegen ihn in die Hand zu bekommen. So geht das Gespräch weiter, und es kann überraschend noch immer eine Umkehr dieser Gegner stattfinden (13,10-17.31-35).

Aufforderung zum furchtlosen Bekenntnis (12,1-12)

[1]Als sich unterdessen die Volksmenge zu Zehntausenden versammelten, sodass sie einander traten, begann er zu seinen Schülern zu sagen: Vor allem nehmt euch selbst in Acht vor dem Sauerteig der Pharisäer, der Heuchelei ist! [2]Nichts aber ist ganz und gar verhüllt, das nicht offenbart werden wird, und verborgen, das nicht erkannt werden wird. [3]Dagegen wird das, was ihr in der Finsternis spracht, im Licht gehört werden, und was ihr in den Kammern ins Ohr redetet, wird auf den Dächern verkündet werden.

[4]Ich sage aber euch, meinen Freunden: Fürchtet euch nicht vor denen, die den Leib töten, aber danach nicht die Möglichkeit haben, darüber hinaus etwas zu tun! [5]Zeigen aber werde ich euch, wen ihr fürchten sollt: Fürchtet den, der nach dem Töten Vollmacht hat, in die Gehenna hineinzuwerfen! Ja, ich sage euch: Diesen fürchtet! [6]Werden nicht fünf Sperlinge für zwei Assaria verkauft? Und nicht einer von ihnen ist vor Gott vergessen. [7]Aber auch die Haare eures Kopfes sind alle gezählt. Fürchtet euch nicht! Ihr unterscheidet euch von den vielen Sperlingen.

[8]Ich sage aber euch: Jeder, der sich zu mir vor den Menschen bekennt, zu dem wird sich auch der Menschensohn vor den Engeln Gottes bekennen; [9]der aber, der mich verleugnet vor den Menschen, der wird verleugnet werden vor den Engeln Gottes. [10]Und jeder, der ein Wort gegen den Menschensohn sagen wird, dem wird erlassen werden; dem aber, der gegen den Heiligen Geist lästert, wird nicht

> erlassen werden. [11]Wenn sie aber euch zu den Synagogen und die Herrscher und die Machthaber hinführen, sorgt nicht, wie ihr euch verteidigen oder was ihr sprechen sollt! [12]Denn der Heilige Geist wird euch in der gleichen Stunde lehren, was nötig ist, zu sprechen.

Es schließt sich eine kleine Rede in der Öffentlichkeit an. Die Zahl des Volkes zu *Zehntausenden* ist eine Übertreibung. Erst nach Ostern wuchs die Zahl der Jesusanhänger zu ähnlicher Größe an (Apg 4,4). Doch der Evangelist will betonen, dass bereits der irdische Jesus als herrscherlicher *Lehrer* eine große Anhängerschar um sich gesammelt hat (9,10-17; 12,13). Es hat sich bereits machtvoll ein gerettetes Israel um ihn gebildet. Wie bei der Feldrede spricht Jesus besonders die Schüler an (6,20). Die Warnung vor dem *Sauerteig der Pharisäer* eröffnet die Rede. Der Einfluss der zahlenmäßig kleinen Partei der Pharisäer ist groß. Nach Josephus betrug ihre Zahl nur 6000 Personen (Jos. ant. 17,42). Ihr Einhalten von äußeren Formalien ist aber *Heuchelei*, da sie auf die innere Haltung keinen Wert legen (11,37-44). Da im Griechischen hypókrisis die Doppelbedeutung von Schauspielerei und Heuchelei hat, ist auch hier die Schauspielerei mit gemeint. Die heuchelnden Pharisäer spielen nur eine Rolle und bringen keine innere Haltung zum Ausdruck. Kritisch muss hinzugefügt werden, dass nur ein Teil der Pharisäer diesen äußeren Formalismus zwanghaft schauspielerte und dass der Evangelist später (13,10-17.31-35) und besonders in der Apostelgeschichte diese Verallgemeinerung mit der positiven Figur des Pharisäers Gamaliël differenzierte (Apg 5,34-42; bSota 22b). Die zwei folgenden Worte betonen wie in der Gleichnisrede, dass beim Weltgericht alles offenbar wird und alles heimlich Gesprochene öffentlich gehört wird (8,17).
Mit *Ich sage euch* gibt Jesus zwei neue Einsätze. Der erste Abschnitt handelt über die Furcht. Die Furcht vor menschlichem Machthaber über den irdischen Leib spielt auf tödliche Verfolgungen an, von denen der zweite Abschnitt ausdrücklich am Schluss spricht. Das Thema *Verfolgung* umschließt beide Ab-

schnitte. Furcht soll vor Gott sein, der in die *Gehenna*, eine alttestamentlichen Umschreibung für die Unterwelt (Jer 7,31-32; Jes 66,24), werfen kann (10,15). Doch diese Furcht soll gleichzeitig mit Furchtlosigkeit vor Gott verbunden sein. Denn wie Gott keinen Spatzen vergisst, so vergisst er erst recht keinen, der auf ihn vertraut.

Der zweite Abschnitt sagt erneut dem Bekenner den Beistand des Menschensohn-Richters zu. Der Leugner Jesu hingegen wird ebenfalls von Jesus verleugnet werden (9,26). Für die Gegenwart gilt der Beistand des Heiligen Geistes. Seine Leugnung bleibt so lange unvergebbar, wie sie anhält. Denn der Geist kann erst dann wirken, wenn seine gegenwärtige Macht anerkannt wird. Da der richtende und fürsprechende Menschensohn erst in der Zukunft beim Endgericht kommt, können Lästerungen gegen ihn und Leugnungen noch vorher zurückgenommen werden. Die gegenwärtige Macht des Geistes zeigt sich den Jesusanhängern bei Verfahren vor Synagogen und weltlichen Instanzen. Die Christen müssen sich im Unterschied zu den Nichtchristen nicht um Wortwahl und Verteidungsreden bemühen (Apg 24,1-27), sondern können dem Geist vertrauen. Es geht um den Ausschluss aus der Synagoge (Apg 14,1-7), um die Vertreibung aus den Städten (Apg 8,1-3; 13,42-52 u. ö.) und um Kapitalprozesse (Apg 6,8–7,60 u. ö.).

Das Gleichnis von der Habgier des reichen Kornbauern (12,13-21)

13Es sprach nun einer aus der Volksmenge zu ihm: Lehrer, sprich zu
meinem Bruder, dass er das Erbe mit mir teile. 14Er aber sprach zu
ihm: Mensch, wer setzte mich als Richter oder Teiler über euch? 15Er
sprach nun zu ihnen: Seht zu und hütet euch vor aller Habgier, denn
für einen, der im Überfluss lebt, kommt sein Leben nicht aus seinem
Besitz.

16Er sprach nun ein Gleichnis zu ihnen und sagte: Eines reichen
Menschen Land trug viel Frucht. 17Und er überlegte bei sich und
sagte: Was werde ich tun, weil ich nichts habe, wo ich meine Früchte

sammeln werde? [18]Und er sprach: Dies werde ich tun: Ich werde meine Scheunen niederreißen und größere bauen und dort den ganzen Weizen und meine Güter sammeln; [19]und ich werde meiner Seele sagen: Seele, du hast viele Güter liegen für viele Jahre; ruhe aus, iss, trink, freu dich! [20]Es sprach aber Gott zu ihm: Unvernünftiger, in dieser Nacht fordern sie deine Seele von dir. Was du aber bereitetest, für wen wird es sein?
[21]So geht es dem, der Schätze für sich sammelt, aber nicht für Gott reich ist.

Ein Schulgespräch leitet eine Parabel ein. Ein anonym bleibender Mann bittet Jesus um Erbteilung. Dieser war als *Lehrer* zu einem Schiedsspruch berechtigt. Der älteste Sohn erbt doppelt so viel wie sein jüngerer Bruder (Dtn 21,15-17). Jesus weigert sich, die Richterrolle einzunehmen. Die Begründung macht deutlich, dass Jesus die Brüder für fähig hält, sich selbst zu einigen (1 Kor 6,6). Denn sie leben im *Überfluss* und ihr Leben hängt nicht vom Besitz ab, sodass sie eine einvernehmliche Lösung selbst finden können (s. u. 12,22-34). Nur die *Habgier* könnte eine Lösung von außen erzwingen. Sie sollte aber als Fremdbestimmung des Menschen gemieden werden.
Die anschließende Parabel vertieft die Warnung vor der *Habgier*. Der Kornbauer handelt wie ein scheinbar vernünftig wirtschaftender Agrarwirt. Er sieht, dass die Ernte überreich sein wird und seine Scheunen dafür nicht ausreichen. Also lässt er rechtzeitig die alten, zu kleinen Scheunen abbrechen und investiert an ihrer Stelle in den Bau von größeren Scheunen. Die ganze Ernte kann eingebracht werden. Voll stolz über die Richtigkeit seiner Kalkulation kann sich der Bauer aufgrund des nun sichergestellten Kapitals ausruhen. Das Selbstgespräch des Bauern bringt allerdings komödiantisch seine von *Habgier* geprägten Gedanken zum Ausdruck. Es hat eine Parallele im griechischen Alten Testament: „Es gibt einen, der reich ist durch seine Umtriebigkeit und Habgier, und dies ist der Anteil an seinem Lohn: Eben noch sagte er: Ich habe Ruhe gefunden, und jetzt will ich von meinen Gütern

essen ..." (LXXSir 11,18-19a). Die Güter der Seele werden auf die sinnlichen Vergnügungen von Ausruhen, Essen und Trinken reduziert, wie es die griechische Trinklyrik zu tun pflegte. Gott wird nun als Handlungsfigur eingeführt, um das theologische Gegenargument ebenfalls ironisch vorzubringen. Mit *Unvernünftiger* verwirft Gott das Tun des Reichen. Der sofortige Tod wirft dessen reduzierte Lebensplanung über den Haufen und vor Gott erweist sie sich als töricht. Dieses Motiv bildet ebenfalls den Abschluss der alttestamentlichen Parallelstelle: „Und er weiß nicht, wie viel Zeit vergehen wird, und er wird diese Güter anderen hinterlassen und sterben" (LXXSir 11,19b). Die abschließende Frage Gottes macht die Sinnlosigkeit des Lebenswerkes des Kornbauern sichtbar. Seine Erben werden sich um seinen Nachlass streiten und sie werden auf die Erlangung des Besitztums ihr ganzes Leben ausrichten und nach ihrem Tode werden wieder deren Erben sich um den Besitz streiten; und so setzt sich die verhängnisvolle Spirale fort, die nur mit *Habgier* um den Erwerb von Besitztum kreist. Der Schluss stellt dann die entscheidende christliche Lebensregel auf: Für Gott sind Reichtümer zu erwerben, nicht für sich selbst.

Von der überflüssigen und rechten Sorge (12,22-34)

22Er sprach nun zu seinen Schülern: Deswegen sage ich euch: Sorgt
euch nicht um das Leben, was ihr essen sollt, und nicht um den Leib,
was ihr anziehen sollt! 23Denn das Leben ist mehr als die Nahrung
und der Leib mehr als die Kleidung.
24Beachtet die Raben, sie säen nicht, sie ernten nicht, sie haben kei-
nen Speicher und keine Scheune, und Gott ernährt sie. Um viel mehr
unterscheidet ihr euch von den Vögeln. 25Wer aber von euch kann
durch Sorgen zu seinem Alter eine Elle hinzulegen? 26Wenn ihr nun
nicht das Geringste könnt, was sorgt ihr euch um das Übrige?
27Beachtet die Lilien, wie sie wachsen; sie arbeiten nicht und spinnen
nicht; ich sage euch aber: Auch nicht Salomo in seiner ganzen
Herrlichkeit war gekleidet wie eine von diesen. 28Wenn aber Gott

das Gras auf dem Felde, das heute steht und morgen in den Ofen
geworfen wird, so kleidet, wie viel mehr euch, Kleingläubige.
29Und ihr, sucht nicht, was ihr essen sollt und was ihr trinken sollt
und beunruhigt euch nicht! 30Denn dieses alles erstreben die Völker
der Welt, euer Vater aber weiß, dass ihr dessen bedürft. 31Sucht
jedoch seine Königsherrschaft, und dieses wird euch hinzugegeben
werden. 32Fürchte dich nicht, kleine Herde, denn es gefiel eurem
Vater, euch die Königsherrschaft zu geben.
33Verkauft euren Besitz und gebt Almosen! Macht euch Geldbeutel,
die nicht alt werden, einen unerschöpflichen Schatz im Himmel, wo
kein Dieb nahekommt und keine Motte etwas vernichtet; 34denn wo
euer Schatz ist, dort wird auch euer Herz sein.

Es folgt nur für die Schüler eine kleine Mahnrede über die überflüssige und rechte Sorge, die sich thematisch nahtlos an das vorangehende Schulgespräch und Gleichnis anschließt. Ein Imperativ eröffnet die Rede. Die Sorge um Essen und Kleidung ist überflüssig, da ja Gott für das tägliche Leben und für die Gesundheit des Leibes sorgt (11,3).

Zwei Gleichnisse aus der Natur veranschaulichen die Mahnung. Die Raben ernähren sich ohne Vorratshaltung in der Weise, wie Gott sie geschaffen hat. So sollen auch die Schüler Jesu ohne Vorratshaltung aufgrund täglicher Arbeit ihre Nahrung von Gott bekommen. Zwei rhetorische Fragen stützen diese Argumentation ab. Das Lebensalter kann durch *Sorgen* nicht verlängert werden. Welchen Sinn hat dann überhaupt die Sorge?

Das zweite Gleichnis von den Lilien bietet eine Variante. Die *herrliche* Kleidung der Blumen und des Grases kommt von Gott, dem Schöpfer. So hat Gott den menschlichen Leib noch *herrlicher* gestaltet, sodass die Kleidung dieser Schönheit nichts zufügen kann. Es geht nicht um die griechische Nacktkultur des Mannes, wohl aber um die einfache Kleidung wie den Chiton, der als langes Untergewand sich den Körperformen anpasst (6,29). Der menschliche Leib ist in jeder Erscheinungsform *herrlich* und Abbild Gottes (Gen 1,27).

Die anschließenden Mahnungen greifen wieder auf den Anfang zurück und vertiefen ihn. Das Sorgen um *Essen und Trinken* ist überflüssig. Es kommen jetzt die *Völker* in den Blick. Die Sorge um die tägliche Nahrung ist universal menschlich, verstellt aber den Blick für Gottes Fürsorge. Denn Gott hat sich Jesus, seinen Schülern und allen Völkern als *Vater* geoffenbart. Er sorgt für sie als liebender Vater (11,2-13) und gibt ihnen allen Anteil an seiner Königsherrschaft. Sie ist in Jesus angebrochen, muss von ihnen allen bei ihm *gesucht* werden und gibt alles Lebensnotwendige. Auch wenn die Schüler jetzt noch eine kleine *Herde* zusammen mit den Sonderkreisen der Zwölf und der Zweiundsiebzig bilden, brauchen sie sich nicht zu fürchten. Denn Gott hat sie schon jetzt in seine Herrschaft aufgenommen. Wie viele Personen aus den Zehntausenden des andrängenden Volkes inzwischen als Schüler Jesus nachfolgen, bleibt offen. Die *kleine Herde* deutet aber an, dass die Zahl der vorösterlichen Schüler und nachösterlichen Gemeindemitglieder gegenüber den ca. 50 Millionen Einwohnern des Römischen Reiches noch klein ist (10,2).
Die zwei letzten Anweisungen ziehen die Konsequenz aus der überflüssigen Sorge. Der Besitz ist zu verkaufen und als Almosen den Armen zu geben, damit diese ihren täglichen Unterhalt erhalten (14,33). Der *Schatz im Himmel* spielt auf die jüdische Armenfürsorge an. *Almosen* galten als Liebeswerk. So erklären die Sprüche der Väter (Abot) gleich in der Einleitung: „Simon der Gerechte gehörte zu dem Reste der großen Versammlung. Er tat den Ausspruch: Auf drei Dingen steht die Welt: auf der Tora, auf dem Gottesdienst und auf der Liebeserweisung" (mAbot 1,2). Die guten Werke für die Armen, das Einhalten der Tora und die Teilnahme an den Gottesdiensten werden von Gott erkannt und nicht vergessen. Manche Pharisäer sehen nun die guten Werke als einen Schatz an, mit dem sie die Sünden gegen Gott wieder ausgleichen können. Jesus spielt hier ironisch mit dieser Vorstellung. Es geht nicht um den Ausgleich, sondern um den Platz des Herzens. Wenn das Herz bei Gott ist, wird es keine Sünden gegen Gott mehr veranlassen und frei von irdischen Bindungen sein.

Vier Gleichnisse über Sklaven und Herren (12,35-48)

35 Es sollen *eure Hüften umgürtet* sein (Ex 12,11) und die Lampen bren-
nen; 36 und ihr sollt Menschen gleich sein, die auf ihren Herrn war-
ten, wenn er vom Hochzeitsfest aufbricht, sodass sie, wenn er
kommt und klopft, sogleich ihm öffnen. 37 Selig jene Sklaven, die der
Herr bei seinem Kommen wachend finden wird. Amen, ich sage
euch: Er wird sich gürten, sie zu Tische sich legen lassen, entlangge-
hen und sie bedienen. 38 Und wenn er in der zweiten und wenn er in
der dritten Nachtwache kommt und sie so findet – selig sind jene!
39 Dies aber erkennt: Wenn der Hausherr wüsste, zu welcher Stunde
der Dieb kommt, ließe er nicht zu, dass in sein Haus eingebrochen
wird. 40 Seid auch ihr bereit, denn zu der Stunde, in der ihr es nicht
erwartet, kommt der Menschensohn.
41 Es sprach aber Petrus: Herr, sagst du zu uns dieses Gleichnis oder
auch zu allen? 42 Und es sprach der Herr: Wer also ist der treue und
kluge Verwalter, den der Herr über seine Dienerschaft setzen wird,
damit er zur rechten Zeit die Nahrung austeilt? 43 Selig jener Sklave,
den sein Herr, wenn er kommt, damit beschäftigt finden wird.
44 Wahrhaft, ich sage euch: Er wird ihn über all seinen Besitz setzen.
45 Wenn aber jener Sklave in seinem Herzen spricht: Mein Herr lässt
sich Zeit, zu kommen, und er begänne, die Sklaven und die Skla-
vinnen zu schlagen, zu essen, zu trinken und betrunken zu werden,
46 wird der Herr jenes Sklaven an einem Tag kommen, an dem er es
nicht erwartet, und in einer Stunde, die er nicht kennt, wird ihn zwei-
teilen und ihm seinen Platz unter den Ungläubigen zuweisen.
47 Jener Sklave aber, der den Willen seines Herrn kennt, aber nicht
nach seinem Willen vorbereitete oder tat, wird mit vielen Schlägen
geschunden werden; 48 wer ihn aber nicht kennt, aber tat, was
Schläge verdient, wird mit wenigen Schlägen geschunden werden.
Von jedem, dem viel gegeben wurde, wird viel verlangt werden, und
von dem, dem sie viel anvertrauten, werden sie umso mehr fordern.

Vier Parabeln bilden zwei Abschnitte: 1. das Gleichnis von den wachenden Sklaven (12,36-38) und das Gleichnis vom Dieb (12,39);

2. das Gleichnis vom treuen Verwalter (12,42-44) und das Gleichnis vom bösen Verwalter mit Anwendung (12,45-46.47-48). Die Frage des Petrus (12,41) trennt die beiden Abschnitte voneinander. Ein Mahnruf zur Wachsamkeit leitet diese Komposition ein. Wie beim Auszug aus Ägypten soll das lange Gewand *umgürtet* sein (Ex 12,11); die Öllampen sollen brennen (8,16; 11,33-36).

Nun setzt formgerecht der Vergleich der Hörer mit der Bildhälfte eines Gleichnisses ein. Als Identifikationsangebot werden ausdrücklich die Sklaven genannt, die auf den Herrn warten. Da ein Jude nicht von einem anderen Juden versklavt werden darf (Ex 21,16), ist die übliche Übersetzung „Knecht" für den jüdischen Raum zutreffend. Allerdings unterstanden der Knecht mit der zeitlich begrenzten Dienstzeit (Ex 21,2-11) und der Sklave als zeitlich unbegrenztes Eigentum der Rechtsgewalt des Hausherrn, sodass für den griechisch-römischen Hörer auch der jüdische Knecht ein Sklave ist, und zwar ein Sklave auf Zeit. Der Hausherr befindet sich auf einer Hochzeitsfeier und kann noch in der Nacht zurückkehren. Er erwartet, dass seine Sklaven wachen und ihm beim *Klopfen* sofort öffnen. Die wachsamen Sklaven erhalten eine Seligpreisung, die der Herr sofort realisieren wird. In ungewöhnlicher Weise wird er die Rollen tauschen und die Sklaven bedienen, anstatt sich bedienen zu lassen (anders 17,7-10). Der nachklappende Verweis auf die Nachtwachen unterstreicht, dass die Wartezeit für die ganze Nacht gilt. So wie die Sklaven müssen auch die Schüler auf den wiederkommenden Menschensohn und *Herrn* Jesus warten. Dann wird er sie in der himmlischen Herrlichkeit herrschaftlich bedienen. Die Nacht der Abwesenheit des Herrn kann aber lange anhalten.

Das zweite Gleichnis wird nur knapp erzählt. Jetzt ist der *Hausherr* das Identifikationsangebot für die Schüler (*erkennt*). Er versucht, wachsam zu sein, um den Einbruch eines Diebes zu verhindern. Die Anwendung Jesu ist deutlich. Ebenso müssen die Schüler zu jeder *Stunde* die Ankunft des *Menschensohnes* erwarten.

Die Frage von Petrus zeigt ein Schülermissverständnis an und lenkt zum zweiten Teil über. Selbstverständlich gelten die Gleichnisse für alle Hörer, nicht nur für die Schülerkreise der Zwölf und Zweiundsiebzig (8,9-10), auch wenn hier nur die Schüler angeredet wurden (12,22). Das folgende Doppelgleichnis macht allerdings mit Bedacht einen Verwalter zur Hauptperson. Jetzt geht es um die Hierarchie innerhalb eines Hauses. Der *treue und kluge Verwalter* übernimmt bei Abwesenheit des Herrn dessen Vollmacht und sorgt verantwortungsvoll für die untergebenen Sklaven. Bei der Rückkehr wird der Herr diesen Sklaven seligpreisen und ihm die Verwaltung des gesamten Besitzes übertragen. So wird auch der richtende Menschensohn Jesus seine Schüler belohnen, wenn sie Volk und nachösterliche Gemeinde gut behandeln, insbesondere die Frauen (8,1-3; 10,38-42 u. ö.), Kinder (9,46-48 u. ö.), Kranken (4,31-41 u. ö.), Sünder (5,27-32 u. ö.) und Armen (12,33-34).

Es folgt das Gegengleichnis. Der böse Verwalter rechnet mit einem langen Fortbleiben des Herrn. Er missbraucht seine Strafgewalt dazu, das Gesinde grundlos zu *schlagen*, kümmert sich nur um das eigene leibliche Wohlergehen und verfällt der Trunkenheit. Unerwartet kommt der Herr zurück und tötet den Sklaven. Die Strafe der *Zweiteilung* ist eine Übertreibung; sie war im persischen Raum eine Todesstrafe für Sklaven. Der abschließende Zusatz *Platz unter den Ungläubigen* gehört zur theologischen Anwendung. Der Christ, der nicht die bürgerlichen Regeln des Anstandes gegenüber seinen Anvertrauten in Familie und Gemeinde einhält, wird im Weltgericht wie ein Ungläubiger behandelt.

Es folgen zwei weisheitliche Regeln zum Verhalten eines Haussklaven. 1. Wer wissentlich gegen den *Willen seines Herrn* handelt, wird härter bestraft als der, der unwissentlich gegen ihn verstößt. 2. Wem viel von seinem Herrn anvertraut wurde, von dem wird der Herr auch viel zurückverlangen. Diese beiden Regeln gelten für jeden, insbesondere für die Inhaber von Autorität.

Von Frieden und Zwietracht (12,49-53)

49Ich kam, Feuer auf die Erde zu werfen, und was will ich mehr, als
dass es schon angezündet wäre. 50Eine Taufe aber habe ich, getauft
zu werden, und wie drängt es mich, bis sie vollendet wird. 51Meint
ihr, dass ich kam, Frieden auf der Erde zu geben? Nein, ich sage euch:
sondern Spaltung.
52Denn es werden von nun an fünf in einem Haus gespalten sein,
drei gegen zwei und zwei gegen drei, 53gespalten werden Vater
gegen Sohn und *Sohn* gegen *Vater,* Mutter gegen die Tochter und
Tochter gegen die Mutter, Schwiegermutter gegen ihre Schwieger-
tochter und *Schwiegertochter gegen die Schwiegermutter* (Mi 7,6).

Drei Ich-Worte werden unverbunden aneinandergehängt und schließen die Antwort an Petrus und die gesamte Rede (12,22-53) ab. Das letzte Ich-Wort erhält einen kurzen Kommentar. Jesus gebraucht wie Johannes die Metapher vom Feuer für das Weltgericht (3,9-17). Mit ihm, Jesus, hat zwar das Weltgericht schon begonnen, aber es hat noch nicht die alte Welt verbrannt, wie es die Schüler für ein samaritisches Dorf verlangt hatten (9,54) und Johannes für die nahe Zukunft ankündigte. Auch Jesus wünscht sich dieses revolutionäre Auslöschen der alten Verhältnisse, räumt aber noch eine Frist ein. Denn zuvor muss er nach dem zweiten Ich-Wort die Taufe des Todes erfahren. *Vollendung* ist Mysteriensprache. Der Kreuzestod Jesu ist der Durchgang zur himmlischen Welt mit Auferweckung und Himmelfahrt (24). Das dritte Ich-Wort führt die apokalyptische Feuer-Metaphorik weiter. Die Entscheidung für die Königsherrschaft Gottes in Jesus bringt zunächst nicht den *Frieden,* sondern die eschatologische *Spaltung* in der Familie.

Diese wurde schon vom Propheten Micha vorausgesagt (Mi 7,6). Die SchülerInnen und die AnhängerInnen müssen sich von ihrer Familie lösen, ihre Verbindungen zu gegnerischen Familienmitgliedern *verbrennen* und Jesus bedingungslos nachfolgen.

Von den Zeichen der Zeit und vom Gang zum Richter (12,54-56.58-59)

54Er sagte aber auch den Volksmengen: Wenn ihr eine Wolke im Westen aufgehen seht, sagt ihr sogleich, dass Regen kommt, und es geschieht so. 55Und wenn der Südwind weht, sagt ihr, dass Hitze sein wird, und es geschieht. 56Heuchler, das Angesicht der Erde und des Himmels wisst ihr zu beurteilen, wieso wisst ihr diese Zeit nicht zu beurteilen?

57Warum aber urteilt ihr nicht auch von euch selbst aus über das Gerechte? 58Denn wenn du mit deinem Widersacher zu einem Gerichtsherrn fortgehst, gib dir auf dem Weg Mühe, von ihm loszukommen, damit er dich nicht zum Richter fortschleppt, und der Richter dich dem Schergen übergeben wird, und der Scherge dich ins Gefängnis werfen wird. 59Ich sage dir: Du wirst von dort nicht herausgehen, bis du auch das letzte Lepton zurückgibst.

Es folgen ein Weisheitswort und ein Gleichnis für das Volk. Die Hörer können die Alltags-Zeichen für das Wetter richtig deuten: Vom Westen kommen die Regenwolken, vom Süden kommt die Hitze. *Heuchler* meint wieder den Schauspieler (12,1). Das Volk beherrscht die Wetterregeln, aber es vermag nicht mit seinem Herzen die gegenwärtige *Zeit* zu erkennen, d. h., es vermag nicht die gegenwärtige Entscheidungssituation für die angebrochene Königsherrschaft Gottes zu erkennen.

Das Gleichnis vom Gang zum Richter wird durch eine rhetorische Frage eingeleitet. Das *Gerechte* sollte vom eigenen Urteilsvermögen erkannt werden, sodass der Gang zu einem weltlichen Richter überflüssig wird (12,13-15). Das Gleichnis schildert anschaulich die Gefahren eines Ganges zum Gericht bei einem zivilen Streitfall. Die Identifikationsfigur ist der Kläger (*du*). Er wird aufgefordert, noch auf dem Weg sich mit dem Gegner zu einigen. Der Richter könnte andernfalls den Kläger zu einer Geldstrafe verurteilen, die er gegenwärtig nicht bezahlen kann. So müsste er in Schuldhaft gesetzt werden, bis sein Besitz oder seine Familie oder seine Freunde die Summe bereitgestellt haben. Lepton bezeichnet die kleinste jüdische Kupfermünze. Der Richter wird nichts erlassen. Der theologische Übertrag zielt auf die Versöhnung. Der Christ sollte in der Lage sein, das Gerechte zu erkennen und sich mit seinem Gegner ohne einen Schiedsrichter zu versöhnen. Das letzte Schiedsgericht, das Weltgericht des Menschensohnes, steht unmittelbar bevor und wird die Unversöhnlichen nicht freisprechen.

Mahnung zur Umkehr (13,1-5)

> 1Zu der Zeit waren nun einige anwesend und berichteten ihm von
> den Galiläern, deren Blut Pilatus mit ihren Opfern mischte. 2Und er
> antwortete und sprach zu ihnen: Meint ihr, dass diese Galiläer
> Sünder waren, mehr als alle Galiläer, weil sie dieses erlitten haben?
> 3Nein, ich sage euch: Wenn ihr nicht umkehrt, werdet ihr alle gleicherweise zugrunde gehen.
> 4Oder jene achtzehn, auf die der Turm am Schiloachteich fiel und sie
> tötete, meint ihr, dass sie Schuldner waren, mehr als alle Menschen,
> die Jerusalem bewohnen? 5Nein, im Gegenteil, ich sage euch: Wenn
> ihr nicht umkehrt, werdet ihr alle ebenso zugrunde gehen.

Es liegt ein Schulgespräch über die Bedeutung von Vorzeichen vor. Bei der Ermordung von Galiläern beim Opfern im Tempelbezirk handelt es sich um ein Verbrechen des damaligen römischen Präfekten Pilatus. Es wird allerdings von den außerbiblischen Quellen nicht belegt. Gott hat es nicht verhindert, aber nicht deshalb, weil diese Galiläer große Sünder waren, sondern weil alle Menschen, auch die *Jerusalemer*, Sünder sind und der Umkehr bedürfen. Daher rettet Gott nicht die unschuldigen und zugleich sündigen Galiläer durch eine Machttat im Unterschied zu rettenden Machttaten im Alten Testament (Ex 13,17–14,31; 2 Makk 11,8-12). Politischer Mord entsteht aufgrund der Sündhaftigkeit des Menschen. Der Bericht solcher Untaten, die Gott nicht verhindert hat, gehört in die pragmatische und pathetische

Geschichtsschreibung wie hier und bei der Passion Jesu (22–23) und zunächst nicht in das lobpreisende Gedenken der Machttaten Gottes, z. B. durch die Schüler (19,29-41; 24,19-21).
Das andere Vorzeichen erfährt eine ähnliche Deutung: Der Einsturz eines Turmes am Schiloachteich in Jerusalem wird von der Bevölkerung als strafende Machttat Gottes gedeutet. Jesus widerspricht dieser Deutung nicht, gibt ihr aber einen neuen Sinn. Die Machttat Gottes trifft nicht nur große Sünder, sondern kann auch weniger Schuldige und damit jeden treffen. Sie wird von Gott als Appell für alle zugelassen, auf den Untergang dieser Welt vorbereitet zu sein und schon jetzt umzukehren.

Das Gleichnis vom unfruchtbaren Feigenbaum (13,6-9)

> 6Er sagte nun dieses Gleichnis: Es hatte einer einen Feigenbaum in seinem Weinberg gepflanzt, und er kam, um Frucht an ihm zu suchen, und fand keine.
> 7Er sprach nun zu dem Winzer: Siehe, drei Jahre sind es, seit ich komme, um Frucht an diesem Feigenbaum zu suchen, und ich finde keine; hau ihn nun um, weshalb auch saugt er die Erde aus? 8Er aber antwortete und sagte ihm: Herr, lass ihn auch dieses Jahr, bis ich um ihn herum umgrabe und Mist streue, 9vielleicht trägt er doch in der Zukunft Frucht; wenn aber nicht, wirst du ihn umhauen.

Die Bildhälfte der Parabel erzählt eine einmalige Geschichte aus der Agrarwirtschaft. Der Feigenbaum wurde oft innerhalb oder am Rande eines Weinberges angepflanzt. Er diente dort zum Ausruhen und Studieren unter seinem Schatten. Jesus sah Nataël „unter einem Feigenbaum" (Joh 1,48). Hauptsächlich sollte der Feigenbaum aber Früchte bringen. Diese Hauptaufgabe verweigert er hier. Doch er erhält noch einmal eine Chance, durch gute Gärtnerarbeit Früchte zu bringen und vor dem Aushauen gerettet zu werden.
Für den theologischen Übertrag bietet sich ein alttestamentliches, geprägtes Metaphernfeld an: Gott verheißt: „Feigenbaum und

Weinstock bringen ihren Ertrag“ (Joel 2,22), und zwar in der kommenden Endzeit. Dagegen klagt Gott durch den Propheten Jeremia: „Will ich bei ihnen ernten, so sind keine Trauben am Weinstock, keine Feigen am Feigenbaum und das Laub verwelkt“ (Jer 8,13). Jeder Hörer in Palästina und in der Mittelmeerwelt konnte die Symbolisierung Israels durch den Feigenbaum als hohe Wertschätzung durch Gott nachvollziehen; Gott würdigt die besondere Leistung Israels in Baum-, Weinberg- und Gartenkultur und honoriert die eigenständige Verantwortung beim Einhalten des Bundes. Aber Gott bestraft auch am Feigenbaum Israel die Verweigerung, nach Bruch des Bundes Früchte der Umkehr zu bringen (6,43-44). Hier erhält Israel noch einmal eine Chance der Rettung. Gott erneuert durch Jesus sein Bundesangebot an Israel und gibt bei Umkehr zu Jesus schon jetzt Anteil an der Königsherrschaft Gottes.

Die Heilung einer Frau am Sabbat (13,10-17)

[10]Er lehrte nun in einer der Synagogen an den Sabbaten. [11]Und siehe, da war eine Frau, die achtzehn Jahre einen Krankheitsgeist hatte, und sie war gekrümmt und konnte sich nicht ganz aufrichten. [12]Jesus aber sah sie, rief sie herbei

und sprach zu ihr: Frau, sei befreit von deiner Krankheit, [13]und er legte ihr die Hände auf. Und auf der Stelle wurde sie wieder aufgerichtet und verherrlichte Gott.

[14]Es antwortete aber der Synagogenvorsteher, sich ärgernd darüber, dass Jesus am Sabbat heilte, und sagte der Volksmenge: Sechs Tage sind es, an denen man arbeiten muss. An ihnen nun kommt und lasst euch heilen, aber nicht am Tag des Sabbats. [15]Es antwortete ihm aber der Herr und sprach: Heuchler, löst nicht jeder von euch am Sabbat sein Rind oder den Esel von der Krippe, führt ihn weg und tränkt ihn? [16]Diese aber, die Tochter Abrahams ist, die der Satan band, siehe, achtzehn Jahre lang, sollte sie nicht gelöst werden von dieser Fessel am Tag des Sabbats? [17]Und als er dieses sagte, schämten sich alle seine Gegner, und die ganze Volksmenge freute sich über alle glanzvollen Taten, die von ihm geschahen.

Eine Wundergeschichte ist – wie bei den ersten Streitgesprächen – mit einem Streitgespräch verbunden worden (5,17-26; 6,6-11). Es bildet hier einen Anhang durch den Evangelisten (17,11-19). Die Wunderheilung wird formgerecht erzählt. Ein *Krankheitsgeist*, also ein Dämon, hat einer Frau 18 Jahre lang die Wirbelsäule gekrümmt. Sie verzweifelt nicht, sondern sucht weiterhin die Synagoge zum sabbatlichen Gottesdienst auf, um Gottes Nähe und Heilung zu finden. Jesus sieht sie und ruft sie zu sich.
Der Höhepunkt der Wunderheilung ist erreicht. Jesus spricht das Heilungswort und überträgt durch die Hände seine Heilkraft. Die Heilung tritt sofort ein. Die Frau richtet sich auf und verherrlicht Gott, auf dessen Hilfe sie ja immer vertraut hat (Ex 15,26).
Nun setzt das Streitgespräch ein. Der *Synagogenvorsteher* bemängelt die Verletzung der Sabbatruhe durch das Heilen. Es gilt wohl, dass Todesnot den Sabbat verdrängt (1 Makk 2,29-41), aber in diesem Krankheitsfall liegt keine Todesnot vor. Jesu provokative Antwort mit *Heuchler* meint wieder das äußere Rollenverständnis, das den eigentlichen Sinn der Ruhenormen des Sabbats nicht begreift. Die Tiere müssen selbstverständlich getränkt werden, um ihnen Freude und Anteil an der Schöpfungsruhe zu geben (Dtn 5,12-15). Umso mehr muss jedes Mitglied Israels seine geschöpfliche Gesundheit am Sabbat zurückerhalten, weil Gott seine Heilungsvollmacht endzeitlich in Jesu Wirken zeigt. Denn der Sabbat ist der Ruhe- und Danktag für die gute Schöpfung des Kosmos durch Gott. Gott will durch die Heilungen Jesu die heile Schöpfung eschatologisch wiederherstellen. Der Hinweis auf Satan zeigt an, dass Satan nicht nur zum Unglauben und zur Sünde *verwirrt*, sondern Herr der Dämonen ist, die er trotz Sturz aus dem Himmel noch immer zur Prüfung der Menschen einsetzen kann (10,18; 11,14-23; Ijob 1,6–2,10). Doch jetzt werden die *Fesseln* von Krankheitsdämon und Satan weiterhin gelöst und es bricht die neue Schöpfung der Königsherrschaft Gottes für die *gekrümmte Frau* an. Der *Synagogenvorsteher* und die anderen Gegner erkennen ihre vordergründige, inhumane Auslegung des Sabbats. Ihr Plan, *Jesus mit eigenen Worten zu fangen* (11,54), miss-

lingt und führt zu einer neuen Einsicht. Sie beginnen, sich über ihre eigene, rigide Auslegung der Sabbatruhe zu *schämen*, anstatt sich über Jesus zu ärgern (9,26), und können gerettet werden. Das Volk zeigt offene Freude über den glanzvollen Anbruch des eschatologischen Sabbats ohne Krankheiten (4,31-41).

Die Gleichnisse vom Senfkorn und Sauerteig (13,18-19.20-21)

> 18Er sagte nun: Wem ist die Königsherrschaft Gottes gleich, und wem soll ich sie vergleichen? 19Gleich ist sie einem Senfkorn, das ein Mensch nahm und in seinen Garten warf, und es wuchs und wurde zu einem Baum, und *die Vögel des Himmels nisteten in seinen Zweigen (Dan 4,9.18).*
> 20Und wieder sprach er: Mit wem soll ich die Königsherrschaft Gottes vergleichen? 21Gleich ist sie einem Sauerteig, den eine Frau nahm und in drei Maß Mehl verbarg, bis es ganz durchsäuert war.

Zwei kleine Gleichnisse aus der Natur und dem Haushalt schließen sich an. Das Senfkorn ist ein sehr kleines Samenkorn. Doch die Senfstaude kann höher als alle Gartenkräuter bis zu 3 Metern aufschießen. Sogar Vögel können in ihr nisten wie im Weltenbaum, den König Nebukadnezzar im Traum gesehen hat (Dan 4,9.18). So bricht auch die Königsherrschaft Gottes unscheinbar in Jesus an, wird aber beim Weltgericht den gesamten Kosmos als neue Schöpfung erfüllen.

Das Gleichnis vom *Sauerteig* ist ein Gegenbild zum *Sauerteig der Pharisäer* (12,1). Das hebräische Hohlmaß *Sea* (d. h. *Maß*) beträgt rund 13 Liter. Drei Maß Mehl füllen eine Wanne, die eine Handvoll Sauerteig zu durchsäuern vermag. Wieder bezeichnet der Kontrast von kleinem Anfang und gewaltigem Ende die in Jesus angebrochene Königsherrschaft Gottes. Sie wird bei ihrer Vollendung alles durchdrungen haben.

Von der engen und von der verschlossenen Tür (13,22-30)

> 22 Und er durchwanderte lehrend Stadt für Stadt und Dorf für Dorf
> und war auf der Wanderschaft nach Jerusalem.
> 23 Es sprach nun einer zu ihm: Herr, sind es wenige, die gerettet wer-
> den? Er aber sprach zu ihnen: 24 Kämpft, hineinzugehen durch die
> enge Tür, denn viele, sage ich euch, werden hineinzugehen suchen
> und es nicht vermögen.
> 25 Sobald der Hausherr aufgestanden ist und die Tür verschlossen hat
> und ihr, draußen stehend, begonnen habt, an die Tür zu klopfen und
> zu sagen: Herr, öffne uns, da wird er euch antworten und sagen: Ich
> weiß nicht, woher ihr seid.
> 26 Da werdet ihr beginnen, zu sagen: Wir aßen vor dir und tranken,
> und auf unseren Plätzen lehrtest du. 27 Und er wird zu euch sprechen
> und sagen: Ich weiß nicht, woher ihr seid; entfernt euch von mir, alle
> ihr Täter von Unrecht! (Ps 6,9) 28 Dort wird das Weinen und das
> Klappern der Zähne sein, wenn ihr seht Abraham und Isaak und Jakob
> und alle Propheten in der Königsherrschaft Gottes, euch aber drau-
> ßen als Hinausgeworfene. 29 Und sie werden von Osten und Westen
> und von Norden und Süden kommen, und sie werden sich zu Tisch
> legen in der Königsherrschaft Gottes. 30 Und siehe, es sind Letzte, die
> Erste sein werden, und es sind Erste, die Letzte sein werden.

Der Evangelist hat einen Sammelbericht und ein Schulgespräch mit einem Gleichnis und seiner Anwendung verbunden. Jesus setzt seine Wanderung nach Jerusalem fort und lehrt gleichzeitig in den Städten und Dörfern von Galiläa und Samaria. Sein Abschied aus Galiläa steht unmittelbar bevor.
Ein Unbekannter stellt ihm eine damalige theologische Zentralfrage: „Werden nur *wenige* gerettet werden?“ (10,25). Jesus bestätigt mit dem Bild von der *engen Tür,* dass die Rettung für das ewige Leben nicht selbstverständlich ist und das *Kämpfen* erfordert. Der Wettkampf (Agón) um den richtigen Lebensweg ist für den griechischen und jüdischen Hörer eine Selbstverständlichkeit (Sir 21,10-11). Es geht um die weisheitliche Zwei-Wege-Lehre.

Rechtzeitig durch die enge Tür eines Stadttores oder Hauses zu gehen, um nicht außerhalb der neuen Welt zu bleiben, wird in der Apokalyptik gefordert. Diese hatte auch im Anschluss an die Propheten den Gegensatz zwischen der Rettung weniger und dem Untergang vieler im Endgericht entwickelt (8,9-10; Jes 6,9-10; Dan 12,1-4).

Das Bild von der *engen Tür* führt zum Gleichnis *von der geschlossenen Tür.* Der Hausherr schließt am Abend die Haustür. *Ihr* identifiziert den Fragenden und die anderen Hörer mit den Nachzüglern. Sie klopfen an die Tür und bitten um Einlass. Der Hausherr wiederum geht davon aus, dass es sich nicht um Freunde handelt und verweigert den Einlass (11,5-8).

Nun geht das Gleichnis direkt zur theologischen Deutung über. Das Haus wird allegorisch zum Himmel beim Weltgericht. Die vor der Himmelstür verweisen auf ihre bisherige nachbarliche Gemeinschaft mit dem irdischen Jesus. Doch dieser deckt sofort die Distanz zwischen ihm und den Zeitgenossen auf. Essen, Trinken und Lehren fanden nicht gemeinsam statt, sondern mit räumlicher und innerer Distanz. Die Umkehr der Hörer blieb aus. Daher wird sie Jesus als Weltenrichter verurteilen, und zwar als *Täter von Unrecht*, zu denen er zuvor keinen Kontakt hat herstellen können. Die Erzväter *Abraham und Isaak und Jakob* und die vorderen *Propheten* des jüdischen Alten Testaments, d. s. die Führer und Könige ab dem Exodus bis David, und die hinteren *Propheten*, d. s. die Schriftpropheten, werden mit Jesus in der *Königsherrschaft Gottes* ein ewiges Mahl halten und es werden sogar die Völker aus allen Himmelsrichtungen am himmlischen Mahl teilhaben (11,29-32), nur die Ablehnenden werden keinen Anteil haben. Aus dem Bild des Draußenstehens folgt aber noch nicht eine ewige Höllenstrafe. Das abschließende Weisheitswort von der Umkehr der Rangfolge belässt denen *draußen* eine Existenz als *Letzte* am Rande der *Königsherrschaft Gottes*. Das Rangverhältnis zu den Völkern ist umgekehrt worden. Nicht mehr sie stehen außerhalb des Abrahamsbundes und der Weisungen Gottes und müssen diese Distanz bedauern, sondern diejenigen

Israeliten befinden sich am Rande oder außerhalb des Abrahamsbundes, die den Anbruch der Königsherrschaft Gottes in Jesus abgelehnt haben und nun über die mangelnde Nähe zu Gott klagen müssen.

Der Abschied von Galiläa (13,31-35)

> [31]In eben der Stunde kamen einige Pharisäer hinzu und sagten ihm:
> Geh weg und wandere fort von hier, denn Herodes will dich töten.
> [32]Und er sprach zu ihnen: Geht und sagt diesem Fuchs: Siehe, ich
> treibe Dämonen aus und vollbringe Heilungen heute und morgen,
> und am dritten Tag werde ich vollendet. [33]Jedoch muss ich heute
> und morgen und am kommenden Tag wandern, weil es nicht
> angeht, dass ein Prophet außerhalb Jerusalems zugrunde geht.
> [34]Jerusalem, Jerusalem, die du die Propheten tötest und die zu dir
> Gesandten steinigst, wie oft wollte ich deine Kinder zusammenführen, wie eine Henne ihre Brut unter ihre Flügel, und ihr wolltet nicht.
> [35]Siehe, euretwegen wird euer Haus verlassen werden. Ich sage
> euch: Ihr sollt mich nicht sehen, bis es kommen wird, dass ihr
> sprecht: *Gesegnet der, der kommt im Namen des Herrn (Ps 118,26).*

Die Mitte des Reiseberichts ist erreicht. Es folgt ein Schulgespräch. Die Pharisäer erweisen sich inzwischen als Helfer Jesu; sie warnen ihn vor seinem Landesherrn, dem Tetrarchen *Herodes* Antipas. Der Evangelist hatte bereits drastisch ein negatives Bild dieses Fürsten gezeichnet: Er wirft Johannes aufgrund der Kritik an seiner unerlaubten zweiten Ehe und an anderen Schandtaten ins Gefängnis (3,19-20). Sein opportunistisches und verweichlichtes Hofleben steht in scharfem Kontrast zur Askese von Johannes (7,24-25). Herodes hat sogar Johannes hinrichten lassen und später den Wunsch geäußert, Jesus zu *sehen* (9,7-9). Aber es ging ihm nicht um eine religiöse Umkehr, sondern um eine politische Vorsichtsmaßnahme. Nun befürchten die Pharisäer, dass Herodes Jesus wie seinen Lehrer Johannes *töten* will. Doch die Pharisäer wollen noch nicht das Gespräch mit Jesus beenden. Sie beteiligen sich ja auch bei der Passion nicht an der Verurteilung Jesu und erweisen sich in der Apostelgeschichte als Schützer der Apostel (Apg 5,34-42). Der Evangelist entwirft hier ein differenziertes Bild von den Pharisäern.

Jesus nimmt das Koalitionsangebot an. Er gibt den Pharisäern eine Botschaft für Herodes mit und bekräftigt seine Entscheidung, nach Jerusalem zu gehen und dort zu sterben. Die Metapher *Fuchs* ist kritisch gemeint. Herodes verhält sich gegenüber seinen Untertanen gewalttätig wie dieses Raubtier und gleichzeitig unterwürfig gegenüber stärkeren Mächten wie dem Adler von Rom (17,37). Gegenüber Herodes stellt sich Jesus als machtvoller Herr über Dämonen und Krankheiten dar und verwendet den Prophetentitel. Als *Prophet* führt er das Volk Israel wie Mose, Elija (9,28-36) und Johannes und kritisiert wie diese den Abfall von den Weisungen Gottes. Jesus erhebt mit dem Prophetentitel den Anspruch, wie ein antiker, philosophisch gebildeter Führer das Volk Israel zu leiten, und zwar vom religiösen Mittelpunkt Jerusalem aus.

Die Klage von der Prophetenverfolgung greift auf das deuteronomistische Geschichtswerk zurück. Bereits in der Drohrede gegen die Schriftgelehrten hatte Jesus den im jüdischen Alten Testament genannten Propheten Secharja als Opfer angeführt (11,47-51; 2 Chr 24,20-22). Die *Steinigung* spielt auf die nachösterliche Hinrichtung von Stephanus an (Apg 6,8–7,60). Das Bildwort von der *Henne*, die ihre Küken sammelt, spielt wieder auf die Weisheit an. In Jesus wohnt die mit mütterlichen Zügen ausgestattete Weisheit Gottes. Doch Jerusalem lehnt das Sammlungsangebot ab. Daher erfolgt die Voraussage der Zerstörung, die im jüdischen Aufstand gegen Rom stattfinden wird (i. J. 66–70; s. u. 19,41-44; 21,20-24). Den Abschluss der Klage bildet eine zweite Voraussage. Jesus verlässt zwar Galiläa, doch er wird nicht sofort nach Jerusalem eilen, sondern bis zum kommenden Passahfest warten und als Wallfahrer mit seinen Schülern feierlich einziehen. Diese werden dann stellvertretend für das Volk den messianischen Psalmvers 118,26 mit dem erläuternden Zusatz *König* beten: *Gesegnet der kommt, der König, im Namen des Herrn (19,38).*

Jesus wird als prophetischer König in Jerusalem und in den Tempelbezirk einziehen (19,28-40).

Die Heilung eines Wassersüchtigen am Sabbat (14,1-6)

> [1]Und es geschah, als er in das Haus eines der Führer von den
> Pharisäern am Sabbat ging, Brot zu essen, dass sie ihn belauerten.
> [2]Und siehe, ein wassersüchtiger Mensch war vor ihm. [3]Und Jesus
> antwortete und sprach zu den Schriftgelehrten und Pharisäern: Ist
> es erlaubt, am Sabbat zu heilen, oder nicht? [4]Die aber blieben ruhig.
> Und er fasste ihn an, heilte ihn und entließ ihn.
> [5]Und er sprach zu ihnen: Wer von euch, dessen Sohn oder Rind in
> einen Brunnen fällt, zöge ihn nicht sogleich heraus am Tag des
> Sabbats? [6]Und sie vermochten nicht auf dieses etwas zu erwidern.

Ein Gastmahl eines Pharisäers, der in der sozialen Gesellschaft eine führende Stellung einnimmt, bildet den Rahmen für eine Wundergeschichte und drei Gleichnisse. Das Mahl findet am Sabbat statt, und die mehrheitlich pharisäischen Teilnehmer belauern Jesus, um einen Verstoß gegen die Sabbatruhe oder andere Weisungen wahrnehmen zu können (11,53-54).
Die Wundergeschichte am Sabbat verläuft formgerecht und ist wie bereits zweimal vorher mit einem Streitgespräch um die Sabbatheiligung verbunden worden (6,6-11; 13,10-17). Wassersucht ist ein antiker medizinischer Fachausdruck. Er bezeichnet unterschiedliche Krankheiten, die eine Anschwellung des Bauches verursachen. Auch das Alte Testament kennt diese Krankheit (Num 5,21; Ps 109,18). Jesus stellt beim Anblick des Kranken erneut die Frage nach der Erlaubtheit der Sabbatheilung (6,9; 13,16). Die Teilnehmer schweigen.
Es folgt als Höhepunkt die Heilung mit dem Gestus der Kraftübertragung durch Anfassen. Die Gesundung tritt sofort ein und Jesus kann den Geheilten loslassen.
Das anschließende Wort Jesu bringt das Streitgespräch zum Abschluss. Selbstverständlich ziehen die Pharisäer einen Menschen

oder ein Tier, wenn sie am Sabbat in einen Brunnenschacht oder in eine Zisterne fallen, sofort heraus und lassen sie nicht ertrinken im Unterschied zu den rigorosen Essenern (CD XI 13-14.16-17). Die Heilung stellt den Schöpfungswillen Gottes am Sabbat wieder her. Die Teilnehmer akzeptieren diese Deutung und unterlassen eine Erwiderung.

Die Gleichnisse von der Platzwahl und der Gästeliste (14,7-11.12-14)

7Er sagte aber zu den Eingeladenen ein Gleichnis, da er beobachtete, wie sie sich die Ehrenplätze auswählten, und sagte zu ihnen: 8Wenn du von einem zu einer Hochzeit eingeladen wirst, leg dich nicht auf den Ehrenplatz nieder, damit nicht ein Angesehenerer als du von ihm eingeladen wäre, 9und der, der dich und ihn eingeladen hat, komme und zu dir sage: Gib diesem Platz! Und dann würdest du beginnen, mit Schande den letzten Platz einzunehmen.
10Sondern, wenn du eingeladen wirst, geh, lass dich nieder auf dem letzten Platz, damit, wenn der kommt, der dich eingeladen hat, dir sagen wird: Freund, rücke höher hinauf! Dann wird dir Ehre sein vor allen mit dir zu Tisch Liegenden.
11Denn jeder, der sich selbst erhöht, wird erniedrigt werden, und der sich selbst erniedrigt, wird erhöht werden.
12Er sagte aber auch dem, der ihn eingeladen hatte: Wenn du ein Mittag- oder Abendessen veranstaltest, rufe nicht deine Freunde, deine Brüder, deine Verwandten und reiche Nachbarn, damit nicht auch sie dich gegeneinladen und dir Wiedervergeltung geschieht.
13Sondern, wenn du einen Empfang machst, rufe Arme, Krüppel, Lahme, Blinde!
14Und selig wirst du sein, weil sie nichts haben, dir zu vergelten; denn dir wird bei der Auferstehung der Gerechten vergolten werden.

Es liegen zwei Doppelgleichnisse vor. Jesus übernimmt die Rolle des Leiters des Gastmahls und setzt das Thema für ein Tischge-

spräch. Er nimmt das Einnehmen von Ehrenplätzen durch die Gäste zum Anlass für das Gespräch. Das erste Gleichnis beginnt mit der Regel, bei Einladungen sich nicht selbst den Ehrenplatz zu suchen, insbesondere bei dem höchsten Familienfest *Hochzeit*. Beim antiken Gastmahl begannen die Ehrenplätze beim Tisch des Gastgebers; an jedem Tisch standen drei Liegen; die Tische formten ein Hufeisen mit dem Tisch des Gastgebers im Mittelpunkt. Die Reihe der nachfolgenden Tische bildete dann die Ehrenstellung ab. Die Mahlplatten wurden zuerst dem Gastgeber serviert und dann den Gästen zur Rechten und Linken. Beim letzten Tisch landeten die Reste der Mahlzeit. Zur Platzwahl gehörte es sich, sich vom Gastgeber oder dem Zeremonienmeister den Platz zuweisen zu lassen und sie nicht durch eigene Wahl in Verlegenheit zu bringen. Wenn der Gastgeber eine unangemessene Wahl korrigieren musste, entstand eine öffentliche Beschämung. Der Extremfall war, dass dem Selbstwähler nur der letzte Platz zustand und er diesen einnehmen musste.
Hochzeit spielt auf die Hochzeit Gottes mit Israel an, die von den Propheten für die Endzeit verheißen wurde (Jes 62,5); Jesus als der Repräsentant Gottes und Bräutigam lässt schon jetzt diese Hochzeit anbrechen (5,34). Ein Kampf um die besten Plätze in der Gottesherrschaft verstößt gegen die neue Kommunikationsgemeinschaft des gegenseitigen Dienstes (9,46-48; 22,24-30) und führt nur dazu, den letzten Platz am Rande der Königsherrschaft Gottes zu erhalten.
Das Gegengleichnis fordert antithetisch ein neues, unübliches Verhalten. Der Eingeladene verzichtet auf die Zuweisung des Platzes und legt sich selbst auf eine Liege am letzten Tisch. Vorausgesetzt wird weiterhin der Sonderfall der Hochzeit, bei der der Bräutigam erst nachträglich zum Mahl erscheint. Dann fungiert der Zeremonienmeister als Platzanweiser (Joh 2,1-12). Doch dieser fehlt hier. So ergibt sich für die Gäste die Gelegenheit, das alte Verhalten nicht fortzusetzen, sondern das neue Verhalten zu entwickeln, den letzten Platz einzunehmen, um den Kampf um

die Rangfolge aufzuheben. Der später ankommende Gastgeber kann dann eine fehlerhafte Platzordnung korrigieren und den Gast vom letzten Platz ehrenvoll auf einen höheren Platz bitten. Entsprechend kann in der angebrochenen Königsherrschaft Gottes darauf vertraut werden, dass bei ihrer eschatologischen Vollendung der wiederkommende Jesus jedem seine angemessene Ehrenstellung gibt. Schon jetzt soll daher auf den Kampf um Rangpositionen verzichtet werden. Das abschließende Weisheitswort bekräftigt, dass der Kampf um Selbsterhöhung nur zum Gegenteil, und zwar zur Erniedrigung, führt, sowohl in der gegenwärtigen Gesellschaft als auch in der angebrochenen Königsherrschaft Gottes.

Das zweite Doppelgleichnis handelt von der Gästeliste. Der pharisäische Gastgeber wird ausdrücklich angeredet. Das Mittagsmahl ist nicht so aufwändig wie das Mahl am späten Nachmittag. Doch für beide Mahlzeiten gilt, dass die Einladung eine Ehre bedeutet. Üblicherweise werden nur die eingeladen, die auch zurückeinladen. Es folgt ein weisheitlicher Katalog der üblichen Gäste. Freunde stehen in der antiken Freundschaftskultur an der Spitze, dann folgen die Kernfamilie, die Großfamilie und schließlich die wohlhabenden Nachbarn. Dieser Katalog wird von Jesus ausdrücklich verneint. In der Königsherrschaft Gottes verlaufen Beziehungen nicht nach den Freundschafts-, Familien- und Schichtenbindungen (8,19-21).

Das Gegengleichnis bietet die alternative Liste: *Arme, Krüppel, Lahme, Blinde*, denen Jesus ja in erster Linie das Evangelium verkündet und Heilung bringt (7,22). Diese Randexistenzen, die nicht zurückeinladen können, sollen die Gäste sein. So werden schon jetzt die gesellschaftlichen Diskriminierungen aufgehoben.

Die Seligpreisung zeigt unüberhörbar an, dass bei einem solchen Verhalten die Königsherrschaft Gottes schon jetzt anbricht und bei der allgemeinen Auferstehung der *Gerechten* eine entsprechende Wiedereinladung in die vollendete Königsherrschaft Gottes erfolgt.

Das Gleichnis vom Festmahl (14,15-24)

> 15Als einer der mit zu Tische Liegenden das hörte, sagte er zu Jesus:
> Selig, wer in der Königsherrschaft Gottes das Brot essen darf. 16Jesus
> sagte zu ihm:
> Ein Mensch veranstaltete ein großes Festmahl und lud viele dazu
> ein.
> 17Und zur Stunde des Festmahles schickte er seinen Sklaven aus und
> ließ den Geladenen sagen: Kommt, denn es ist schon bereit! 18Aber
> sie begannen auf einmal alle, sich zu entschuldigen. Der Erste ließ
> ihm sagen: Ich kaufte einen Acker und muss jetzt gehen, ihn zu
> besichtigen. Ich bitte dich, halte mich für entschuldigt. 19Und ein
> anderer sprach: Ich kaufte fünf Paar Ochsen und gehe, sie zu prüfen;
> ich bitte dich, halte mich für entschuldigt. 20Und ein anderer sprach:
> Ich heiratete eine Frau, und deswegen kann ich nicht kommen.
> 21Und der Sklave kam zu seinem Herrn zurück und meldete dieses.
> Da wurde der Hausherr zornig
> und sprach zu seinem Sklaven: Geh schnell hinaus auf die Straßen
> und Gassen der Stadt und führe die Armen, Krüppel, Blinden und
> Lahmen hierher herein! 22Und es sprach der Sklave: Herr, es ist
> geschehen, was du befahlst, und noch ist Platz.
> 23Und es sprach der Herr zu dem Sklaven: Geh hinaus an die Wege
> und Zäune und nötige sie, hereinzukommen, damit mein Haus voll
> wird! 24Ich sage euch aber: Keiner jener Männer, die eingeladen
> waren, wird mein Mahl kosten.

Es folgt eine längere Parabel. Die Einladung zu einem Gastmahl, die Absage der Gäste und die Reaktion des Einladenden bilden eine einmalige Begebenheit. Die Entschuldigungen der Gäste spielen auf bekannte Situationen des palästinensischen und hellenistischen Kulturlebens an. Acker kaufen, Ochsen erwerben und heiraten sind bedeutsame, sich nicht alltäglich wiederholende Tätigkeiten. Zum gültigen Abschluss eines Kaufvertrages muss das Objekt, also der Acker bzw. die Ochsen, besichtigt werden. Der Verheiratete ist für ein Jahr vom Kriegsdienst befreit

(Dtn 24,5). Die angegebenen Gründe müssten als Entschuldigungsgrund vollauf ausreichen. Dem steht aber entgegen, dass der Einladende zwei Einladungen ausgesprochen hat: eine zu Anfang der Vorbereitungen zum Mahl, eine unmittelbar zu Beginn des Mahles. Die zeitliche Distanz zwischen den beiden Einladungen gewährt den Eingeladenen im Normalfall als Alternative, das geplante Vorhaben zu verschieben oder eine Entschuldigung sofort nach der ersten Einladung vorzubringen. Die gewählte dritte Reaktion fällt hingegen aus dem Beziehungsfeld der normalen Konvention. Der gewählte Zeitpunkt der Entschuldigung nach der zweiten Einladung bringt zum Ausdruck, dass die Eingeladenen einerseits kein Interesse an der Einladung haben, dass sie andererseits aber dieses Desinteresse nicht direkt formulieren wollen. Daher wählen sie den konventionellen Weg der stichhaltig wirkenden Entschuldigung, geben aber durch den Zeitpunkt der Entschuldigung die Stichhaltigkeit wieder auf und übermitteln in dieser Verschlüsselung ihre Absage an den Einladenden. Das Motiv für die Taktik der Eingeladenen bleibt ungenannt. So können vom Hörer verschiedene Motive nachträglich eingetragen werden. Das einleitende Gespräch zwischen Jesus und Pharisäer gibt eine bestimmte Richtung vor: Die Pharisäer wollen grundsätzlich die Beziehung zum Einladenden aufrechterhalten, nur passt ihnen der Zeitpunkt des Mahles und die Person des Einladenden nicht. Deshalb suchen sie die Einladung zu umgehen, ohne sich und den Einladenden direkt bloßzustellen.

Der Höhepunkt ist mit der Rückkehr des Sklaven und seiner Meldung der Absagen erreicht. Der *Zorn* des Einladenden gibt zu erkennen, dass der Hausherr die Verschlüsselung der Ablehnung durchschaut hat und die ungenannten Motive der Ablehnung nicht akzeptiert. Seine erneute Einladung an einen anderen, sozial niedrigeren Adressatenkreis lässt einen Lernprozess erkennbar werden. Denn der Einladende steht zwar in gesellschaftlichen Beziehungen zu den Gästen, hat aber die Tragfähigkeit dieser Beziehungen überschätzt. Die Verschlüsselung der Ablehnung gibt ihm nun Gelegenheit, entweder umzulernen und sich neue, tragfähigere Beziehungen zu suchen, oder nichts zu lernen und auf die schwachen Beziehungen weiter zu vertrauen. Sein Umlernen hat Erfolg. Die zweite Adressatengruppe folgt der Einladung. An dieser Stelle könnte der Lernprozess des Hausherrn seinen Abschluss finden.

Erst die dritte Einladung aber führt den Umwandlungsprozess zum vollen Erfolg. Dem Hausherrn geht es jetzt nicht mehr um die Pflege des Kontaktes mit einem bestimmten Adressatenkreis, der notfalls ausgetauscht wird, sondern um eine ganz neue Gesellschaftsordnung. Daher funktioniert er sein Haus zum Haus der offenen Tür um. Alle sind in sein Haus eingeladen, sodass Gruppengegensätze irrelevant werden.

Die Einleitung lenkt die theologische Übertragung. Die Tischgemeinschaft mit Jesus ruft bei einem der Pharisäer die Assoziation hervor, dass in der Königsherrschaft Gottes eine ewig währende Mahlgemeinschaft stattfindet (Jes 25,6) und dass Jesus öffentlich behauptet hat, den Eintritt in diese Mahlgemeinschaft der Königsherrschaft Gottes gewähren zu können (12,29-31; 13,26-29; 14,7-14). Der Ausruf wird dadurch für Jesus zur Provokation, dass nur die erste Assoziation verbalisiert wird, die zwar theologisch richtig ist, aber aufgrund der Verkündigung Jesu unvollständig bleibt. *Fest beginnen* und *es ist alles bereitet* assoziieren für Juden apokalyptische und für die spätere Gemeinde eschatologische Vorstellungen. Erwarten die Pharisäer das nach dem Weltgericht anbrechende Mahl in unmittelbarer Zukunft, so kann die Gemeinde auf den Anfang des eschatologischen Mahles zurückblicken, der mit dem Herrenmahl gemacht wurde (22,14-23). Beide Hörergruppen stehen in der Entscheidung, die Einladung Jesu zur angekommenen Königsherrschaft Gottes mit allen sozialen Schichten anzunehmen oder abzulehnen. Die Ablehnenden werden am endzeitlichen Mahl nach dem Weltgericht nicht teilnehmen.

Die dritte Einladung enthält zusätzlich eine theologische Spitze gegen die Pharisäer. Der Auftrag des Herrn, auf das Land zu gehen und alle einzuladen, widerspricht pharisäischem Erwählungsdenken. Jahwe wandelt seine alttestamentliche Erwählung Israels in den universalen Einladungsruf durch Jesus an alle Menschen um und schließt die Ablehnenden aus.

Vom Ernst der Nachfolge (14,25-35)

25 Es gingen nun mit ihm viele Volksmengen, und er wandte sich um
und sprach zu ihnen: 26 Wenn einer zu mir kommt und nicht seinen
Vater, die Mutter, die Frau, die Kinder, die Brüder, die Schwestern und
auch noch sein eigenes Leben hasst, kann er nicht mein Schüler sein.
27 Wer nicht sein Kreuz trägt und hinter mir hergeht, kann nicht mein
Schüler sein.
28 Denn wer von euch, der einen Turm bauen will, setzt sich nicht
zuerst hin und berechnet den Aufwand, ob er genug zur Vollendung
hat? 29 Damit nicht etwa, wenn er ein Fundament gesetzt hat und
nicht zu vollenden vermag, alle, die es beobachten, beginnen, ihn zu
verspotten und 30 sagen: Dieser Mensch begann zu bauen und ver-
mochte nicht zu vollenden.
31 Oder welcher König, der gegen einen anderen König marschiert,
um im Krieg auf ihn zu treffen, wird sich nicht zuerst hinsetzen und
beraten, ob er in der Lage ist, mit Zehntausend dem entgegenzutre-
ten, der mit Zwanzigtausend gegen ihn zieht? 32 Wenn aber nicht,
sendet er, wenn der noch weit ist, eine Gesandtschaft und bittet um
die Bedingungen für Frieden.
33 So also kann jeder von euch, der sich nicht trennt von all seinem
Besitz, nicht mein Schüler sein.
34 Gut also ist das Salz; wenn aber auch das Salz schal wird, mit was
wird es gewürzt werden? 35 Weder für die Erde noch für den Mist ist
es tauglich, man wirft es hinaus. Der Ohren hat, zu hören, soll hören!

Es wechselt der Adressatenkreis. Jesus wandert wieder zusammen mit den großen Volksmengen weiter (12,1). Er belehrt sie mit zwei Weisheitsworten und drei Gleichnissen.
Das erste Wort geht um die Radikalität der Nachfolge und die Erweiterung des Schülerkreises. Das nachfolgende Volk wird auf-

gefordert, *Schüler* zu werden und die Bedingungen der Schülerschaft zu übernehmen, und zwar die Trennung von der Kernfamilie (9,57–10,16; 12,49-53). *Hassen* ist hier eine Metapher und meint die Radikalität der Umkehr, die auch die *eigene*, bisherige Lebensweise umfasst. Das Kreuz ist ebenfalls eine Metapher für die Mühsal der Nachfolge, kann aber in der Verfolgung zum echten Todesschicksal werden (9,23; 12,11-12).
Das weisheitliche Gleichnis vom Turmbau bringt wieder eine Selbstverständlichkeit. Natürlich müssen die Kosten vorher berechnet werden, sonst bleibt es bei den Fundamenten des Turmes und beim Spott der Vorübergehenden. So muss auch die Umkehr zur Nachfolge Jesu radikal sein und darf nicht in äußerlich bleibenden Anfängen stecken bleiben (13,22-30).
Das weisheitliche Gleichnis vom Krieg führenden König variiert diesen Gedanken. Ein vernünftiger König führt nicht mit einer doppelt so starken Militärmacht einen Krieg, sondern bittet um Frieden. So kann der Nachfolger oder die Nachfolgerin im Volk den Krieg des *Besitzes* gegen die Königsherrschaft Gottes nicht gewinnen, sondern muss sich völlig vom *Besitz* trennen, um *Schüler* oder *Schülerin* Jesu zu werden (12,33-34).
Das alltägliche Gleichnis vom Salz kommt aus dem Haushalt. Das Salz selbst kann zwar nicht schal werden, wohl aber kann es mit anderen Materien verunreinigt werden, sodass es unbrauchbar wird. Erde und Mist würde es noch immer versalzen, daher muss es an einen eigenen, unbrauchbaren Ort gebracht werden. Auch der *Schüler* Jesu kann wegen schlechter Einflüsse unbrauchbar werden und aus der Gottesherrschaft ausgeschlossen werden.

Das Gleichnis vom verlorenen Schaf (15,1-7)

> 1Es näherten sich ihm alle Zöllner und Sünder, ihn zu hören. 2Und es murrten sowohl die Pharisäer und die Schriftgelehrten und sagten: Dieser nimmt Sünder an und isst mit ihnen. 3Er sprach zu ihnen dieses Gleichnis:

4Welcher Mensch von euch, der hundert Schafe hat und von ihnen
eines verlor, lässt nicht die neunundneunzig in der Öde zurück
und geht zu dem verlorenen, bis er es findet?
5Und wenn er es gefunden hat, legt er es auf seine Schultern und
freut sich,
6und wenn er in das Haus gekommen ist, ruft er die Freunde und die
Nachbarn zusammen und sagt ihnen: Freut euch mit mir, weil ich
mein Schaf, das verloren war, fand.
7Ich sage euch: So wird mehr Freude im Himmel sein über einen
umkehrenden Sünder als über neunundneunzig Gerechte, welche
eine Umkehr nicht nötig haben.

Das Gleichnis vom verlorenen Schaf bildet den Anfang einer Gleichnistrilogie, in der das Thema der Freude über Verlust und Wiederfinden eines Einzelnen oder einer Einzelnen variiert wird: Ein Hirte findet nach einer aufwändigen Suche ein verirrtes Schaf und bringt es mit Freude zurück (15,3-7), eine Frau findet voll Freude eine verlorene Drachme wieder (15,8-10) und ein Vater nimmt seinen zurückgekehrten, tot geglaubten Sohn wieder auf (15,11-32). Die drei Gleichnisse werden mit einem Streitgespräch eingeleitet. Es wechselt wieder der Adressatenkreis. Öffentliche *Sünder* und *Zöllner* nähern sich Jesus, und die *Pharisäer* und *Schriftgelehrten* protestieren dagegen wie beim Anfang seines öffentlichen Auftretens (5,27-32). Die drei Gleichnisse vom Verlorenen sind eine Antwort Jesu auf die Kritik dieser Frommen an seiner Botschaft und seinem Handeln.

Im ersten Gleichnis wird eine typische Situation des Alltags dargestellt, bei der Tiere (Schaf) und unpersönliche Umstände (Einöde) zu „Mitspielern" werden. Jesus weckt Sympathie für das *verlorene Schaf*, das die Herde verlassen hat und damit gegen die geltenden Regeln verstoßen hat. Ausgerechnet um dieses Schaf sorgt sich der Besitzer mehr als um alle anderen in der Herde. Hinter der Alltagsvernünftigkeit der Suche steht aber nicht nur das wirtschaftliche Denken, dem zufolge jeder „nützlich" ist. Weit mehr steht die Freude darüber im Vordergrund, dass die Gemeinschaft wieder vollständig wird, dass keiner fehlt und niemand ausgeschlossen ist. Einen wirtschaftlichen Verlust kann der Hirt zur Not verschmerzen. Wirklich wichtig aber ist die Erfahrung, dass jede Gemeinschaft unter Tieren und Menschen danach verlangt, vollständig zu sein, weil dies auch in der Schöpfung Gottes so vorgesehen ist: Jeder verlorene Mensch und jedes verlorene Tier sollen wiedergefunden werden.

Das einleitende Streitgespräch lenkt die Übertragung. Es geht um die Norm, über die im Frühjudentum gefühlsmäßig Einverständnis herrschte: Ein *Gerechter* hat den Umgang mit *Sündern* zu vermeiden, und umgekehrt hat ein *Sünder* den Umgang mit *Gerechten* zu unterlassen. Wer ein Sünder ist, wird dabei nicht näher beschrieben. Damit wird beim Zuhörer die Vorstellung geweckt, dass es eben jeder ist, der irgendwelche geltenden Regeln verletzt. Indem die *Zöllner* als eigene Gruppe zusätzlich genannt werden, macht das Streitgespräch aber deutlich, dass mit *Sündern* auch konkrete gesellschaftliche Gruppen gemeint sind, die als öffentliche Sünder stigmatisiert werden. Doch Gott allein entscheidet mit seiner Königsherrschaft darüber, ob die Normen und Regeln, nach denen Menschen miteinander Kontakt haben dürfen oder ausgegrenzt werden sollen, gültig und wahr sind. Für die jüdische Gesellschaft muss es revolutionär klingen: Jesus fordert, dass ausgerechnet der *Sünder*, der die Norm und Wahrheit, das heißt die *Gerechtigkeit*, missachtet und *verloren* geht, die Person sein soll, mit der sie den Kontakt zu suchen haben, sodass es keine Ausgrenzung mehr geben darf. Keiner aus der Gemeinschaft der Familie, des Volkes, der Menschheit darf als *verloren* abgesondert oder aufgegeben werden. Denn jeder behält einen Wert für die Gemeinschaft. Besonders Randgruppen und Randgestalten wird wieder ein Wert zuerkannt, weil in der Gemeinschaft mit ihnen *Freude* entsteht und die Ganzheit der Königsherrschaft Gottes, in der der *Himmel* anbricht, erfahrbar wird.

Das Gleichnis von der verlorenen Drachme (15,8-10)

> 8Oder welche Frau, die zehn Drachmen hat, zündet nicht eine Lampe
> an, wenn sie eine Drachme verliert, fegt das Haus aus
> und sucht sorgfältig, bis dass sie sie findet?
> 9Und wenn sie sie gefunden hat, ruft sie die Freundinnen und
> Nachbarinnen zusammen und sagt: Freut euch mit mir, weil ich die
> Drachme fand, die ich verlor.
> 10So, sage ich euch, entsteht Freude vor den Engeln Gottes über
> einen einzigen Sünder, der umkehrt.

Die Bildhälfte des Gleichnisses bringt einen alltäglichen Fall aus einem ärmlichen Haushalt. Eine Frau verliert die Silbermünze *Drachme*, die wie der gleichwertige Denar den Lebensunterhalt einer Familie für einen Tag sichert (Mt 20,2). Das einfache Haus ist ohne Fenster, sodass die Frau eine Öllampe anzünden muss, um etwas beim Fegen zu sehen.
Ihr Absuchen des gestampften Lehms hat Erfolg; *sie findet* die Münze wieder.
Nun ereignet sich eine überschwängliche *Freude* bei der Frau. Sie ist aufgrund des kleinen Schatzes von 10 Drachmen so arm, dass sie der Verlust eines Tageslohnes in Existenznot bringt. Jetzt kann sie *Freundinnen und Nachbarinnen* zur gemeinsamen Freude über das Wiederfinden der einen Münze einladen.
Die theologische Anwendung überträgt auf die himmlische Welt sowohl das Wiederfinden als auch die Freude. Die *Umkehr* eines einzigen Sünders löst bei den Bewohnern der himmlischen Welt grenzenlose *Freude* aus. Die himmlische Gemeinschaft der *Engel* spiegelt sich in der solidarischen Gemeinschaft und *Freude* armer Frauen schon jetzt wider.

Das Gleichnis von den zwei Brüdern und dem gütigen Vater (15,11-32)

11Er sprach nun: Ein Mensch hatte zwei Söhne. 12Und es sprach der
jüngere von ihnen zum Vater: Vater, gib mir den mir zufallenden Teil
des Vermögens. Er nun teilte ihnen den Besitz zu.
13Und nach wenigen Tagen packte der jüngere Sohn alles zusammen, verreiste in ein fernes Land und verschleuderte dort sein Vermögen, heillos lebend.
14Als er aber alles verausgabt hatte, kam eine starke Hungersnot über jenes Land, und er begann, Mangel zu leiden.
15Und er ging los und schloss sich einem der Bürger jenes Landes an, und der schickte ihn auf seine Äcker zum Schweinehüten,
16und er begehrte, sich von den Schoten, die die Schweine fraßen, zu sättigen; und keiner gab sie ihm.
17Da ging er in sich und sagte: Wie viele Lohnarbeiter meines Vaters
haben Überfluss an Brot, ich aber gehe an der Hungersnot hier
zugrunde. 18Ich will aufbrechen, zu meinem Vater gehen und ihm
sagen: Vater, ich sündigte gegen den Himmel und vor dir, 19ich bin
nicht mehr wert, dein Sohn genannt zu werden; mache mich zu
einem deiner Lohnarbeiter! 20Und er brach auf und ging zu seinem
Vater.
Als er aber noch weit entfernt war, sah ihn sein Vater und erbarmte sich,
und er rannte, fiel ihm um den Hals und küsste ihn ab.
21Es sprach aber der Sohn zu ihm: Vater, ich sündigte gegen den
Himmel und vor dir, ich bin nicht mehr wert, dein Sohn genannt zu
werden. 22Es sprach aber der Vater zu seinen Sklaven: Schnell bringt
das beste Gewand heraus und bekleidet ihn, gebt einen Ring an
seine Hand und Sandalen an die Füße, 23bringt das gemästete Kalb
und schlachtet es, wir wollen essen und feiern, 24denn mein Sohn
war tot und lebt wieder, war verloren und wurde gefunden. Und sie
begannen zu feiern.
25Es war nun sein älterer Sohn auf dem Acker. Und als er heimging und dem Haus nahekam, hörte er Musik und Reigen,

[26]und er rief einen der Sklaven herbei und erkundigte sich, was die-
ses bedeute.
[27]Er sprach zu ihm: Dein Bruder ist gekommen, und dein Vater
schlachtete das gemästete Kalb, weil er ihn gesund zurückempfing.
[28]Er wurde aber zornig und wollte nicht hineingehen,
sein Vater aber kam heraus und bat ihn. [29]Er aber antwortete und
sprach zu seinem Vater: Siehe, so viele Jahre diene ich dir und nie-
mals überging ich dein Gebot, und du gabst mir niemals einen Bock,
damit ich mit meinen Freunden feiere; [30]als aber dieser dein Sohn,
der deinen Besitz mit Dirnen verzehrte, kam, schlachtetest du ihm
das gemästete Kalb.
[31]Er aber sprach zu ihm: Kind, du bist allezeit bei mir, und alles Meine
ist dein; [32]aber man musste feiern und sich freuen, weil dein Bruder
tot war und wieder lebt, verloren war und wiedergefunden wurde.

Die Bitte des jüngeren Sohnes um Auszahlung des Erbteils (12,13-14; Dtn 21,15-17) löst die einmalige Begebenheit aus. Ob die palästinensische und später die hellenistische Hörerschaft in der Bitte eine Übertretung sah, muss offen bleiben. Die Auswanderung war in Palästina üblich; die jüdische Diaspora umfasste schätzungsweise vier Millionen Juden gegenüber einer halben Million bis einer Million in Palästina. Auf alle Fälle schwingt in der Bitte eine Herausforderung mit, die nicht zu hören wäre, wenn vom Vater die Initiative zur Auszahlung ausgegangen wäre. Sinn dieser unbestimmt gelassenen Eingangshandlung ist es jedenfalls, die folgenden Prüfungen in die Eigenverantwortlichkeit des Sohnes zu stellen; die Auszahlung entspricht nicht der Willkür des Vaters.
Die Argumentation des älteren Sohnes im zweiten Teil unterstreicht diese Ausgangslage. Er hat auf ein Fortgehen verzichtet, hat auch keine Auszahlung des beweglichen Erbes verlangt und ist nicht in die Prüfung des jüngeren Bruders geraten (15,29). Der Umgang mit dem Erbe aber muss verantwortet werden. Und der *Sohn*, der sich vom Vater entfernt, geht ein größeres Risiko ein als der, der bleibt und das Erbe gemeinsam mit dem Vater verwaltet.

Eine Wertung zwischen beiden Handlungsmustern unterbleibt, da beiden Söhnen in unterschiedlicher Weise Prüfungen gestellt werden.
Der jüngere Sohn muss in der Fremde einen neuen Umgang mit seinem Erbe entwickeln. An dieser Aufgabe scheitert er. Er verschleudert das Erbe (15,13) und verliert damit die mit dem Erbe verbundenen Rechte (15,18-20). Der so entstandene Schaden wird eindringlich durch das Zwischenspiel des Schweinehütens unterstrichen. Die durch die Hungersnot bedingten Umstände sind so ungünstig, dass sie das erniedrigende und sündhafte Hüten der kultisch unreinen Schweine (mBaba Kama VII 7; bBaba Quamma 82b) erzwingen und doch nur ein Leben am Rande des Existenzminimums ermöglichen.
Das Scheitern ist aber nicht endgültig, also tragisch, sondern ist durch Änderung des Verhaltens aufhebbar. Der jüngere Sohn behält die Möglichkeit der Rückkehr und realisiert sie schließlich. Sein Verzicht auf alle Sonderrechte kennzeichnet jedoch, dass er den Verlust des Erbes ernst nimmt und in dem gesellschaftlich niedrigeren Status *Lohnarbeiter* weiterleben will. Damit hat er die familial-rechtlichen Bedingungen für die Aufnahme durch den Vater geschaffen. Der Vater gewährt ihm aber nicht nur almosenhafte Hilfe, zu der er durch die Umkehr des Sohnes verpflichtet ist, sondern *erbarmt sich* und setzt ihn mit Festkleid, Ring und Sandalen als Insignien des Herr-Seins wieder in die verloren gegangenen Rechte ein. Der Vater zeigt damit an, dass der Sohn auch in seinem Fehlverhalten gegenüber den herrschenden Normen nicht aufgehört hat, Sohn zu bleiben. So kann der Vater aus Freude über die Rückkehr des *tot* geglaubten Sohnes ein Fest *feiern*.
Da die Gegnerrolle (fernes Land) und Helferrolle (Bürger) in der ersten Hälfte so blass gehalten sind, kommen als Identifikationsangebote nur die Rollen des Helden und des Senders in Betracht. Entsprechend komplikationslos wirkt in der ersten Erzählhälfte der Schluss. Der Vater hat seinen Sohn wieder, der Sohn seine leichtsinnig verspielten Rechte. Die großzügige Liebe des Vaters und das Glück des Sohnes bleiben sympathisch.

Doch nun tritt der ältere Sohn in die Handlung ein, der ebenfalls von der voraufgegangenen Handlung betroffen ist. So fordert er sogleich zur Identifikation auf. In der sorgfältigen Erkundung über die Feier erfährt er eine verkürzte Version von dem vorangegangenen Geschehen. Aber gerade diese Verkürzung verschweigt den entscheidenden Punkt, der seine Interessen empfindlich berühren würde: die Wiedereinsetzung des Bruders in die Herrenrechte und die mögliche Schmälerung des eigenen Erbes aufgrund neuer Ansprüche des jüngeren Bruders.

Der *Zorn* und die Verweigerung der Begrüßung als Reaktion auf die Ankunft sind daher nicht zu billigen. Jedes Familienmitglied behält den Anspruch auf familiären Gruß und Fürsorge, auch wenn es die Erbansprüche verloren hat. So ist die Verweigerung des Brudertitels (*dein Sohn*) nicht zu rechtfertigen. Die Zurückweisung der nun eingesetzten väterlichen Zurede verstößt außerdem gegen das gesellschaftliche und theologische Gebot des Gehorsams gegenüber dem Vater (Kol 3,20; Eph 6,1). Der Widerspruch wird daher nicht von dem folgenden Verweis auf das vertane Erbe gedeckt. Die Kontrastierung des nicht stattgefundenen Festmahls für die Freunde mit den angeblich stattgefundenen Gelagen für Dirnen, von denen vorher aber nichts erwähnt wurde (15,13), deutet vielmehr andere Ursachen des Zornes als die Entrüstung über die vermeintliche Zurücksetzung an. Der Bruder gibt seine Verunsicherung zu erkennen. Die Bindung an den väterlichen Haushalt garantiert zwar den gewohnten Umgang mit dem Erbteil, andererseits aber fehlt dem Bodenständigen der Reiz des Neuen, die Erfahrung der Fremde mit ihrem Zwang zu alternativem Handeln. Die Erlebnisse des jüngeren Bruders in der Fremde machen dem älteren die Begrenztheit und Einlinigkeit seines Handelns sichtbar. Diese Verunsicherung nahm er aber bisher nicht zur Korrektur seines bisherigen Umgangs mit dem Erbe an, sondern verdrängte sie, was ihm durch das Scheitern (*Tot-Sein*) des Bruders außerordentlich erleichtert wurde, durch die jetzt ehrenvolle Aufnahme aber verunmöglicht wird. Der Vater stellt den Vorwurf daher in diesem Punkt sogleich richtig.

Da der ältere Bruder gemeinsam mit dem Vater über sein Erbe verfügt, hätte er jederzeit daraus ein Festmahl geben können. Auch er war also zu Hause in die Alternative gestellt, sein jetziges und künftiges Erbe zu verschleudern, zu bewahren oder in neuer Weise zu verwalten. Im Grunde ist auch er im Umgang mit dem Erbe gescheitert, sonst würde er nicht die Freude über die Rückkehr und das Wohlbefinden des jüngeren Bruders ablehnen. Der Schlussappell eröffnet dem älteren Bruder die Möglichkeit, seinerseits von der Liebe des Vaters sich einen neuen Anfang schenken zu lassen, von dem Wagemut des jüngeren Bruders zu lernen und den Rollenwechsel vom Gegner zum Helfer zu vollziehen.

Vermag also der ältere Bruder zunächst Sympathien auf sich zu lenken und durch seinen Vorwurf gar zu verstärken, so zwingt die abschließende Antwort des Vaters, die Position des älteren Sohnes noch einmal durchzugehen, ihre bereits zu Anfang erkennbare Enge aufzufinden und deren Hintergründe einzusehen. Eine rein negative Distanzierung vom älteren Bruder würde dagegen die Einsicht in die Offenheit des Schlusses verhindern. Denn durch die Identifikation mit dem älteren Sohn sollen die Hörer sein Verhalten zum Abschluss bringen. Ihnen stehen mehrere Möglichkeiten zur Auswahl wie die Konfliktvermeidung durch Unterwerfung, die Konfliktverhärtung durch weitere Weigerung und die Konfliktaustragung durch Umlernen.

Die theologische Übertragung schließt an das einleitende Streitgespräch an (15,1-3). In Identifikationsbezug treten jetzt der jüngere Sohn mit den Zöllnern und Sündern, der ältere Sohn mit den Pharisäern und Schriftgelehrten, der Vater mit Jesus als Bevollmächtigtem Gottes, des Vaters. Die Überdenkung und Veränderung gewohnten Handelns wird zum Ort der Gotteserfahrung. Bereits das Eingangsereignis setzt den Anfang der theologischen Aussage. Die autonome Verfügung über einen Bereich des eigenen Handlungsspielraums (Erbe) ist theologisch legitim. Der Verzicht auf diese Autonomie stürzt in eine Krise und fordert zum Lernen der Autonomie heraus (die Krise des älteren Sohnes).

Autonomie bedeutet aber nicht willkürliche Unabhängigkeit. Von der Gesellschaft sind mit göttlicher Legitimation Normen vorgegeben, innerhalb derer die Autonomie sich verwirklichen muss. Die törichte Verschwendung des Erbes ist eine Sünde gegenüber dem Vater und Gott. Von der Sünde sind nicht alle Beziehungen betroffen. Das Recht auf Rückkehr bleibt. Der vom Fehlverhalten angerichtete Schaden muss aber in seiner Auswirkung anerkannt werden.
Der Protest des älteren Bruders richtet sich gegen diesen theologischen Sachverhalt und kann daher zwingend aus der „Sache" widerlegt werden. Die pharisäische und schriftgelehrte Ablehnung der Aufnahme von Sündern widerspricht der eigenen theologischen Vorstellung von Sünde. Auch nach dem Alten Testament verschließt sich Jahwe keinem Sünder, der seine Schuld anerkennt und um Erhörung bittet (vgl. die Klagepsalmen). Denn Sündigkeit ist die Kehrseite der Erfahrung menschlicher Autonomie (Gen 2,4–3,24). Im Erproben des Handlungsspielraums werden erst die Kriterien für die Unterscheidung von gerechtem gegenüber sündigem Verhalten erkennbar. So vollzieht Jesus in der Aufnahme von Sündern lediglich das auch den Gegnern bekannte Handeln Gottes.
Die Wiederherstellung des Status als *Herrensohn* geht allerdings darüber hinaus. Sie bringt die neue Wirklichkeit der Königsherrschaft Gottes in die Handlung von Parabel und Rahmen ein. Jesus kann verkünden, dass Sünder genauso wie Gerechte *Söhne Gottes* (6,35) bleiben. Denn Gottes Liebe übersteigt die gesellschaftliche Ordnung und verweist auf eine neue Ordnung, in der die durch menschlich-gesellschaftliche Normensysteme bedingte Unterscheidung zwischen Sündern und Gerechten jederzeit aufgehoben werden kann.

Das Gleichnis vom klugen Verwalter und Regeln zur Verwaltung (16,1-8)

> 1Er sagte aber auch zu den Schülern: Ein Mensch war reich; der hatte einen Verwalter, und dieser wurde bei ihm verklagt, dass er seinen Besitz verschleudere.

2Und er rief ihn und sprach zu ihm: Was höre ich da über dich? Leg
Rechenschaft über deine Verwaltung ab, denn du kannst nicht noch
länger verwalten. 3Es sprach nun bei sich der Verwalter: Was werde
ich tun, weil mein Herr die Verwaltung von mir wegnimmt? Graben
kann ich nicht, zu betteln schäme ich mich. 4Ich weiß, was ich tun
werde, damit, wenn ich aus der Verwaltung entfernt werde, sie mich
in ihre Häuser aufnehmen.
5Und er rief die Schuldner seines Herrn herbei, einen nach dem anderen, und sagte dem Ersten: Wie viel schuldest du meinem Herrn?
6Er sprach: Hundert Bat Öl. Er aber sprach zu ihm: Nimm deinen
Schuldschein, setz dich und schreib schnell fünfzig!
7Danach sprach er zu einem anderen: Du nun, wie viel schuldest du?
Der sprach: Hundert Kor Weizen. Er sagt ihm: Nimm deinen Schuldschein und schreibe achtzig.
8Und es lobte der Herr den Verwalter der Ungerechtigkeit, weil er
klug handelte;
denn die Kinder dieser Welt sind im Umgang mit ihrer Generation
klüger als die Kinder des Lichts.
9Und ich sage euch, macht euch Freunde mit dem Mammon der
Ungerechtigkeit, damit, wenn er aufhört, sie euch aufnehmen in die
ewigen Wohnungen. 10Wer im Geringsten treu ist, der ist auch im Größten treu, und wer im Geringsten ungerecht ist, der ist auch im Großen
ungerecht. 11Wenn ihr nun im ungerechten Mammon nicht treu wart,
wer wird das Wahre euch anvertrauen? 12Und wenn ihr im Fremden
nicht treu wart, wer wird euch das Eure geben? 13Kein Hausdiener kann
zwei Herren dienen; denn entweder wird er den einen hassen und den anderen lieben, oder er wird an den einen sich halten und den anderen verachten. Ihr könnt nicht Gott dienen und dem Mammon.

Wieder findet ein Adressatenwechsel statt. Jetzt redet Jesus die Schüler mit einer Parabel, also mit einem einmaligen Fall, an und gibt ihnen weisheitliche Regeln zur Verwaltung von Besitz. Das Gleichnis erzählt einen einmaligen Fall. Ein Verwalter wird von nicht genannten Personen bei seinem reichen Herrn mit dem Vorwurf verklagt, dass er dessen Vermögen *verschleudere* (15,13).

Der Herr bildet sich ohne Anhörung des Verwalters sein Urteil, ruft diesen und entlässt ihn mit der Auflage, vor dem Abschied noch den Abschlussbericht zu liefern. Der Verwalter führt in komödiantischer Weise einen inneren Dialog. Er ist nicht in körperlicher Landarbeit trainiert und würde als Tagelöhner allen Mitbewerbern unterlegen sein (vgl. das Gleichnis von den Arbeitern im Weinberg, Mt 20,1-16). Das Betteln wäre eine entehrende Tätigkeit. So gelangt er zu einem neuen, ungewöhnlichen Plan.

Der Höhepunkt der Bildhälfte ist erreicht. Der Verwalter ruft die Schuldner seines Herrn, händigt ihnen den Schuldschein aus und gibt ihnen die Anweisung, den Betrag zu halbieren oder um 20% herabzusetzen. Es ist umstritten, ob der Verwalter den Herrn in unmoralischer Weise schädigt oder im Rahmen seiner Vollmacht bleibt. Denn nach griechisch-römischem und jüdischem Recht hat der Verwalter die Vollmacht des Herrn inne (12,41-46). Er kann, solange er das Verwalteramt innehat, einen Schuldschein mit Zustimmung der Schuldner abändern. Daher müssen diese auch eine niedrigere Summe mit eigener Hand auf den Schuldschein schreiben.

Der Herr wiederum könnte anschließend den Verwalter wegen des nicht abgesprochenen Schuldenerlasses belangen und Schadenersatz fordern. Genau das tut er nicht, sondern *lobt* den *Verwalter der Ungerechtigkeit. Ungerechtigkeit* ist doppeldeutig zu verstehen. Einerseits nutzt der Verwalter seine Rechtsvollmacht, um die Schuldner auf Kosten seines Herrn zu Freunden zu machen, damit sie ihm nach dem Hinauswurf helfen. Andererseits beruht die Verwaltung eines großen Landvermögens auf dem System der *Ungerechtigkeit*. Kleinbauern mussten aufgrund von hoher Steuerbelastung und immer wiederkehrenden Missernten bei reicheren Bauern Schulden machen. Deren Verzinsung und Abtragung belastete wiederum die Kleinbauern, sodass ein Kreislauf nach unten von Schuldenabtragung und Neuverschuldung bis zum Verlust des Hofes entstand. Der Verwalter durchkreuzt das System der *Ungerechtigkeit*, um ein neues System von

Solidarität aufzubauen. Schließlich war ja auch dem Verwalter ohne Anhörung und Untersuchung gekündigt worden. Der Herr kann sich offensichtlich als vermögender Grundbesitzer die Milderung der Schuldscheine erlauben. Als echter Patron, für den die Zufriedenheit der Klientel Vorrang hat vor deren Ausbeutung, stimmt er dem Verfahren des Verwalters zu. Die *Kinder dieser Welt* verstehen es, so sagt die Anwendung, in weisheitlich-vernünftiger Weise *ungerechte* Systeme zu mildern oder gar zu verändern.

Die Metapher *Kinder des Lichts* führt zur theologischen Übertragung. Als *Kinder des Lichts* sahen sich die Anhänger Jesu und die Urgemeinde (2,32; 8,16; 11,33-36; Apg 13,47; 1 Thess 5,5; Joh 12,36). Doch statt gegenseitiger Solidarität herrschte bei ihnen weiter das System der frühkapitalistischen Ausbeutung. Diese gilt es zu überwinden, z. B. mit der Gütergemeinschaft (Apg 2–4). Die Christen sollen darauf vertrauen, dass Gott die Solidarität und gegenseitige Hilfe zwischen den Menschen will und in Kauf nimmt, dass seine Ansprüche auf *Schuldentilgung* unberücksichtigt bleiben (11,4).

Die vier folgenden Sprüche und das abschließende Gleichnis vertiefen die Kritik am System des *Mammons der Ungerechtigkeit*. Mammon ist ein semitisches, der hebräischen Bibel noch unbekanntes Wort und meint das, worauf man Vertrauen hat. Im Neuen Testament steht es für Geld (16,9.11.13; Mt 6,24). Da innerhalb des antiken frühkapitalistischen Systems das Geld gewaltige Unterschiede zwischen den Gesellschaftsschichten erzeugt hat, wird es von Jesus als *ungerecht* bezeichnet. Doch es muss gebraucht werden, da ohne Geld ein ökonomisches Leben schon damals nicht mehr möglich war (9,13). Der Gebrauch des Geldes soll aber nicht auf der ökonomischen Ebene stehen bleiben, sondern auf der gesellschaftlichen Ebene ein System der Solidarität und Freundschaft schaffen. Mit *ewigen Wohnungen* markiert Jesus den theologischen Ertrag des Gleichnisses. Gott wird Solidarität und gegenseitige Freundschaftshilfe mit dem ewigen Anteil an seiner Königsherrschaft belohnen.

Die weisheitliche Regel vom *treuen* Verwalten des *Geringsten* und *Großen* schärft ein, dass die Verletzung von Normen der Vermögensverwaltung nicht beliebig sein darf. Nur wenn das System des ungerechten Geldes nachhaltig verändert wird, ist eine Grenzüberschreitung der gewohnten Norm lobenswert.

So fordern die zwei folgenden rhetorischen Fragen, dass die Buchführung des ungerechten Mammons sorgfältig einzuhalten ist. Später gab es in der Gemeinde von Antiochien eine Geldsammlung für die hungernde Gemeinde in Jerusalem; selbstverständlich haben die Apostel Barnabas und Paulus diese Kollekte treu verwaltet und in Jerusalem vollständig abgeliefert (Apg 11,27-30).

Das weisheitliche Gleichnis vom *Hausdiener* verdeutlicht abschließend die Unvereinbarkeit von *Gott* und *Mammon*. Ein Hausdiener kann nur *einem* Haus und *einem* Herrn angehören. Die antike Praxis, Haussklaven auszuleihen, ist problematisch (Phlm). Denn die Beziehungen zu einem Herrn beruhen auf Liebe, die nicht austauschbar ist. Der erzwungene Dienst beim ersten (Phlm) oder zweiten Herrn bewirkt einen Beziehungskonflikt, der zu Hass führen kann. So bleiben die Beziehung zu Gottes Herrschaft und zum Mammon unvereinbar. Der Christ bleibt allerdings während des irdischen Lebens permanent in diesem Spannungsfeld.

Selbstgerechtigkeit, Evangelium und Ehescheidung (16,14-18)

> 14Es hörten nun dieses alles die Pharisäer, die Geld liebend sind, und verhöhnten ihn. 15Und er sprach zu ihnen: Ihr seid die, die sich selbst gerecht sprechen vor den Menschen, Gott aber erkennt eure Herzen; denn was bei den Menschen groß ist, ist ein Gräuel vor Gott.
>
> 16Das Gesetz und die Propheten galten bis Johannes; von da an wird die Königsherrschaft Gottes als Evangelium verkündet, und jeder dringt gewalttätig in sie ein.
>
> 17Es ist leichter, dass der Himmel und die Erde vergehen, als dass vom Gesetz ein einziges Häkchen wegfällt.

> [18]Jeder, der seine Frau entlässt und eine andere heiratet, bricht die Ehe, und der, der eine vom Mann Entlassene heiratet, bricht die Ehe.

Es folgt wieder aufgrund eines Streitgesprächs ein Adressatenwechsel. Die Pharisäer hören die Schülerbelehrung mit und *verhöhnen* Jesu neue Regeln zum Umgang mit Geld. Ihre Charakterisierung mit *Geldliebe* meint zunächst nur, dass sich die Pharisäer eine Gesellschaft ohne Geldumlauf nicht mehr vorstellen können und daher am *Gelde hängen* (Einheitsübersetzung). Jesus antwortet mit vier weisheitlichen Sprüchen.

Mit dem ersten Weisheitswort deckt er erneut die *Selbstgerechtigkeit* der Pharisäer auf (11,42-44). Mit ihrem Vertrauen auf das Geld ehren sie tief im Herzen nur das, was in der Gesellschaft als *groß* gilt, aber verfehlen die Beziehung zu Gott, der die Einstellung des Herzens *kennt*; sie dienen dem *Gräuel* (Dan 9,27; 11,31), d. h. dem Gegengott Mammon.

Das zweite Weisheitswort stellt fest, dass jetzt die eschatologische Zeit angebrochen ist und die Verheißungen der *Propheten* sich erfüllt haben. Das *Gesetz*, die Tora, galt bis Johannes als der Wille Gottes für Israel. Ab Johannes aber beginnt die eschatologische Zeit des *Evangeliums* von der *Königsherrschaft Gottes*. Das Evangelium fordert dazu auf, dass jeder sich in diese geradezu *gewalttätig* hineindrängt. Die Wundergeschichten, Sammelberichte und Volksbelehrungen veranschaulichen unübersehbar das Hineindrängen. Auch nach Ostern wird dieses Hineindrängen in die *Königsherrschaft Gottes* als Zeit der Kirche anhalten (Apg 1–28).

Das dritte Weisheitswort betont, dass die Weisungen des Alten Bundes nicht aufgehoben sind, sondern neu interpretiert werden müssen. Jedes *Häkchen*, d. h. jeder Buchstabe, wird weiter tradiert, aber nicht mehr kleinlich befolgt, sondern von der angebrochenen Königsherrschaft Gottes her neu verstanden.

Das vierte Weisheitswort stellt am Beispiel der Ehe vor, wie die Neuinterpretation des Gesetzes durch das Evangelium erfolgen muss. Jesus spricht aus der Perspektive des Ehemannes. Das Entlassen der Frau durch den Scheidebrief (Dtn 24,1-4) mit dem Ziel der Heirat einer anderen Frau wird als Ehebruch untersagt und ebenso die Heirat einer Entlassenen, weil ja deren Ehe fortdauert. In der angebrochenen Königsherrschaft Gottes bleibt die Einehe unauflösbar. Alles *Anstößige* in der Ehe ist jetzt nicht mehr Anlass für einen Scheidebrief (Dtn 24,1), sondern wird vergeben (11,4: das Vatergebet). Der Scheidebrief wird überflüssig.

Das Gleichnis vom reichen Mann und vom armen Lazarus (16,19-31)

[19]Ein Mensch war reich, zog sich Purpurgewand und Feinleinen an
und feierte glänzend täglich.
[20]Ein Armer aber mit Namen Lazarus lag mit Geschwüren bedeckt
vor seinem Tor [21]und begehrte, von dem, was vom Tisch des Reichen
fiel, gesättigt zu werden. Aber stattdessen kamen die Hunde und
beleckten seine Geschwüre.
[22]Es geschah aber, dass der Arme starb und von den Engeln in den
Schoß Abrahams fortgetragen wurde.
Es starb auch der Reiche und wurde begraben.
[23]Und im Hades erhebt er seine Augen, denn er war in Qualen, und
sieht Abraham von Weitem und Lazarus in seinem Schoß.
[24]Und er rief und sprach: Vater Abraham, erbarme dich meiner und
schick Lazarus, damit er die Spitze seines Fingers ins Wasser tauche
und meine Zunge abkühle; denn ich leide in diesem Feuer. [25]Es
sprach aber Abraham: Kind, gedenke, dass du deine Güter in deinem
Leben empfingst und Lazarus gleicherweise die Übel; jetzt aber wird
er hier getröstet, du aber leidest. [26]Und zu allem diesem ist zwischen
uns und euch ein tiefer Abgrund errichtet, damit die, die von hier zu
euch hinübergehen wollen, es nicht können, noch die von dort zu
uns durchgelangen können. [27]Er sprach: Ich bitte dich nun, Vater,
dass du ihn ins Haus meines Vaters schickst; [28]denn ich habe fünf
Brüder, auf dass er ihnen bezeuge, damit nicht auch sie in diesen Ort
der Qual kommen.
[29]Es sagt aber Abraham: Sie haben Mose und die Propheten; sie sollen sie hören. [30]Er sprach: Nein, Vater Abraham, aber wenn einer von

den Toten zu ihnen kommt, werden sie umkehren. [31]Er sprach zu ihm: Wenn sie Mose und die Propheten nicht hören, werden sie auch nicht, wenn einer von den Toten aufersteht, überzeugt werden.

Es folgt eine längere Parabel mit einem einmaligen Fall. Ein Reicher lebt nach damaliger Konvention mit kostbarer Kleidung und täglichen Mahlfeiern. Er bleibt anonym.
Der arme Lazarus hingegen liegt als Kontrastfigur krank und mit *Geschwüren bedeckt* vor dem Tor des Reichen. Lazarus erhofft, von den Tischabfällen des Reichen *gesättigt zu werden* (15,16). Unter den Tisch fielen hauptsächlich die Brotstücke, mit denen die Mahlgäste ihre Finger abwischten. Aber wie beim verlorenen Sohn gibt ihm keiner die Abfälle, sondern die Hunde des Hauses und der Umgebung fressen die Reste auf und belecken aus Fressgier die Wunden, während Lazarus zu schwach zur Gegenwehr ist. Der Eigenname *Lazarus*, hebräisch: *Gott kommt zu Hilfe* (El-easar), gibt aber dem Armen Kraft, nicht zu verzweifeln.
Der Arme stirbt und wird zum Stammvater Abraham gebracht, um gemeinsam mit ihm und mit allen anderen verstorbenen Gerechten aus Israel die Beziehung zu Gott zu behalten und auf das Weltgericht mit der ewigen Seligkeit zu warten.
Der Reiche stirbt und erfährt ein Begräbnis mit Pomp und Grabmal.
Der griechische Hades ist normalerweise ein Ort ohne Qualen, aber auch ohne Freuden (10,15); nur im Abyssos leiden einige Frevler gegen die Gottheiten ewige Qualen (8,31; Offb 20,3). Im jüdischen Raum entsteht unter dem Einfluss der Apokalyptik der zwischentestamentlichen Literatur, insbesondere des 1. Henochbuches (3.–1. Jahrhundert v. Chr.), die Vorstellung von der Unterwelt als Ort von Qualen (aethHen 22). Das Feuer des Weltgerichts (3,9-17; 12,49) brennt schon jetzt für die Übeltäter. Der Reiche sucht bei den Feuerqualen einen Ausweg und entdeckt Lazarus bei Abraham.
Nun beginnt eine schriftgelehrte Diskussion. Der Reiche erbittet von Abraham die Linderung des Durstes durch Lazarus. Abraham

macht dagegen auf das weisheitliche Tun-Ergehen-Schema aufmerksam. Der Reiche und der Arme erfahren jetzt eine Umkehrung ihrer irdischen Verhältnisse. Da der Reiche auch die Werke der Barmherzigkeit an Lazarus unterlassen hat (Jes 58,7), also für tägliche Nahrung und die Behandlung der Wunden zu sorgen (11,3; 14,12-14; 10,25-37), kann auch Lazarus keine Werke der Barmherzigkeit an ihm tun. Der *Abgrund* symbolisiert räumlich, dass zwischen beiden keine Hilfeleistung mehr möglich ist. Doch der Reiche gibt noch nicht auf, sondern wünscht eine Hilfeleistung für seine noch lebende Familie.

Auch diesen Wunsch muss Abraham mit dem Verweis auf die heiligen Schriften Israels mit Tora und Propheten ablehnen. Sie allein geben die Weisungen für den Weg, der zur dauerhaften Verbindung mit Gott führt. Die weisheitliche Zwei-Wege-Lehre steht weiterhin im Hintergrund (13,22-30). Nun fordert der Reiche ein Zeichen, das seine Brüder zur *Umkehr* zwingt (11,29-32). Der Vorschlag des Besuches eines Toten ist problematisch, da in Israel die Totenbeschwörung unter Todesstrafe verboten ist (1 Sam 28,3-25). Gleichzeitig ist der Totenbesuch eine ironische Anspielung auf Jesu Auferweckung, da dieser gerade nicht im Bereich des Todes verbleiben, sondern diesen überwinden wird (24,5.46). Die abschließende Antwort von Abraham führt die Ironie fort. Wer nicht auf die heiligen Schriften Israels hört, wird sich auch nicht von der *Auferstehung* Jesu vom Tode *überzeugen* lassen und umkehren (24,25-27).

Die Bildhälfte verhandelt zwar theologische Grenzfragen, bietet aber kein Abbild von Himmel und Hölle. Der theologische Übertrag zielt auf die weisheitliche Zwei-Wege-Lehre. Der Reichtum des Reichen vergeht im Tode (12,16-21) und der Arme hat schon jetzt Anteil an der Königsherrschaft Gottes (6,20-21). Das Warten der Toten auf das Weltgericht kann als Schlaf (8,52), aber auch als Leben in Seligkeit oder Qualen, je nach Lebensweise, beschrieben werden. Der jüdische *Schoß Abrahams* gleicht der Insel der Seligen oder dem Elysium im griechischen Hades. Die Toten können ihren Lebenswandel und den der Lebenden nicht mehr verändern. Doch diese Regel gilt nur bis zur Auferweckung Jesu. Dann ist der Tod besiegt, und alle Glaubenden haben dann Gemeinschaft mit dem erhöhten Jesus und untereinander (Apg 1,8-11). Nicht Totenbeschwörungen, sondern die Auslegung der Schriften des Alten Bundes auf Jesus Christus hin und das gemeinsame Mahlhalten sind der Weg zum Glauben (24,13-35). Über das Schicksal der Nichtglaubenden nach dem Weltgericht schweigt der Evangelist; es bleibt dem Weltenrichter überlassen (21,5-28).

Ärgernis, Vergebung, Glaube und Gleichnis vom Dienst (17,1-10)

[1]Er sprach nun zu seinen Schülern: Unmöglich ist, dass die Ärgernis-
se nicht kommen, jedoch wehe, durch den sie kommen; [2]besser wäre
für ihn, wenn ein Mühlstein um seinen Nacken herumgelegt und er
ins Meer geworfen wäre, als dass er einem einzigen dieser Kleinen
Ärgernis gibt. [3]Nehmt euch in Acht!
Wenn dein Bruder sündigt, fahre ihn an, und wenn er umkehrt, erlas-
se ihm! [4]Und wenn er siebenmal des Tags gegen dich sündigt und
siebenmal sich hinwendet zu dir und sagt: Ich kehre um, erlassen
sollst du ihm!
[5]Und es sprachen die Apostel zum Herrn: Verleihe uns Glauben! [6]Es
sprach nun der Herr: Wenn ihr Glauben wie ein Senfkorn habt, wür-
det ihr diesem Maulbeerfeigenbaum sagen: Entwurzele dich und
pflanze dich ins Meer! Und er würde euch gehorchen.
[7]Wer aber von euch, der einen Sklaven hat, der pflügt oder weidet,
wird ihm, wenn er hereinkommt vom Acker, sagen: Sogleich komm
her und leg dich zu Tisch?
[8]Wird er ihm nicht vielmehr sagen: Bereite, was ich speisen werde,
umgürte dich und bediene mich, solange ich esse und trinke, und
danach wirst du essen und trinken? [9]Bedankt er sich bei dem
Sklaven, weil er das Angeordnete tat?
[10]So sollt auch ihr, wenn ihr alles euch Angeordnete tatet, sagen:
Sklavinnen und Sklaven ohne Bedürfnisse sind wir; was wir zu tun
schuldeten, haben wir getan.

Mit dem Gespräch zwischen Jesus und den Schülern wechselt wieder die Adressatengruppe. Jesus warnt seine Schüler vor *Ärgernis geben* und weist sie zur Vergebung an. Die Schüler antworten mit der Bitte um Glauben. Jesus schließt das Gespräch mit einem Bildwort zum Glauben und einem Doppelgleichnis zum Dienen ab. Im ersten Weisheitswort meint *Ärgernis*, Jesus und seine Botschaft als *Skandal* (griechisch: skándalon) abzulehnen (7,23). Die *Schüler* stehen in der Gefahr, anderen die Jesusbotschaft zum Skandal zu machen. *Kleine* ist sehr umfassend gemeint. Das Kind ist *klein* und die Schüler sollen im gegenseitigen Dienst zu den *Kleineren* werden (9,46-48; 22,24-30). Auch der Zöllner Zachäus ist klein, möchte aber dennoch Jesus sehen (19,3). Mit *klein* sind die Schwachen der Gesellschaft gemeint, die Kinder, Sklaven und Frauen, die alle ohne Geschäftsfähigkeit sind, aber auch die zu Jesus andrängenden Sucher der Königsherrschaft Gottes und die dienstbereiten Schüler. Wer diese Schwäche und Kleinheit ausnutzt und dadurch einen Abfall vom Glauben an die angebrochene Königsherrschaft Gottes verursacht, wird im Weltgericht die Verurteilung erfahren. Der vorzeitige Tod, der symbolisch übersteigend mit *Versenken ins Meer mit einem Mühlstein* beschrieben wird, wäre für den Täter besser als das Weltgericht. Da alle Schüler in der Gefahr stehen, andere zum Glaubensabfall zu veranlassen, erhalten sie alle eine Mahnung zur Vorsicht.

Vom Erlassen der Schuld war schon beim Vater-Gebet (11,4) und beim Gleichnis vom Gang zum Richter (12,58-59) die Rede. Jetzt wird die Bereitschaft zur Sündenvergebung mit der symbolischen Zahl *siebenmal* am Tag zu einer ständigen Haltung erklärt. Allerdings muss auch der *Sünder* seine Bereitschaft zur *Umkehr* glaubhaft deutlich machen.

Für die Antwort der Schüler führt der Evangelist den Titel *Apostel* ein. *Apostel* kann sowohl alle *Schüler* (10,1.16) als auch den engeren Zwölferkreis meinen (6,13; 9,10; 22,14; 24,10). Hier bezeichnet er alle *Schüler*, weil sie ja alle die Bitte um Glauben nötig haben. So steht diese Bitte für alle Christen und nicht nur für den leitenden Kernkreis. Die Antwort Jesu, des *Herrn*, greift auf das Senf-

korn-Gleichnis zurück (13,18-19). Wie die Königsherrschaft Gottes plötzlich, von einem kleinen Senfkorn ausgehend, die ganze Welt erfüllen kann, so kann auch ein wenig Glauben plötzlich den ganzen Christen erfüllen. Und dann kann mit dichterischer Übertreibung sein Glaube Bäume ins Meer versetzen.
Jesus schließt das Gespräch mit dem Gleichnis vom Sklavenlohn ab. Es ist wieder in der rhetorischen Frageform gehalten (vgl. die Gleichnisse 11,5-13). Nach antiker Konvention wird der Herr natürlich nicht den Sklaven nach getaner Arbeit sogleich zu Tisch bitten (gegen 12,35-38), sondern sich zuerst das Mahl bereiten lassen und dann dem Sklaven sein Mahl erlauben. Die anschließende Frage zielt auf die Ethik. Ein Herr braucht seinem Sklaven nicht dankbar für die geleistete Arbeit zu sein und umgekehrt hat der Sklave als Mitglied des Betriebs über den Lebensunterhalt hinaus keine weiteren Ansprüche an den Herrn auf die Befriedigung von Sonder*bedürfnissen*. Der theologische Übertrag ist, dass Gott für den Lebensunterhalt seiner Diener sorgt, aber keine Ansprüche auf Sonderentlohnung bei der Vollendung seiner Königsherrschaft anerkennt.

Der dankbare Samariter (17,11-19)

11 Und es geschah beim Wandern nach Jerusalem, dass er an der Grenze zwischen Samaria und Galiläa entlangzog.
12 Und als er in ein Dorf hineinkam, begegneten ihm zehn aussätzige
Männer, die von Weitem stehen blieben, 13 ihre Stimme erhoben und
sagten: Jesus, Lehrer, erbarme dich unser!
14 Und er sah sie und sprach zu ihnen: Geht, zeigt euch den Priestern! Und es geschah, dass sie auf ihrem Gang rein wurden.
15 Einer aber von ihnen, der sah, dass er geheilt war, kehrte zurück
und verherrlichte Gott mit lauter Stimme, 16 und er fiel auf sein An-
gesicht vor seinen Füßen und dankte ihm. Und er war ein Samariter.
17 Jesus antwortete und sprach: Wurden nicht die zehn rein? Wo aber
sind die neun? 18 Hat sich unter ihnen keiner gefunden, um zurückzu-
kehren und Gott die Ehre zu geben, außer diesem Fremdstämmi-

gen? [19]Und er sprach zu ihm: Steh auf und geh! Dein Glaube hat dich gerettet.

Es liegt eine formgerechte Wundergeschichte vor. Zur Einleitung gehört ein kurzer Sammelbericht zur Wanderschaft Jesu. Noch immer pendelt er zwischen den Dörfern an der Grenze zwischen Galiläa und Samaria hin und her mit dem Ziel Jerusalem (13,31-35). In einem Dorf begegnen Jesus zehn Aussätzige und bitten um *Erbarmen*.
Der Höhepunkt setzt sofort ein. Anstelle eines Heilungswortes gibt Jesus den Auftrag, die Reinheit sich vom Priester bestätigen zu lassen (5,14). Während des vertrauensvollen *Ganges* nach *Jerusalem* zum Tempelbezirk erfolgt die *Reinigung*. Aufgrund des Vertrauensglaubens konnte Jesus die Fernheilung bewirken.
Der Abschluss bietet wieder ein Gespräch (13,10-17). Ein Geheilter kehrt nach der Reinheitserklärung des Priesters zurück, *verherrlicht* Gott wie sonst das Volk und vollzieht den ehrenden Fußfall vor Jesus wie der Aussätzige bei der ersten Heilung (5,12). Er ist als Einziger von den Geheilten ein *Samariter* und zeigt wie der Samariter im Gleichnis das spontane Gefühl von Mitleiden und Dankbarkeit (10,25-37). Jesu Betonung des *Fremdstämmigen* verweist auf die Samaritermission durch den Kreis der Zweiundsiebzig (10,1-16) und für die Zeit nach Ostern (Apg 8,4-25); die neun geheilten Juden sind wie die Tempelhierarchie zum Dank nicht fähig, wohl aber der *fremde* Samariter. Sein *Glaube rettet* ihn nicht nur vor dem Aussatz (8,48), sondern gibt ihm schon jetzt Anteil an der angekommenen Königsherrschaft Gottes, der den undankbaren geheilten Juden versagt bleibt.

Vom Kommen der Königsherrschaft Gottes (17,20-21)

[20]Als er nun von den Pharisäern gefragt wurde, wann die Königsherrschaft Gottes komme, antwortete er ihnen und sprach: Es kommt die Königsherrschaft Gottes nicht auf beobachtbare Weise, [21]auch werden sie nicht sagen: Siehe, hier! oder: Dort! Denn siehe, die Königsherrschaft Gottes ist unter euch.

Wieder wechseln die Adressaten. Die Pharisäer fragen in apokalyptischer Weise nach dem Zeitpunkt des Kommens der *Königsherrschaft Gottes*. Sie erwarten mit deren Ankunft den Beginn des Weltendes und Weltgerichts (Dan 7) und wollen schon jetzt mit beobachtbaren Zeichen dessen Zeitpunkt bestimmen (12,54-57). Jesus setzt dagegen, dass das Kommen der *Königsherrschaft Gottes* nicht mit empirischen Zeichen berechnet werden kann (11,29-32). Auch der erste künftige Ankunftsort oder der Ort ihrer gegenwärtigen Existenz kann nicht bestimmt werden (17,22-37). Jesus unterlässt bewusst einen Verweis auf den Tempelbezirk, weil dort Gottes gegenwärtige Herrschaft über Israel und alle Völker in unerträglicher Weise von den Hohenpriestern verdunkelt worden ist (19,45–20,8). Sie ist vielmehr mitten unter den Pharisäern und anderen Juden anwesend. Denn sie ist in Jesus angebrochen, bleibt aber dennoch wie ein *Senfkorn* unscheinbar (8,4-15; 13,18-19; 17,5-6). Weder die Schülerkreise um Jesus noch die Tausenden von Mitziehenden, noch die nachösterliche Kirche sind identisch mit ihr, wohl aber bieten sie den Raum, in dem sie sich entfalten kann. Sie existiert in einer dynamischen Weise, die auch die Pharisäer, solange sie mit dem Herzen den Willen Gottes erfüllen, erreicht.

Vom Kommen des Menschensohnes (17,22-37)

> 22Er sprach nun zu den Schülern: Kommen werden Tage, da ihr
> begehren werdet, einen der Tage des Menschensohnes zu sehen,
> und ihr werdet ihn nicht sehen. 23Und sagen werden sie euch: Siehe
> dort! oder: Siehe hier! Geht nicht hin und folgt nicht! 24Denn wie der
> Blitz vom einen Ende unter dem Himmel bis zum anderen Ende
> unterm Himmel blitzend leuchtet, so wird der Menschensohn an seinem Tag sein. 25Zuerst aber muss er vieles leiden und von diesem
> Geschlecht verworfen werden.
>
> 26Und gleichwie es geschah in den Tagen Noachs, so wird es auch in
> den Tagen des Menschensohnes sein: 27Sie aßen, sie tranken, sie heirateten und sie wurden verheiratet bis zu dem Tag, an dem Noach in

die Arche hineinging und die Sintflut kam und alle vernichtete.
28 Ebenso geschah es in den Tagen Lots: Sie aßen, sie tranken, sie
kauften, sie verkauften, sie pflanzten und sie bauten. 29 An dem Tag
aber, an dem Lot hinausging von Sodoma, regnete es Feuer und
Schwefel vom Himmel und vernichtete alle. 30 Genauso wird es sein
am Tag, an dem der Menschensohn geoffenbart wird. 31 An jenem
Tag steige der, der auf dem Dach sein wird und seine Sachen im Haus
hat, nicht herab, sie wegzutragen, und ebenso kehre der, der auf dem
Felde ist, nicht zu dem zurück, was hinter ihm liegt. 32 Erinnert euch
an Lots Frau! 33 Wer sein Leben zu erhalten sucht, wird es verlieren,
wer es aber verliert, wird es lebendig machen. 34 Ich sage euch, in die-
ser Nacht werden zwei auf einem Bett sein, der eine wird mitge-
nommen werden, und der andere wird zurückgelassen werden; 35 es
werden zwei an demselben Ort am Mahlen sein, die eine wird mitge-
nommen werden, die andere aber wird zurückgelassen werden. [36]
37 Und sie antworten und sagen ihm: Wo, Herr? Er sprach zu ihnen:
Wo der Leichnam ist, dort auch werden sich die Adler versammeln.

Jesus wechselt wieder die Adressaten und spricht nun zu seinen Schülern über das baldige Weltgericht. Er deutet die Schrecken der Endzeit an, über die er später noch einmal reden wird (21,5-28). Die Schüler werden in naher Zukunft die Wiederkehr Jesu als richtender *Menschensohn* dringend erwarten, aber er wird sein Kommen noch ein wenig verzögern. Daher dürfen die Schüler nicht falschen Identifikationen des messianischen und richtenden *Menschensohnes* und des Ortes des Weltgerichts folgen. Die *feierliche Ankunft* (Parusie) des Menschensohnes wird wie der Blitz den ganzen Himmel erhellen. Die Leidensankündigung verdeutlicht, dass Jesus als *Menschensohn* ein voller Menschen ist, der vor der Parusie den Tod erleiden muss, und zwar den gewaltsamen Kreuzestod, danach auferweckt wird und dann allen Menschen die Rettung aus der untergehenden Welt bringt. Alle drei Facetten der Menschensohn-Christologie (bevollmächtigter Mensch, leidender Messias, himmlischer Weltenrichter) sind noch einmal kurz genannt.

Die Schrecken der Endzeit werden mit der Sintflut verglichen. Damals wurde nur Noach durch den Gang in die Arche gerettet, während die anderen Menschen alle umkamen. Bei der Parusie des Menschensohnes kommt es dagegen darauf an, dass alle unverzüglich zum Erscheinungsort des Menschensohnes eilen. Ein Zurückblicken trennt wie bei der Berufung (9,62) und bei der Flucht Lots aus Sodoma vom Menschensohn (Gen 19,1-29).
Das anschließende Weisheitswort mit den zwei Gleichnissen betont die Scheidung zwischen zwei unterschiedlichen Einstellungen. Das Leben für Jesus zu verlieren bedeutet, es für ewig wiederzugewinnen (9,24). Das Gleichnis von den Männern auf dem einen Bett zeigt Armut an. Sie haben nur ein Bett zur Verfügung (11,5-8). Das Gleichnis von den Frauen an der Mühle verweist ebenfalls auf bescheidene Verhältnisse; die Frauen müssen die schweren Getreide- und Ölmühlen selbst betätigen. Aufgrund ihrer Entscheidung für Jesus werden die einen von den Männern und Frauen gerettet, die anderen gehen unter. Die Schlussfrage zeigt ein Schülerunverständnis an. Sie wollen noch immer ähnlich wie die Pharisäer den Ort der Ankunft des wiederkommenden *Herrn* Jesus genau wissen (Apg 1,6). Dieser antwortet mit einem Gleichnis. Wie der *Adler* blitzschnell seine Beute schlägt (Hab 1,8) und der Geier schnell das Aas findet, so plötzlich wird der richtende *Menschensohn* kommen, wenn die Welt zerstört und sein Ankunftsort unbekannt ist. *Adler* ist eine Anspielung auf den römischen Wappenvogel. Zu den Adlern wurden auch die Geier gezählt, die Aas aus weiter Entfernung riechen können und sofort heranfliegen (Plinius, Naturkunde 10,6ff.). *Leichnam* kann dann sowohl die erschlagene Beute als auch das Aas nicht gejagter Tiere bedeuten. Nur der Vorgang des Gleichnisses kann übertragen werden, nicht der einzelne Akteur. Der *Tag des Menschensohnes* ist in der Schnelligkeit, im Vernichten und im Sammeln schneller und stärker als die stärksten Vögel und die Weltmacht Rom, und der Ort wird erst nach der Ankunft des Menschensohnes bekannt.

Das Gleichnis vom gottlosen Richter und der Witwe (18,1-8)

> 1Er sagte ihnen nun ein Gleichnis, dass sie allzeit beten und nicht ermüden sollten: 2Ein Richter lebte in einer Stadt, der Gott nicht fürchtete und keinen Menschen achtete. 3Eine Witwe aber war in jener Stadt, kam zu ihm und sagte: Verschaffe mir Recht gegen meinen Widersacher!
> 4Und lange wollte er nicht. Dann aber sprach er bei sich: Wenn ich auch Gott nicht fürchte und keinen Menschen achte, 5werde ich dieser Witwe Recht verschaffen, weil sie mir Mühe bereitet, damit sie nicht am Ende kommt und mir ins Gesicht schlägt.
> 6Es sprach nun der Herr: Hört, was der Richter der Ungerechtigkeit sagt! 7Wird Gott aber nicht seinen Auserwählten Recht verschaffen, die tags und nachts zu ihm rufen, und ihnen gegenüber abwarten?
> 8Ich sage euch: Schaffen wird er ihr Recht in Kürze. Wird jedoch der Menschensohn bei seinem Kommen Glauben auf der Erde finden?

Jesus schließt die Rede vom Kommen des Menschensohnes mit einem Gleichnis ab. Der Evangelist gibt am Anfang die Leseanweisung, beim *Beten* nicht zu *ermüden* (11,5-13). Die bittende *Witwe* wird das hervorstechende Identifikationsangebot. Die Beschreibung des Richters entspricht für Zivilrechtsfälle griechisch-römischen und jüdischen Verhältnissen, denn in Palästina fällten analog zu den antiken Einzelrichtern Schriftgelehrte das Urteil (12,13-15), während für das jüdische Strafrecht Kollegien (synhédrion) zuständig waren (19,45-48). Es prallen nun der selbstherrliche Richter und die Klage führende Witwe aufeinander. Gott fordert den Schutz von Witwen, da diese nur begrenzt rechtsfähig sind und in der Gesellschaft normalerweise kein Netz mächtiger Rechtsbeziehungen haben (Dtn 10,17-18; Jer 7,6). Da der Richter *Gott* nicht *fürchtet*, entscheidet er nicht für die Witwe.

Stattdessen verschleppt er den Prozess für eine *lange* Zeit. Doch dann führt er einen komödiantischen inneren Dialog. Er hat vor Gott und Menschen keine Furcht, wohl aber vor der Beharrlichkeit der Witwe, die den Rechtsstreit nicht aufgibt und sogar

handgreiflich gegen den Richter werden könnte. So gibt er, so muss der Hörer ergänzen, der Witwe Recht.
Bei der theologischen Übertragung wird der *Richter der Ungerechtigkeit* zu Gott, so wie der *Verwalter der Ungerechtigkeit* zur Identifikationsfigur für den Christen wird (16,1-8). Der Hörer muss vom Kleineren auf das Größere schließen. So wie das System der Ungerechtigkeit der Rechtsprechung und Verwaltung ständig zur Gerechtigkeit hin verändert werden muss, so muss auch der scheinbar ungerecht handelnde Gott ständig im Gebet angerufen werden. Dann wird er das Gebet schließlich erhören (11,1-13).
In der Anwendung bestätigt Jesus ausdrücklich eine solche Übertragung der *Ungerechtigkeit* auf Gott. Dessen Reaktion präzisiert er allerdings mit *Recht verschaffen*. Es geht beim Gebet nicht um die Erlangung irdischer Güter, sondern um die Wahrung der Personenwürde. Wenn diese durch Verfolgung wegen des Glaubens an Gott bedroht wird, wird Gott in Kürze mit dem Weltgericht das Recht auf Glauben und Personenwürde von Witwen und anderen *Auserwählten* wiederherstellen. Im Auftrage Gottes wird der Menschensohn Jesus als Weltenrichter fungieren. Wird er vorher Glauben an seine Vollmacht finden, die ja schon jetzt anfanghaft wirkt? Jesus belässt es bei dieser offenen Frage an seine Schüler und wechselt wieder zu anderen Hörern über.

Das Beispiel vom Pharisäer und vom Zöllner (18,9-14)

9Er sprach nun zu einigen, die von sich selbst überzeugt waren, gerecht zu sein, und die übrigen verachteten, dieses Gleichnis: 10Zwei Menschen gingen zum Tempelbezirk hinauf, um zu beten; der eine war ein Pharisäer und der andere ein Zöllner.
11Der Pharisäer stellte sich hin und betete dieses bei sich: Gott, ich danke dir, dass ich nicht wie die übrigen Menschen bin, Räuber, Ungerechte, Ehebrecher, oder auch wie dieser Zöllner; 12ich faste zweimal die Woche, ich verzehnte alles von dem, was ich erwerbe.

13Der Zöllner aber stand weit hinten und wollte nicht die Augen zum Himmel richten, sondern schlug sich an seine Brust und sagte: Gott, sei mit mir Sünder versöhnt!
14Ich sage euch: Dieser ging gerechtfertigt in sein Haus hinab im Vergleich zu jenem. Denn jeder, der sich selbst erhöht, wird erniedrigt werden, wer aber sich selbst erniedrigt, wird erhöht werden.

In der Einleitung wird der Kreis der Hörer auf alle diejenigen ausgedehnt, die keine Sünde an sich erkennen können und die anderen verachten. Es kommt die nachösterliche Situation der Gemeinde in den Blick. Wie bei den Christen gibt es auch bei den Pharisäern und anderen Gruppen Leute mit Selbstüberschätzung (11,37-54). Da der Tempelbezirk auf dem Gipfelplateau des Zionsberges liegt, müssen die jüdischen Beter hinaufgehen, um im Vorhof der Männer unmittelbar vor dem Brandopferalter und dem heiligen Tempelgebäude ihr Anliegen laut Gott vortragen. Die Beterinnen gehen in den davor liegenden Vorhof der Frauen. Der Pharisäer formuliert in Anlehnung an die Einleitung zum Psalter ein Dankgebet, dass Gott ihm das Leben nach seinen Weisungen ermöglicht hat und ihn von den Frevlern, Sündern und Spöttern getrennt hat (Ps 1,1; bBer 28b). Allerdings grenzt er mit komödiantischer Übertreibung seinen Weg gleichzeitig von allen *übrigen Menschen* ab. So wird er zur polemischen Karikatur eines selbstgerechten Frommen. Der Katalog der öffentlichen Sünder wie *Räuber, Ungerechte, Ehebrecher* und *Zöllner* bleibt beliebig. Fatal ist, dass der selbstgerechte Pharisäer im Unterschied zum Liebespharisäer die Weisungen Gottes nicht aufgrund von Liebe (mBer IV 2), sondern aufgrund von kleinlichen Zwängen, dem *Verzehnten von allem Erworbenem*, hält (11,37-44) und sich von anderen, weniger zwanghaften Betern überheblich absetzt (mSota III 4; bSota 22b).

Der Zöllner hingegen vertraut der Liebe Gottes, stellt sich im Vorhof der Männer hinter dem Pharisäer auf und richtet seine Augen demütig auf den Boden. Er erkennt seine Sünden gegen Gottes Weisungen an (19,1-10) und bittet Gott gnädig um Ver-

söhnung. Wie hinter Jesu Aufforderung zu ständiger Vergebung die andauernde Vergebungsbereitschaft Gottes steht (11,4; 15,1-32), so kann auch der Zöllner auf die Vergebung Gottes vertrauen.
Jesu theologische Anwendung des Gleichnisses bestätigt den Zöllner und setzt den zwanghaften und selbstüberheblichen Pharisäer hinter den Platz des umkehrbereiten Sünders (5,31-32). Daraus folgt die allgemeine Weisheitsregel, dass *Selbsterhöhung* zur *Erniedrigung* und umgekehrt *Erniedrigung* zur *Selbsterhöhung* führt (14,7-11)

Die Segnung der Kinder (18,15-17)

> 15Sie brachten zu ihm auch die Säuglinge, damit er sie berühre. Als aber die Schüler das sahen, fuhren sie sie an. 16Jesus aber rief sie herbei und sagte: Lasst die Kinder zu mir kommen und hindert sie nicht, denn diesen gehört die Königsherrschaft Gottes! 17Amen, ich sage euch: Wer die Königsherrschaft Gottes nicht annimmt wie ein Kind, wird nicht in sie hineinkommen.

Es folgt ein Schulgespräch. Anonyme Personen bringen Säuglinge, damit Jesus durch die Übertragung seiner Heilkraft ihr Überleben sichert. Die Säuglingssterblichkeit war in der Antike sehr hoch. Das geschätzte Durchschnittsalter von 35 Jahren für die damaligen Menschen bezieht die Säuglingssterblichkeit nicht mit ein. Hinzu kommt die antike Geburtenplanung, nicht erwünschte und kranke Säuglinge auszusetzen. Wenn der Hausherr den Säugling vom Boden aufgenommen hat, gilt er als Mitglied der Familie und hat vollen Lebensschutz. Das Aussetzen war zwar im Judentum nicht erlaubt, wurde aber praktiziert. Nicht nur die Eltern, sondern auch andere Personen können die Bittsteller für die Säuglinge sein.
Die Abwehr der Schüler kann sowohl das magische Verständnis der Wunderkraft Jesu als Abwehrzauber gegen alle künftigen Krankheiten korrigieren (6,17-19) als auch die Abgrenzung Jesu von unmündigen Anhängern, von den *Kleinen*, bedeuten (17,2).

Hinter der Abwehr steht die Frage, ob die unmündigen, vom frühen Tod bedrohten Säuglinge und Kinder zur Gemeinde gehören. Die Antwort Jesu ist eindeutig. Ab der Geburt ist das Kind ein individuelles Subjekt. Es *gehört* schon jetzt zur *Königsherrschaft Gottes*. Es kann aber aufgrund seiner *Kleinheit* noch nicht selbstständig kommen, sondern muss von Erwachsenen in die Gemeinschaft der Jesusanhänger gebracht werden. Dort wird es in seinem Urvertrauen auf Gottes präsentische Herrschaft zum Vorbild für alle Gläubigen (9,46-48).

Vom Reichtum und der Nachfolge (18,18-30)

18Und es fragte ihn einer von den führenden Männern und sagte:
Guter Lehrer, was soll ich tun, um das ewige Leben zu erben? 19Es
sprach aber Jesus zu ihm: Warum nennst du mich gut? Keiner ist gut,
außer Gott, der eine. 20Du kennst die Gebote: *Du sollst nicht ehebre-
chen, du sollst nicht morden, du sollst nicht stehlen, du sollst nicht
falsch zeugen, ehre deinen Vater und deine Mutter* (Ex 20,12-16; Dtn
5,16-20). 21Er nun sprach: Dieses alles befolgte ich von Jugend an.
22Jesus aber hörte es und sprach zu ihm: Noch eines fehlt dir: Alles,
was du hast, verkaufe und verteile es an die Armen, und du wirst
einen Schatz im Himmel haben, dann komm, folge mir! 23Als er dies
hörte, wurde er ganz betrübt; denn er war sehr reich.
24Als Jesus sah, dass er ganz betrübt geworden war, sprach er: Wie
schwer gehen die, die Güter haben, in die Königsherrschaft Gottes hi-
nein; 25denn müheloser ist es, dass ein Kamel durch ein Nadelöhr geht,
als dass ein Reicher in die Königsherrschaft Gottes hineingeht. 26Es
sprachen nun die Zuhörer: Und wer kann gerettet werden? 27Er aber
sprach: Was für die Menschen unmöglich ist, ist möglich für Gott.
28Es sprach aber Petrus: Siehe, wir verließen unser Eigentum und
folgten dir nach! 29Er nun sprach zu ihnen: Amen, ich sage euch:
Jeder, der Haus oder Frau oder Brüder oder Eltern oder Kinder wegen
der Königsherrschaft Gottes verließ, 30wird dafür ein Vielfaches in
dieser Zeit zurückempfangen und in der kommenden Zeit das ewige
Leben.

Wieder gibt es einen Adressatenwechsel. Ein *führender Mann* (8,41; 14,1) beginnt mit Jesus ein Schulgespräch. Es geht um den richtigen Weg für das ewige Leben (10,25; 13,23). Die Anrede *guter Lehrer* ist ehrenvoll gemeint. In sokratischer Weise befragt aber Jesus den Sinngehalt dieser gängigen Floskel. Für den Griechen war die Schönheit und Gutheit das Lebensideal. Aus der jüdischen Weisheit übernahm Jesus das Ideal des *guten* Menschen (6,45). Vor dem lobenden *Nennen* der Gutheit, z. B. dem Loben der Propheten, warnte er hingegen (6,26). Die Gutheit eines Menschen und eines *Lehrers* repräsentiert nur unvollkommen die absolute Gutheit Gottes und bleibt ständig gefährdet. Die Gutheit zeigt sich zentral im Einhalten der *Gebote* des Dekalogs (Ex 20,12-16; Dtn 5,16-20). Der Frager *kennt* sie. So kann er ohne Selbstüberheblichkeit antworten, dass er diese Gebote seit dem Mündig- und Erwachsenwerden befolgt hat (2,41-52). Daraufhin ruft ihn Jesus in die Nachfolge. Die Gutheit Gottes kann schon jetzt so gelebt werden, dass das ewige Leben anbricht. Der Verkauf aller Güter an die Armen befreit von der Macht des Mammons und ermöglicht die bedingungslose Nachfolge Jesu in der angebrochenen Königsherrschaft Gottes (12,13-34; 16,1-13). Der *führende Mann* reagiert aber mit Ablehnung, da er seinen Reichtum nicht aufgeben und Gottes Gutheit nicht radikal repräsentieren will.
Jesus schließt ein Gespräch für die Zuhörer an. Er stellt weisheitlich fest, dass ein Reicher nur schwer in die *Königsherrschaft Gottes* gelangen kann, und untermauert diese Einsicht mit dem Bildwort vom *Nadelöhr* und *Kamel*. Die Zuhörer fragen konsterniert, wer denn so vom Reichtum frei sein kann, dass er *gerettet* werden kann. Jesus verweist darauf, dass die *Rettung* allein Gottes Sache ist, sowohl jetzt bei seiner angebrochenen Königsherrschaft als auch bei ihrer Vollendung im Weltgericht.
Die Petrusfrage zielt auf die gegenwärtige Rettung. Die Schüler (*wir*) haben ihr Eigentum aufgegeben und sind Jesus bedingungslos nachgefolgt. Jesus kann mit einem allgemeinen Weisheitswort bekräftigen, dass für sie und alle besitzlosen Nachfolger aus dem Volk schon jetzt die Königsherrschaft Gottes wirksam ist. Sie er-

halten in der Jesusgemeinschaft und in der nachösterlichen Gemeinde alles das *vielfach* zurück, was sie verlassen haben: Wohnung und eine neue Familie (8,1-3.19-21; Apg 2–4). Der „Vater" fehlt; die Christen brauchen kein Patriarchat. Und in der Zukunft werden sie das ewige Leben in der vollendeten Gottesherrschaft haben.

Die vierte Ankündigung von Leiden und Auferstehung (18,31-34)

> 31 Er nahm nun die Zwölf mit sich und sprach zu ihnen: Siehe, wir
> gehen nach Jerusalem hinauf, und es wird für den Menschensohn
> alles das vollendet werden, was durch die Propheten geschrieben
> wurde. 32 Denn er wird den Völkern übergeben, verspottet, misshan-
> delt und angespuckt werden, 33 und nachdem sie ihn gegeißelt
> haben, werden sie ihn töten, und er wird am dritten Tag auferstehen.
> 34 Und sie verstanden davon nichts, und es war diese Rede vor ihnen
> verborgen, und sie erkannten nicht das Gesagte.

Jesus führt anschließend ein Gespräch mit dem Zwölferkreis. Er gibt in Fortführung der drei vorhergehenden Leidensvoraussagungen eine vierte Voraussage (9,22.44; 17,25). Jerusalem wird der Ort der Erfüllung der Verfolgungsvoraussagungen der Propheten sein (11,37-54; 13,31-35). Neu gegenüber den bisherigen Leidensvoraussagungen werden die *Völker* als Verfolger eingeführt. Zu Recht verweist der Evangelist darauf, dass einzelne Stationen der Passion Jesu, und zwar *Übergabe, Geißelung* und *Tötung* Jesu, durch den römischen Präfekten Pilatus geschehen sind (23,1-56). Allerdings gehen die *Misshandlung* und *Verspottung* auf die jüdischen Wächter und den jüdischen Landesherrn Jesu zurück (22,63-65; 23,6-12) und über die *Geißelung* schweigt der Evangelist bei der Passion (23,13-26). Die heidnischen und jüdischen Autoritäten arbeiten bei der Passion Jesu zusammen. Doch dieser wird in der Kraft Gottes von den Toten auferstehen. Der Zwölferkreis versteht wie vorher schon diese

Voraussagen nicht; sie bleiben für ihn und alle anderen Schüler und Begleiter das Leidensgeheimnis (9,18-22.43b-45), denn noch erfahren sie Jesus mit der Vollmacht eines prophetischen Führers und machtvollen Wundertäters. Warum soll er in Jerusalem den Prophetentod erleiden? Nur der Leser, der Jesus bis zur Kreuzigung in Jerusalem nachfolgt, wird aufgrund der Auferweckung das Leidensgeheimnis verstehen.

Die Heilung eines Blinden bei Jericho (18,35-43)

> 35 Es geschah, als er sich Jericho näherte: Ein Blinder saß an der
> Straße und bettelte.
> 36 Er hörte die durchziehende Volksmenge und erkundigte sich, was
> dies sei. 37 Sie nun meldeten ihm: Jesus, der Nazoräer, geht vorbei.
> 38 Und er rief und sagte: Jesus, Sohn Davids, erbarme dich meiner!
> 39 Und die Vorangehenden fuhren ihn an, dass er schweige, er aber
> schrie um vieles mehr: Sohn Davids, erbarme dich meiner!
> 40 Jesus aber blieb stehen und befahl, dass er zu ihm geführt werde.
> Als er nahekam, fragte er ihn: 41 Was willst du, das ich dir tun soll? Der
> sprach: Herr, dass ich wieder sehe!
> 42 Und Jesus sprach zu ihm: Sieh wieder! Dein Glaube hat dich geret-
> tet. 43 Und auf der Stelle sah er wieder, folgte ihm nach und verherr-
> lichte Gott.
> Und das ganze Volk sah es und gab Gott Lob.

Es liegt eine Wundergeschichte mit einer überlangen Einleitung vor. Ein blinder Bettler sitzt am Rande von Jericho. Zum ersten Mal seit der Heilung in Gerasa (8,26) fällt wieder ein Ortsname für die Wanderung Jesu. Jericho, ca. 250 m unter dem Meeresspiegel gelegen, ist eine Oase mit reichhaltigen Quellen und daher ein von alters her besiedelter Wohnplatz im südlichen, wüstenartigen Teil des Jordangrabens. Die ausgegrabenen Ruinen von Befestigungsmauern auf dem *Tell es Sultan* reichen bis ins 9. Jahrtausend zurück. Die Mauern umfassten eine der ältesten Städte der Welt. In hasmonäischer und herodianischer Zeit wurden von den

Herrschern wegen des durchgängig warmen Klimas nicht an diesem Schutt-Tell, sondern am Ausgang des Wadis Quelt prächtige Winterpaläste errichtet. Plantagen von Dattelpalmen und Balsambäumen sorgten für das Aufblühen des Ortes. In neutestamentlicher Zeit ist der Ort Hauptsitz einer von fünf Toparchien, die Gabinius nach der Eroberung des jüdischen Palästinas durch Pompejus (63 v. Chr.) als Verwaltungzentren mit je einem Gerichtshof (Synhedrion) für Palästina eingerichtet hat (Jos. bell. 1 170 par. ant. 14,91). Die Entfernung zum hoch gelegenen Jerusalem (675–765 m) beträgt ca. 24 km, also eine Tageswanderung (10,25-37; 19,28). Jesus befindet sich jetzt auf dem Wallfahrtsweg durch den Jordangraben bis Jericho und danach durch das Bergland bis Jerusalem (19,28-40).

Der Blinde erkundigt sich bei der Volksmenge über deren Zusammensetzung und erhält zutreffend Auskunft. Der Evangelist wandelt hier den Beinamen *Nazarener* (4,34; 24,19) in *Nazoräer* ab, den er dann in der Apostelgeschichte beibehält. Nazoräer ist eine frühe Variante von Nazarener, die beide unterschiedslos vom Evangelisten für die Herkunft Jesu aus Nazaret verwandt werden.

Der blinde Bettler ergreift nach dem Hören von Jesu Anwesenheit die Initiative und schreit zu ihm. Es fällt zum ersten Mal im Hauptteil des Evangeliums der *Sohn Davids-Titel*. Er wird anschließend wiederholt. Beide Male bleibt er ohne Erläuterung. Erst das spätere Gespräch über die *Davidssohnschaft* (20,1-44) stellt klar, dass Jesu hoheitlicher Beiname *Christus* (2,11), der bei Jesu Wirken geheim bleibt (4,41; 9,20), nicht von dem biografischen Hoheitstitel *Davidssohn* abhängt (1,26-38; 2,4). Doch der blinde Bettler kann der Herkunft Jesu aus dem Davidshaus mit Weisheit und Wunderkraft vertrauen (1 Sam 16,14-23) und für sich das Erbarmen des eschatologischen *Davidssohns* Jesus erwarten. Der Ruf des Blinden wird aber zunächst von Jesus überhört.

Die Menge verlangt vom Blinden Schweigen. Der Grund wird nicht genannt. Der Leser muss ergänzen, dass der blinde Bettler als unwürdig für eine Begegnung mit Jesus erachtet wird. Gerade erst hatten die Schüler versucht, Säuglinge von Jesus fernzuhalten (18,15-17). Der um Rat bittende führende Mann dagegen wird nicht an der Begegnung mit Jesus gehindert (18,18-27). Auf dem Weg nach Jericho wird das neue Thema verhandelt, ob alle Menschen gleichermaßen berechtigt sind, mit Jesus Kontakt aufzunehmen. Der blinde Bettler beharrt auf seinem Vertrauen zur Kontaktherstellung und wiederholt den Ruf um Erbarmen. Noch immer bleibt eine direkte Antwort Jesu aus.

Der Mittelpunkt der Erzählung ist nun erreicht. Jesus reagiert auf die beiden Rufe, indem er stehen bleibt und den blinden Bettler zu sich führen lässt. Die Menge kehrt ihre Abwehr in Hilfe um.

Der Wundertäter Jesus redet jetzt formgerecht den Kranken an. Singulär ist die Frage nach dessen Willen; sie betont seine Willensstärke. Dieser antwortet formgerecht mit der Bitte um Wiederherstellung der Sehkraft. Statt Davidssohn wählt er die übliche hoheitsvolle Anrede *Herr*. Formgerecht erfolgt die Antwort Jesu mit dem Heilungsbefehl und der Feststellung der Rettung aufgrund des Glaubens (so auch 8,48; 17,19). Die Heilungsgeste kann fehlen (5,24; 17,14).

Der Blinde erhält formgerecht sofort die Sehkraft wieder und folgt nach. Nun gehören auch Bettler zum Kreis der nachfolgenden Schüler.

Der Lobpreis Gottes durch das Volk schließt sich an.

Jesus im Haus des Zöllners Zachäus (19,1-10)

[1]Und er kam nach Jericho hinein und durchzog es.
[2]Und siehe, da war ein Mann namens Zachäus, er war Oberzöllner,
und er war reich; [3]und er suchte Jesus zu sehen, wer er ist, und konn-
te es nicht wegen der Volksmenge, weil er klein von Gestalt war.
[4]Und er lief nach vorn voraus und stieg auf einen Maulbeerfeigen-
baum hinauf, damit er ihn sehe, weil er dort vorbeikommen musste.
[5]Und als er an den Ort kam, schaute Jesus auf und sprach zu ihm:
Zachäus, steig schnell herab, denn heute muss ich in deinem Haus
bleiben!

> [6]Und er stieg eilig herab und nahm ihn mit Freude auf.
> [7]Und alle, die es sahen, murrten und sagten: Bei einem Sünder ist er eingekehrt.
> [8]Zachäus aber blieb stehen und sprach zum Herrn: Siehe, die Hälfte meines Besitzes, Herr, gebe ich den Armen, und wenn ich von einem
> etwas erpresste, gebe ich es vierfach zurück. [9]Es sprach Jesus zu ihm:
> Heute geschah diesem Haus Rettung, weil auch er ein Sohn
> Abrahams ist; [10]denn es kam der Menschensohn, das Verlorene zu
> suchen und zu retten.

Es liegt ein biografisches Gespräch vor. Jesus setzt die Wanderung nach Jerusalem fort und zieht durch Jericho hindurch.
Sein Name ist bereits so bekannt, dass ein reicher Oberzöllner ihn sehen möchte. In Jericho werden als Hauptstadt eines Bezirks und als Grenzstadt Judäas zur Tetrarchie des Herodes Antipas Abgaben wie Bodensteuer, Wegegeld, Marktgebühren und Grenzzölle eingezogen. *Oberzöllner* ist ein nicht belegter Begriff, meint aber sachlich einen wohlhabenden Zollpächter, der seinen Bezirk an Unterpächter aufteilt. Denn der Zöllner musste die Pacht eines Bezirks der römischen Verwaltung vorstrecken und die Pachtsumme nachträglich erwirtschaften. Die Überschüsse waren sein Einkommen und wurden mit erpresserischen Tricks erhöht (3,12-13). Die Volksmenge hindert Zachäus an der Begegnung mit Jesus, weil er dem sündigen Zöllnerberuf angehört und sich wegen seiner kleinen Gestalt nicht in die erste Reihe drängen kann. Der Eigenname *Zachäus* verweist auf eine alte Tradition; *Zachäus* war sicherlich Mitglied der frühen nachösterlichen Gemeinde.
Um Jesus zu begegnen, steigt er voll Vertrauen auf einen *Maulbeerfeigenbaum*, einen 10–15 m hohen Baum, der zur Familie der Feigenbäume gehört (13,6-9).
Der Höhepunkt ist erreicht. Tatsächlich nimmt Jesus mit Zachäus Blickkontakt auf und bietet ihm an, bei ihm Gast zu sein. Die Gastfreundschaft mit Jesus bedeutet Nachfolge (10,38-42).
Zachäus folgt diesem Ruf in die Nachfolge mit Eile und Freude.

Im Unterschied zu den bisherigen Mahlfeiern mit Zöllnern protestieren jetzt nicht nur die Pharisäer und Schriftgelehrten (5,27-32; 15,1-2), sondern *alle*, also auch das Volk, dagegen, dass Jesus mit diesem öffentlichen Sünder Gastfreundschaft schließt (7,34).
Nun deckt Zachäus seine Karten auf. Die Hälfte seines Vermögens wird er verwenden zur Entschädigung für unredlich erworbenes Gut, die andere Hälfte wird er den Armen schenken. Von *Erpressung* spricht bereits Johannes, bezieht sie aber nur auf die Soldaten; für die Zöllner gilt, dass sie nur die auf Tafeln geschriebenen Tarife nehmen dürfen (3,12-13). Doch die Praxis war, dass sie die wehrlose Bevölkerung zu höheren Abgaben erpressten, z. B. durch Fälschung der Gewichte, mit denen sie die angegebene Warenmenge kontrollierten, oder durch falsche Angaben in Prozessen bei bestechlichen Richtern (18,1-8). Die Rückgabe von gestohlenem Gut hatte normalerweise mit einem Aufschlag von einem Fünftel des Wertes zu erfolgen (Lev 5,20-24), konnte aber auch das Doppelte oder Vierfache betragen (Ex 21,37–22,3). Zachäus wählt freiwillig den Höchstbetrag. Ohne Besitz kann er Jesus nachfolgen.
Das Schlusswort Jesu bestätigt die *Rettung*. Der Zöllner gehört als Jude zum Bund, den Gott mit Abraham geschlossen hat (Gen 12,1-3). Die Umkehr zum Menschensohn Jesus bewirkt, dass der Segen Abrahams wieder auf dem Zöllner ruht und er Anteil an der angebrochenen Königsherrschaft Gottes erhält. Jesus *sucht* die *Verlorenen* und *rettet* sie in die Königsherrschaft Gottes (15,1-32).

Von den anvertrauten Minen/Pfunden (19,11-27)

11Als sie nun zuhörten, sagte er ein weiteres Gleichnis; denn er war nahe bei Jerusalem, und sie meinten, die Königsherrschaft Gottes werde sogleich offenbar werden.
12Und er sprach: Ein hochwohlgeborener Mensch zog in ein fernes Land, um eine Königsherrschaft zu erlangen und zurückzukehren.
13Er rief seine zehn Sklaven, gab ihnen zehn Minen und sprach zu ihnen: Handelt damit, bis ich wiederkomme!

14 Seine Bürger aber hassten ihn, sandten eine Gesandtschaft hinter
ihm her und ließen sagen: Wir wollen nicht, dass dieser als König
über uns herrsche.
15 Und es begab sich, als er wiederkam, nachdem er die Königsherr-
schaft erlangt hatte, da ließ er die Sklaven rufen, denen er das Geld
gegeben hatte, um zu erfahren, was sie für Geschäfte getätigt hatten.
16 Da trat der Erste herzu und sprach: Herr, deine Mine hat zehn
Minen eingebracht. 17 Und er sprach zu ihm: Gut so, du tüchtiger
Sklave; weil du im Geringsten treu gewesen bist, sollst du Vollmacht
über zehn Städte haben.
18 Der Zweite kam auch und sprach: Herr, deine Mine hat fünf Minen
erbracht. 19 Zu dem sprach er auch: Auch du sollst über fünf Städte sein.
20 Und der Nächste kam und sprach: Herr, siehe, hier ist deine Mine,
die ich in einem Tuch eingewickelt verwahrt habe; 21 denn ich fürch-
tete mich vor dir, weil du ein harter Mann bist; du nimmst, was du
nicht angelegt hast, und erntest, was du nicht gesät hast. 22 Er sprach
zu ihm: Mit deinen eigenen Worten richte ich dich, du schlechter
Sklave. Du wusstest, dass ich ein harter Mann bin, nehme, was ich
nicht angelegt habe, und ernte, was ich nicht gesät habe: 23 Warum
hast du mein Geld nicht auf die Bank gebracht? Und wenn ich
zurückgekommen wäre, hätte ich es mit Zinsen eingefordert.
24 Und er sprach zu denen, die dabeistanden: Nehmt die Mine von
ihm und gebt sie dem, der zehn Minen hat. 25 Und sie sprachen zu
ihm: Herr, er hat doch schon zehn Minen. 26 Ich sage euch: Wer da
hat, dem wird gegeben werden; von dem aber, der nicht hat, wird
auch das genommen werden, was er hat. 27 Doch diese meine Feinde,
die nicht wollten, dass ich König über sie werde, bringt her und
schlachtet sie vor mir ab.

Jesus schließt den großen Exkurs von seiner Wanderung (9,51–19,27) mit dieser Parabel ab. Die Einleitung stellt heraus, dass die Parabel ein Missverständnis aller Zuhörer berichtigen soll. Die Gottesherrschaft wird in Jerusalem, dem Sitz des Tempels (Lk 1–2), anbrechen, aber ganz anders, als Schüler, Volk und Gegner das *Offenbarwerden* der Königsherrschaft Gottes erwarten. Der Leser

hat jetzt über die Rollen *Jesus, Schüler, Volk* und *Gegner* Identifikationsangebote für die Aktualisierung der Parabel.
Der Plan des vornehmen Mannes, eine Königsherrschaft zu erwerben und zurückzukehren, eröffnet die Handlung. Der notwendige Aufbruch wird mit dem Einberufen seiner zehn Sklaven und deren Beauftragung vorbereitet, mit zehn Minen, d. s. zehn *Pfund* Silbergeld, eine Beschäftigung auszuüben.
Der Schauplatz wechselt jetzt vom Haus zur Stadt mit ihrem Umland. Die Bürger mit Stadtrecht (polítai) hassen den Mann und intrigieren gegen ihn bei dem Verleiher der Königsherrschaft. Sie *senden* eine Gesandtschaft der Ältesten. Das Ringen um die weltliche Königsherrschaft mit *Aposteln* baut einen Kontrast zum Erzählrahmen mit den *Aposteln* Jesu auf (17,5).
Der Herr kehrt zurück, nachdem er erfolgreich die Königsherrschaft empfangen hat, und ruft seine Sklaven zur Rechenschaft.
Das Gespräch mit dem ersten Sklaven bildet den Mittelpunkt der Bildhälfte. Der erste Sklave hat zehnfachen Gewinn gemacht. Der Herr gibt ihm *Vollmacht* über 10 Städte mit ihrem Umland.
Der zweite Sklave kann die fünffache Vermehrung berichten. Er empfängt die Herrschaft über fünf Städte mit ihrem Umland. Doch mit diesem zweiten Sklaven ist die Reihe der positiv handelnden Sklaven vorläufig abgeschlossen.
Denn der dritte Sklave bringt sein im Tuch verwahrtes Pfund Silber und begründet seine Handlungsunfähigkeit mit *Furcht*. Die Phobie des Sklaven und der Hass der Mitbürger werden zu einer Koalition zusammengebracht. Es erläutert der dritte Sklave die Gründe für das Nicht-tätig-Werden, den Hass der Mitbürger und die Furcht: *„Du nimmst, was du nicht angelegt hast, und erntest, was du nicht gesät hast“* (19,21). Der rücksichtslose Ausbeuter wird mit diesem synonymen Parallelismus prägnant und allgemein verständlich umschrieben. Dieser Typ ist anschließbar an alle Gesellschaftsordnungen. Das Urteil des Herrn setzt dem Zynismus die Krone auf. Nach dem Gesetz der sich selbst erfüllenden Prophetie wird der dritte Sklave in seinem Urteil bestätigt; diese Bestätigung wird anschließend auch auf die Bürger ausgedehnt.

Der Herr bezeichnet sich selbst als *harter Mann*. Der Verweis auf die *Bank* und deren *Zinsen* ist ökonomisch berechtigt, übersieht aber die *Furcht* auf der Beziehungsebene zwischen Knecht und Herrn. Doch diese soziale Beziehung zu Untergebenen interessiert einen harten Herrn nicht. Mit diesem wird der harte Kampf in den Hauptstädten Jerusalem und Rom um Reichtum und politische Macht angedeutet.

Die Handlung schließt mit dem Auftrag an die anderen Sklaven ab, die Mine dem schlechten Sklaven wegzunehmen und dem reichsten Sklaven zu geben. Doch diese widersprechen. Die anschließenden Worte des Herrn weisen den Widerspruch jedoch zurück und erweitern die Urteilsvollstreckung um die Gruppe, die ähnlich wie der schlechte Sklave versagt hat. Die Bürger wollen den Mitbürger nicht als *König*, also will er als der neue *König* sie nicht mehr als Untertanen und lässt sie *abschlachten*. Mord und Ausplünderung prägen das Klima der Macht.

Der dritte Sklave und die Gesandtschaft markieren psychische und soziale Störungen. Das einleitende Doppelvorhaben des Herrn, die Königsherrschaft zu erlangen und die Sklaven zur Vermehrung der Minen zu beauftragen, wird mit der Vernichtung und der Ausplünderung der Störer erfolgreich zu Ende geführt. Allerdings steht die Fähigkeit zur optimalen Nutzung des Handlungsspielraums und nicht das Bestrafen im Zentrum der Bildhälfte und muss in die Theologie übertragen werden.

Hier ist der Schluss vom „Kleineren auf das Größere" zu ziehen. Selbst wenn ein Hörer von einem harten Herrn und *hochwohlgeborenen* Mit-Bürger in Angst versetzt ist oder gar die Hinrichtung befürchten muss, darf er nicht in Lethargie, Passivität und destruktive Aktivität verfallen, darf er nicht seinen Handlungsspielraum ungenutzt lassen. Wie viel mehr gilt diese Aufforderung für den angstfreien Raum der angebrochenen Königsherrschaft Gottes? Diese heilt die harten Regeln dieser Welt, ohne sie aber völlig außer Kraft zu setzen, und befähigt zu konstruktivem Handeln. Von solchen Heilungen erzählen aber andere Gleichnisse wie die vom „Verlorenen" (15,1-32) oder die nahe bevorstehende Passion und Auferweckung Jesu (22–24). Im kommenden Weltgericht wird der Menschensohn seine Anhänger, also die nach dieser Parabel erfolgreichen Sklaven, retten; das Schicksal der Versager und Gegner bleibt offen (21,25-28).

Teil 3: Die letzten Tage in Jerusalem und die Passion (19,28–23,56)

Der dritte Teil bringt die äußeren geschichtlichen Ursachen und die tieferen theologischen Gründe für die Passion im Stil der pathetischen Geschichtsschreibung und Biografie. Er beginnt mit den letzten Tagen Jesu in Jerusalem. In ihnen spitzt sich sein Konflikt mit den führenden Kreisen des Judentums zu einem gewaltsamen Ende zu. Jesus zieht auf dem Wallfahrtsweg als König ein, sagt die Zerstörung Jerusalems voraus und reinigt den äußeren Tempelvorhof (19,28.29-40.41-44.45-48); dann folgt dort die Lehre für Volk und Gegner im Tempelbezirk (20,1-21,4). Die Rede über die nachösterliche Zeit und das Weltende fasst noch einmal das Testament Jesu zusammen (21,5-36). Die Passion bildet den Abschluss (22,1–23,56).

Der Wallfahrtsweg von Jericho zum Tempel (19,28-48)

Der Aufstieg nach Jerusalem (19,28)

> [28]Und nachdem er dieses gesagt hatte, wanderte er voran und stieg nach Jerusalem hinauf.

Diese kurze Notiz leitet Teil 3 ein und bildet eine Parallele zu den Einleitungen zu Teil 1 (4,14-15) und Teil 2 (9,51-52a). Jesus setzt die Wanderung nach Jerusalem mit dem *Aufstieg* in das judäische Bergland fort.

Der Einzug in Jerusalem (19,29-40)

> [29]Und es geschah, als er nahekam nach Betfage und Betanien an den Berg, der Ölberg heißt, sandte er zwei Schüler voraus und [30]sagte: Geht in das Dorf gegenüber; wenn ihr hineingeht, werdet ihr einen

jungen Esel (ein Fohlen) angebunden finden, auf dem noch nie
jemand gesessen hat, löst ihn und führt ihn her! 31 Und wenn einer
euch fragt: Weshalb löst ihr ihn? Antwortet so: Der Herr hat ihn nötig.
32 Die Gesandten gingen weg und fanden alles so, wie er es ihnen
gesagt hatte.
33 Als sie aber den jungen Esel lösten, sprachen seine Herren zu
ihnen: Was löst ihr den jungen Esel? 34 Die aber sprachen: Der Herr
hat ihn nötig.
35 Und sie führten ihn zu Jesus, legten ihre Gewänder auf den jungen
Esel und halfen Jesus hinauf.
36 Während er dahinritt, breiteten sie unter ihm ihre Gewänder auf
der Straße aus.
37 Als er schon nahe am Abhang des Ölbergs war, begann die ganze
Menge der Schüler, sich zu freuen und Gott mit lauter Stimme
wegen all der Machttaten, die sie sahen, zu loben. 38 Sie riefen: *Ge-
segnet, der kommt*, der König, *im Namen des Herrn* (Ps 118,26). Im
Himmel Friede und Herrlichkeit in den Höhen!
39 Und einige der Pharisäer von der Volksmenge sprachen zu ihm:
Lehrer, fahre deine Schüler an! 40 Und er antwortete und sprach: Ich
sage euch, wenn diese schweigen, werden die Steine schreien.

Es liegt eine prophetische Zeichenhandlung vor. Sie beginnt mit der Ankunft Jesu in Betanien und Betfage. Betfage liegt nahe an Jerusalem direkt am Abhang des Ölbergs. Zwischen Betfage und Jerusalem befindet sich das Kidrontal, das in seiner Talsohle und am Abhang des Ölbergs Gärten und Ölbaumplantagen hat. Vom Kidrontal aus beginnt der Anstieg zum Zionsberg, heute Berg Ophel, auf dem der Tempelbezirk und der älteste Teil der Stadt Jerusalem liegen. Da die Gärten im Kidrontal und am Abhang des Ölbergs Jerusalemer Bürgern gehörten, bildete Betfage einen Vorort Jerusalems. Daher macht Jesus nahe vor Betfage halt, um seinen feierlichen Einzug in den Tempelbezirk in die Wege zu leiten. In Betfage wie im entfernteren Betanien wohnten Galiläer, die den galiläischen Festpilgern, ihren Landsmännern, Unterkunft gewähren konnten.

Ein Fohlen kann das Junge eines Esels oder Pferdes bedeuten. Da

aber zur Zeit Jesu der Esel das gewöhnliche Last- und Reittier war, wird Mt 21,2 mit seinem Zusatz „*eine Eselin und* ihr *Fohlen*" die Gattung des Fohlens richtig bestimmt haben. Die Forderung, dass auf dem jungen Esel noch kein Mensch gesessen haben darf, kennzeichnet die Würde Jesu. Der junge Esel darf vor ihm noch keinen anderen als Herrn anerkannt haben. Die Botenformel, die die zwei Gesandten mit der Vollmacht des Sendenden ausstattet, ist knapp gehalten. Jesus ist der *Herr* und hat als solcher Anspruch darauf, dass ihm alles zur Verfügung steht. Es ist naheliegend, dass Jesus solch einen Herrschaftsanspruch nur innerhalb seiner Anhänger erheben konnte. Die Vorhersage des angebundenen Fohlens beruht daher nicht auf einem wunderbaren Vorherwissen Jesu, sondern auf der Anhängerschaft von Bewohnern von Betfage, die im Besitz eines jungen Esels waren. *Der Herr* ist ein christologischer Titel, der den Besitzern den vollmächtig lehrenden Jesus als Auftraggeber erkennbar macht.
Die zwei Schüler gehen los und finden den angebundenen jungen Esel.
Das Losbinden des Esels und das Gespräch mit den Besitzern führen zum erwünschten Erfolg. Die *Herren* des Esels erkennen Jesus als den höheren *Herrn* an. Der Höhepunkt ist erreicht. Die zwei Schüler bringen den Esel zu Jesus. Sie und die anderen Schüler legen auf den Esel ihre Oberkleider für einen weichen Sitz und helfen Jesus beim Aufsteigen auf das Reittier.
Das Ausbreiten der Kleider auf der Straße wiederum ist eine Ehrenbezeugung, wie sie das alttestamentliche Inthronisationsritual kennt. Dem vom Propheten Elischa gesalbten Gegenkönig Jehu legen die Anhänger die Kleider vor die Füße (2 Kön 9,13). Die Zeichenhandlung Jesu, auf einem Esel bescheiden in Jerusalem einzureiten, wird durch das Handeln der Schüler zur Inthronisation des eschatologischen Königs von Israel, der auf einem jungen Esel reitet (Sach 9,9). Das alte Königsrecht auf Requirierung von Eseln kann mit assoziiert werden (1 Sam 8,16).
Auch Salomo wird auf das Maultier des Königs David gesetzt, zur Gichonquelle im Kidrontal Jerusalems hinabgeführt und dort

vom Priester Zadok zum König gesalbt. Das Volk bringt die Huldigung „Es lebe der König Salomo!“ dar, zieht hinter dem König hinauf in die Stadt und jauchzt und bläst auf Flöten (1 Kön 1,38-40). Entsprechend gibt es auch hier eine Huldigung. Der Jubelruf beim Hinunterziehen vom Ölberg ist ein Zitat des messianischen Psalms 118,26a; dieses wurde mit der Ergänzung um die zweite Hälfte (Ps 118,26b) zur Begrüßung und zum Segen der Festpilger von den Priestern eingesetzt. Nun hat der erste Teil des Psalmverses seine eschatologische, messianische Erfüllung gefunden. *Name des Herrn* hat die Bedeutung, dass Jesus als Namensträger Gottes, des *Herrn*, die Autorität und Vollmacht Gottes besitzt. Der Hoheitstitel *König*, der hier zum ersten Male für Jesus fällt, bringt unmissverständlich zum Ausdruck, dass in Jesus die Königsherrschaft Gottes endgültig angebrochen ist. Die Ankunft dieses lang verheißenen eschatologischen Königs im *Namen* Gottes erzeugt Jubel und Freude. Dieser Jubel herrscht auch im Himmel, weil mit der Sendung Jesu endlich die Versöhnung Gottes mit den Menschen stattfindet. Der Evangelist greift den Preis der Engel bei der Geburt Jesu auf (2,14). Der *Friede* im Himmel erfüllt ab jetzt die Erde.

Die Pharisäer erkennen zwar Jesus als *Lehrer* an, protestieren aber gegen den erstmals offen erhobenen *Königs*anspruch Jesu. Dieser Anspruch kann als Aufruhr gegen den römischen Kaiser verstanden werden (23,1-5). Doch der *Königs*titel Jesu bleibt doppeldeutig. Jesus will keine politische Gewalt, sondern die angebrochene Königsherrschaft Gottes friedlich repräsentieren (6,27-36; 22,24-23,49). Daher gebietet er seinen Schülern kein Schweigen. Seinen Anspruch auf eine friedliche Königsherrschaft Gottes verkündet sogar die leblose Natur.

Die Ankündigung der Zerstörung Jerusalems (19,41-44)

41Und als er nahekam und die Stadt sah, weinte er über sie 42und
sagte: Wenn doch auch du an diesem Tag erkannt hättest, was
Frieden bringt! Jetzt aber ist es vor deinen Augen verborgen. 43Denn

es werden Tage über dich kommen, da werden deine Feinde einen Wall um dich aufwerfen, dich rings umzingeln und dich von überall her bedrängen; [44]und sie werden dich und deine Kinder in dir zerschmettern, und sie werden nicht Stein auf Stein in dir lassen, dafür dass du nicht erkanntest die Zeit deiner Annahme durch Gott.

Es liegt ein biografischer Ausspruch vor. Jesus zeigt beim Anblick der Stadt Jerusalem Gefühle der Trauer und Liebe (13,34-35). Zwei Klageworte rahmen die Ansage der Zerstörung Jerusalems ein. Jerusalem hat nicht erkannt, dass Gott mit der Sendung von Johannes und Jesus wieder Israel als Wohnstatt *angenommen* hat (Gen 50,24-25) und seine Königsherrschaft mit ewigem *Frieden* hat anbrechen lassen. So wird Jerusalem im kommenden jüdischen Aufstand gegen Rom (66–70) belagert werden, die Einwohner werden getötet und der Tempel wird zerstört werden. Die Details von der Umzingelung durch einen Wall, der Eroberung mit vielen Toten und der Tempelzerstörung entsprechen zum einen der damaligen römischen Eroberung durch Titus (21,5-6; Jos. bell. 5,40–7,1), zum andern alttestamentlichen Schilderungen von Eroberungen (Jes 29,3).

Die Tempelreinigung (19,45-48)

[45]Und er ging in den Tempelbezirk hinein, begann die Verkäufer hinauszuwerfen [46]und sagte ihnen: Es steht geschrieben: *Und es soll mein Haus ein Haus des Gebets sein* (Jes 56,7), ihr aber machtet es *zu einer Höhle von Räubern* (Jer 7,11)
[47]Und er lehrte täglich im Tempelbezirk. Die Hohenpriester, die Schriftgelehrten und die Ersten des Volks aber suchten ihn zu vernichten, [48]und sie fanden nicht, was sie tun könnten, denn das ganze Volk hing ihm an und hörte ihn.

Es liegt eine prophetische Zeichenhandlung vor. An der Verwaltung des Tempelbezirks durch die Hohenpriester gab es zur Zeit Jesu bereits laute Kritik. Schon Mitte des 2. Jahrhunderts vor

Christus hatte eine Gruppe von Frommen – es handelte sich um die Essener – unter Führung eines Priesters den Tempel verlassen und in Qumran am Toten Meer eine Gemeinschaft gegründet, um dort mit einem reinen Kult auf den eschatologischen Tempel zu warten. Auch in pharisäischen Kreisen wurden zur Reinhaltung des Tempels Gebote entwickelt, die aber von den Sadduzäern unbeachtet blieben. Jesus erhebt den Anspruch, als König Israels wie Salomo, der Erbauer des Tempels, über die Verwaltung des Tempelbezirks zu wachen (1 Kön 8,22-53). Er säubert nicht gewaltsam das große Areal des 475 x 300 m messenden Vorhofs der Völker von allen Händlern, sondern begnügt sich mit einer prophetischen Zeichenhandlung. Er veranlasst ohne Gewaltanwendung die gesamte Gruppe der *Verkäufer* zum Verlassen des Tempelplatzes als Zeichen dafür, dass das dortige Geschäftstreiben der Heiligkeit des Tempels widerspricht.
Der Tempel hatte mit seinen unterschiedlichen Vorhöfen die Aufgabe, Gottes Heiligkeit bei Juden und Heiden zur Geltung zu bringen. Konsequent interpretiert das Zitat aus Jes 56,7 die Reinigung des Vorhofs der Völker auf die eschatologische Völkerwallfahrt hin. Wenn die Königsherrschaft Gottes vollkommen anbricht, werden alle Völker zum Tempel des Herrn kommen (Jes 2,1-5). Nach dem Evangelisten wird der Erfolg der Reinigung jedoch durch den Kreuzestod Jesu verhindert. Daher wird der Tempel durch die Hausversammlungen der nachösterlichen Gemeinden abgelöst werden (Apg 1–28). Jesus prangert mit der Reinigung einen Missbrauch an; eine Aufhebung des Tempelkultes für die Juden beabsichtigt er nicht.
Eine weitere Spitze richtete sich gegen die Vermarktung des Opferkultes auf dem Tempelplatz. Dort werden Tauben verkauft (2,24) und dort müssen die unterschiedlichen Währungen in die tempeleigene Währung des tyrischen Silber-Schekels eingetauscht werden (Mk 11,15). Die notwendigen Geschäfte sollen aber nach Jesus außerhalb des Tempelbezirks stattfinden und den Verwaltern des Tempels nicht noch zusätzlichen Gewinn bringen, den sie durch Vergabe von Konzessionen erzielten. *Räuber-*

höhle spielt auf den Gegensatz von ethischem Fehlverhalten und äußerlichem Tempelkult an (11,37-54; Jer 7,11). Alle drei Zielperspektiven, die Reinheit des Tempelvorhofs der Völker, die erneute Öffnung des gesamten Vorhofs zum Gebet für die Heiden und die Auslagerung des Opfermarktes aus dem Tempelbezirk, stellen für die Sadduzäer als Verwalter des Tempels Gefahren dar. Denn es werden nicht nur ihre Einkünfte aus dem Opferhandel bedroht, sondern es kann auch aufgrund der Forderungen nach diesen Reformen eine allmähliche, aber grundsätzliche Wegbewegung vom Tempel erfolgen, wenn deren Durchführung abgelehnt wird. Die Bewegung von Qumran und die Umkehrpredigt des Täufers (3,1-20) boten dafür warnende Beispiele. Dass die Kultkritik am Tempel tatsächlich nicht ohne politische Komponente war, lässt sich wieder aus Josephus für den Beginn des jüdischen Aufstands entnehmen. Der Tempelhauptmann Eleazar erreichte, dass die diensttuenden Priester Opfer für Nichtjuden nicht mehr annahmen; damit wurde das tägliche Opfer für den Kaiser unterbunden (Jos. bell. 2,409f.). Die Einstellung der Opfer für den Kaiser aber kam einer offiziellen Lossage von der römischen Herrschaft gleich.

Es beschließen jetzt die drei Parteien des Hohen Rates, die Hohenpriester, die Schriftgelehrten der Pharisäer und die Führer der reichen Familien, Jesus zu *vernichten*. Der Hohe Rat, der nach dem griechischen Wort synhédrion in der frühjüdischen Literatur Sanhedrin heißt (m Sanhedrin), zählt 70–72 Mitglieder. Es amtiert zwar nur ein Hoherpriester, aber dessen Vorgänger und die weiteren hohen Tempelbeamten behalten die Bezeichnung „Hoherpriester“ bei, sodass es eine eigene Gruppe von Hohenpriestern gibt. Die einzelnen Gruppen, die zugleich Institutionen repräsentieren, bauen sukzessiv eine Koalition auf. Die unvorhergesehene prophetische Zeichenhandlung Jesu, den Tempelvorhof vom Opferhandel zu reinigen, wird zufälliger Anlass zu der verhängnisvollen Koalitionsbildung. Allerdings ist diese Koalition eine konsequente Folge der Verstockung gegenüber Jesu Botschaft von der Gottesherrschaft (8,9-10). Gott deckt im apokalyptischen „Muss" der Leidensweissagungen (9,22; 17,25) die Gewalt gegen Jesus als Konsequenz der Ablehnung seiner Botschaft auf. Die mit den Pharisäern sympathisierenden Schriftgelehrten und die anderen herrschenden Gruppen verharren in der Verstockung und wechseln schließlich von der Dialogbereitschaft (5,21.30; 6,7; 11,53; 15,2 u. ö.) zur Todfeindschaft und zu gewalttätigem Handeln über. Allerdings bewahrt die Treue des Volkes Jesus vor einer Festnahme.

Die Lehre für Volk und Gegner im Tempelbezirk (20,1–21,4)

Die Lehre im *Tempelbezirk* für Volk und Gegner umfasst vier Streitgespräche, eine Parabel und einen biografischen Ausspruch (20,1–21,4).

Die Frage nach der Vollmacht Jesu (20,1-8)

> 1Als er an einem dieser Tage im Tempelbezirk das Volk lehrte und das
> Evangelium verkündete, traten die Hohenpriester und die Schriftge-
> lehrten mit den Ältesten hinzu 2und sprachen zu ihm: Sag uns, in
> welcher Vollmacht du dieses tust, oder wer ist es, der dir diese
> Vollmacht gegeben hat?
> 3Er antwortete und sprach zu ihnen: Auch ich will euch etwas fragen,
> sagt mir: 4Die Taufe des Johannes, war sie vom Himmel oder von
> Menschen? 5Die aber überlegten bei sich und sagten: Wenn wir
> sagen: Vom Himmel, wird er sagen: Weshalb glaubtet ihr ihm nicht?
> 6Wenn wir aber sagen: Von Menschen, wird das ganze Volk uns stei-
> nigen, denn es ist überzeugt, dass Johannes ein Prophet ist. 7Und sie
> antworteten, nicht zu wissen, woher. 8Und Jesus sprach zu ihnen:
> Auch ich sage euch nicht, in welcher Vollmacht ich dieses tue.

In der Einleitung zum ersten Streitgespräch wird Jesus als eschatologischer König gekennzeichnet, der im Zentrum des Judentums, im Tempelbezirk, für einige *Tage* das *Volk*, das die Schüler mit einschließt, vollmächtig *lehrt* und das *Evangelium* von der angebrochenen Königsherrschaft Gottes verkündet. Der Konflikt mit den Parteien des Hohen Rates schwelt weiter (19,45-48). Können sie den eschatologischen Königsanspruch Jesu akzeptieren und den möglichen Zusammenstoß mit dem römischen Kaiser zulassen? So treten sie an Jesus heran und fragen ihn nach Art und Herkunft seiner *Vollmacht*. Eigentlich ist diese Frage überflüssig, da das Volk von Anfang an Jesu von Gott kommende *Vollmacht* über die Dämonen öffentlich gepriesen hat (4,32.36), und Jesus selbst diese Vollmacht öffentlich auch vor Leuten aus Jerusalem verkündet hat (5,24). Jesus wiederholt daher nicht die Diskussion um seine Wundervollmacht (11,14-23), sondern geht an den Anfang seines öffentlichen Auftretens zurück, auf seine Taufe durch Johannes (3,1-22). Wenn Gott Johannes die Vollmacht zur Umkehrtaufe verliehen hat, dann hat er auch Jesus zu seiner Botschaft bevollmächtigt. Im inneren Dialog erkennen die Gegner diesen Zusammenhang an und decken zugleich ihr eigenes Dilemma auf. Entweder hätten sie Johannes glauben und sich von ihm taufen lassen müssen oder sie hätten seine Vollmacht bestreiten müssen. Doch dann hätten sie einen Volksaufstand riskiert, weil das Volk Johannes für einen Propheten hält (7,24-35). Die mögliche Steinigung spielt auf die spätere Steinigung des Stephanus aufgrund von Gotteslästerung nach Dtn 17,2-7 an (Apg 7,54–8,1a). Das Volk hätte die Ablehnung von Johannes für eine Gotteslästerung gehalten und entsprechend mit der Steinigung der Gegner reagiert. Da das Volk jetzt Jesus in gleicher Weise trotz der Hinrichtung des Täufers anhängt, sehen sich die Gegner vom Volk bedroht. So antworten sie ausweichend. Auch Jesus verweigert die Antwort, weil er den Unglauben der Gegner deutlich wahrnimmt. Den Gegnern geht es nicht um die Erkenntnis der Wahrheit, sondern nur um die Behauptung ihrer eigenen Vollmacht, die beim Missbrauch nicht mehr von Gott, sondern vom Diabolos, vom Verwirrer, kommt (4,6; 22,53).

Das Gleichnis von den bösen Weinbauern (20,9-19)

> [9]Er begann nun, zum Volk dieses Gleichnis zu sagen: Ein Mensch
> pflanzte einen Weinberg, vergab ihn an Weinbauern und verreiste
> für geraume Zeit.
> [10]Und zur rechten Zeit sandte er zu den Weinbauern einen Sklaven,
> damit sie ihm von der Frucht des Weinbergs geben. Aber die Wein-
> bauern sandten ihn, nachdem sie ihn geschlagen hatten, leer weg.
> [11]Und er fuhr fort, einen anderen Sklaven zu schicken; sie aber, nach-
> dem sie auch jenen geschlagen und entehrt hatten, sandten ihn leer
> weg.
> [12]Und er fuhr fort, einen dritten zu schicken; nachdem sie auch die-
> sen verwundet hatten, warfen sie ihn hinaus.
> [13]Es sprach nun der Herr des Weinbergs: Was soll ich tun? Ich will
> meinen geliebten Sohn senden. Vielleicht werden sie diesen achten.
> [14]Als die Weinbauern aber ihn sahen, überlegten sie untereinander
> und sagten: Dieser ist der Erbe. Wir wollen ihn töten, damit das Erbe
> unser wird!
> [15]Und sie warfen ihn außerhalb des Weinbergs und töteten ihn.
> Was nun wird der Herr des Weinbergs ihnen tun? [16]Er wird kommen
> und diese Weinbauern töten und den Weinberg anderen geben.
> Sie hörten es und sprachen: Das darf nicht geschehen! [17]Er aber
> schaute sie an und sprach: Was bedeutet nun dieses Schriftwort: *Der
> Stein, den die Bauleute verwarfen, der wurde zum Hauptstein?* (Ps
> 118,22). [18]Jeder, der auf jenen Stein fällt, wird zerschellen; auf wen er
> aber fällt, den wird er zermalmen.
> [19]Und es suchten die Schriftgelehrten und die Hohenpriester in eben
> der Stunde Hand an ihn zu legen, aber sie fürchteten das Volk, denn
> sie erkannten, dass er dieses Gleichnis gegen sie sprach.

Jesus setzt seine Lehre mit der Erzählung eines Sonderfalls fort. Die Anlage des Weinbergs durch einen begüterten Mann spielt knapp auf das Weinberglied des Prophetenbuches Jesaja an, in dem Israel Gottes Weinberg ist (Jes 5,1f.). Neu kommen die Verpachtung des Weinbergs und der Aufenthalt des Eigentümers außerhalb des Landes hinzu. Die Sendung eines bevollmächtigten Sklaven zur Abholung der Pacht stellt eine Selbstverständlichkeit dar. Doch hier setzt die Komplikation ein. Der Sklave wird misshandelt und ohne Pacht zurückgeschickt. Die Motive der Pächter werden nicht genannt. Sie bauen offenkundig darauf, dass der im Ausland lebende Herr keine Ansprüche mehr hat oder sie nicht mehr durchsetzen kann.

Der zweite Versuch der Sendung eines weiteren Sklaven schlägt entsprechend fehl und führt im Gegenzug zu einer Steigerung der Misshandlung durch eine *Entehrung*, vermutlich eine Beleidigung.

Die *Verwundung* des dritten Sklaven als weitere Steigerung führt konsequent zur Beendigung der Sendung von bevollmächtigten Sklaven.

Doch der Weinbergbesitzer gibt nicht auf. Der Höhepunkt der Erzählung ist erreicht. Der Weinbergbesitzer schickt als letzten Versuch seinen eigenen Sohn. Er erhofft, mit dieser letzten Karte eine Anerkennung seiner Ansprüche auf den Weinberg zu erreichen. Der Sohn wird auch als bevollmächtigter Vertreter des Vaters anerkannt, aber die Reaktion der Pächter verläuft weiter in den alten Bahnen und bleibt entgegengesetzt zu den Intentionen des Besitzers.

Sie ermorden den Sohn, um sein Erbe für sich selbst endgültig zu sichern und den Herrn für immer von seinem fernen Eigentum zu trennen.

Der Eigentümer wird nun seinerseits mit Bestrafung und Neuvergabe des Weinbergs reagieren.

Das Volk lehnt überraschenderweise diese gewaltsame Lösung ab und zeigt Sympathie für die mörderischen Weinbauern, denn Jesus erzählt einen düsteren Kriminalfall, der sich durchaus in der Provinz Judäa oder im Klientelfürstentum Galiläa ereignen konnte. Die Pächter interpretieren nach jüdischem Recht das Verlassen des Landes als Aufgabe der Fürsorge und Ansprüche des Eigentümers. Spätestens mit der Sendung des Sohnes macht der Herr klar, dass er nach griechisch-römischem Recht das Patro-

nat nie aufgegeben hat (vgl. die Zenon-Papyri aus dem 3. Jh. v. Chr.). Die Gewalttätigkeit erwächst aus der Erbitterung der verarmten jüdischen Landbevölkerung über das Luxusleben reicher Landbesitzer in außerjüdischen Metropolen, speziell in Rom, führt aber hier zu einer nicht mehr zu akzeptierenden Verhärtung. Dem Besitzer wird das Recht auf Pachtertrag und Fürsorge für den Weinberg gewaltsam verwehrt. Der erbberechtigte Sohn wird heimtückisch ermordet. Jesus begründet die Bestrafung mit einem Zitat aus dem messianischen Psalm 118, der bereits beim feierlichen Einzug in Jerusalem erklungen war (19,38), und mit einem entsprechenden Weisheitswort. Der Sohn ist der *Hauptstein*. Widerstand gegen ihn führt zur Vernichtung.
Die Reaktion der Gegner, die mit dem Volk zugehört haben, ist von *Furcht* vor dem *Volk* und von verstocktem Unglauben bestimmt. Sie erkennen zwar, dass die Weinbauern ein an sie gerichtetes Identifikationsangebot sind, verweigern aber die Umkehr und wollen weiterhin Jesus festnehmen.
In der theologischen Sachhälfte symbolisiert der langmütige Weinbergbesitzer den Vatergott Israels, der das Halten des Bundes immer wieder durch neue Propheten einfordert und die Misshandlung der Propheten geduldig hinnimmt (11,47-50).
Mit der Sendung des *Sohnes* ist das Reservoir der kritischen Mahner endgültig erschöpft. Mit seinem Tod beginnt der Anfang des Weltgerichts, in dem der Menschensohn die Täter verurteilt und die Königsherrschaft Gottes anderen übergibt.
Sind die gewalttätigen, mörderischen Weinbauern ganz Israel?
Die Rahmenhandlung gibt darüber Auskunft. Die Führer Israels stellen sich in die Linie der alttestamentlichen Prophetenverfolger und -mörder, wenn sie Jesus verwerfen (19,45–20,8). Die Führer weigern sich, die Schrift auf Jesus hin auszulegen. Stattdessen suchen sie, Jesus gefangen zu nehmen und hinzurichten. Allerdings verstehen sie Jesu Provokation nicht in vollem Sinne. Im Unterschied zu den Weinbauern erkennen sie ihn nicht als einzigartigen Sohn Gottes und Erben. Sie hören nur den Hoheitsanspruch heraus, König, geheimer Christus und Sohn Gottes zu sein, den sie

im Gegensatz zum Volk für falsch halten. Ihre Feindschaft gegen Jesus ist daher kein Mord am einzigartigen *Gottessohn*, sondern eine unverständige Fortsetzung der Prophetenverfolgung und damit ein Justizirrtum (11,47-51; 22,66–23,34).

Erst recht wird das Volk als Ganzes nicht mit den Pächtern gleichgesetzt, sondern ausdrücklich von den Führern unterschieden. Das Volk schützt den *Sohn*. Die Sendung Jesu zu Israel verläuft nicht völlig erfolglos. Der Weinberg wird nach der Katastrophe des Kreuzes neuen Führern übergeben, die mit dem Volk, soweit es sich nicht verführen ließ (23,13-48), in Übereinstimmung stehen. Der Evangelist hofft darauf, dass das Volk *Israel* sich der nachösterlichen Jesusgemeinde erneut anschließen wird (Apg 1–28).

Das Zitat des messianischen Psalms 118 macht dagegen deutlich, dass die unverständigen Führer das Todesschicksal erleiden werden. Sie werden im verlorenen Aufstand gegen die Römer zu Tode gekommen; Gott hat ihnen den Tod nicht ersparen können (19,41-44; 21,20-24).

Sendung bedeutet nicht die Menschwerdung eines präexistenten Gottessohnes, sondern die Erkenntnis, dass das übernommene Amt von Gott von Ewigkeit an geplant worden ist. Paulus erfährt vor Damaskus, dass er vom Mutterleib an von Gott für die Offenbarung des Gottessohnes erwählt worden ist (Gal 1,15), Epiktet weiß sich ebenfalls von den Göttern *gesandt* (3,21-22; Epiktet, Lehrgespräche 3,22,46f.). Rettung erfolgt durch das gesamte Auftreten Jesu als *Sohn Gottes* (1,32-35). Da die Schriftgelehrten und Hohenpriester trotz des Gleichnisses und seiner Anwendung den Sendungsanspruch Jesu nicht zu erkennen vermögen (8,10), planen sie weiterhin seine Verhaftung und lassen sich nur aus Angst vor dem Volk daran hindern.

Die Frage nach der kaiserlichen Steuer (20,20-26)

20Und sie belauerten ihn und sandten Spitzel, die heuchelten, dass sie selbst gerecht seien, damit sie ihn beim Wort fingen, sodass sie ihn der Behörde und der Vollmacht des Statthalters übergeben könnten.

21 Und sie fragten ihn und sagten: Lehrer, wir wissen, dass du richtig redest und lehrst und nicht auf die Person achtest, sondern in Wahrheit den Weg Gottes lehrst: 22 Ist es uns erlaubt, dem Kaiser Steuer zu geben oder nicht? 23 Er durchschaute aber ihre Verschlagenheit und sprach zu ihnen: 24 Zeigt mir einen Denar! Von wem hat er Bild und Aufschrift? Sie sagten: Vom Kaiser. 25 Er sprach nun zu ihnen: Daher gebt das, was des Kaisers ist, dem Kaiser und das, was Gottes ist, Gott!
26 Und sie vermochten nicht, ihn bei einer Rede vor dem Volk zu fangen, staunten über seine Antwort und schwiegen.

Es folgt ein zweites Streitgespräch. Der Hohe Rat schickt *Spitzel*, die die Sorge um das richtige Leben nach der Gerechtigkeit *vorheucheln* (18,9-14). Sie wollen Jesus zu einer juristisch verdächtigen Antwort verleiten, um ihn der *Vollmacht* des römischen Statthalters auszuliefern. Die *Vollmacht* des römischen Kaisers, die der *Statthalter* als Präfekt repräsentiert, wird der *Vollmacht* Gottes und Jesu gegenübergestellt (22,24-30). Die Vollmacht des Kaisers kommt bei Missbrauch vom Diabolos, dem Verwirrer (4,6).
Die Spitzel beginnen rhetorisch geschickt, Jesus zu schmeicheln (captatio benevolentiae), dass er die Tora in *Wahrheit* ohne Beeinflussung durch gesellschaftliche Machtverhältnisse *lehrt*. Dann stellen sie ihm eine damals heftig diskutierte Streifrage. Josephus nennt in seinem Werk „Jüdische Altertümer", das er später als den „Jüdischen Krieg" schrieb, den Steuerzensus der Römer als Ursache für die Gründung der Widerstandspartei durch Teile der Pharisäer und durch weitere Großfamilien (Jos. ant. 18,4–10). Der Galiläer Judas rief nach dem Tode Herodes' I. (37–4 v. Chr.) eine Widerstandsbewegung gegen die Erben des Herodes ins Leben. Als der Herodessohn Archelaos (4 v. Chr.–6 n. Chr.) nach zehnjähriger Misswirtschaft vom Kaiser Augustus aufgrund der Beschwerden einer jüdischen und samaritanischen Gesandtschaft als Ethnarch (Beherrscher eines Volkes) abgesetzt wurde, erfolgte die Umwandlung des selbstständigen Klientelstaates

Judäa-Samaria in eine römische Provinz (2,1-2; Jos. ant. 17,342-344). Ein Präfekt mit der zusätzlichen Amtsfunktion des Steuerpächters „Procurator“ übernahm für den Kaiser die Herrschaft über Steuer und Schwert. Gegen diesen römischen Machtanspruch wandte sich Judas, der Galiläer, ebenfalls. Denn im Aufstand gegen die Herodessöhne wollte er die Abschaffung der illegitimen, hellenisierten Herodesdynastie erreichen, nicht aber deren Ersetzung durch die direkte, römische Provinzherrschaft. Judas verkündete programmtisch den aktiven Widerstand, der dann in der Eroberung Jerusalems 70 n. Chr. katastrophal zusammenbrach. Gott hatte sich nicht zum Eingreifen zugunsten der Widerstandskämpfer zwingen lassen.

Bis 70 n. Chr. stand die Jesusbewegung in der Zerreißprobe, es mit den Untergrundkämpfern oder mit den Angepassten zu halten. Die Mehrheit der Pharisäer und der Schriftgelehrten zahlten ihre Steuern. Josephus, der mit der Pharisäer-Partei sympathisierte, lobte ihre „Vernunft“ (Jos. ant. 18,12). Als einzige Partei überlebte sie den jüdischen Aufstand, weil die Vernunft die Mehrheit vor dem Fanatismus bewahrt hatte, Gott zwingen zu wollen, gegen das römische Weltreich direkt aktiv zu werden. Die Priesterpartei der Sadduzäer zahlte bis 66 n. Chr. geschlossen Steuern. Jesus hingegen unterstellte sie eine steuerkritische Gesinnung. Gibt er diese zu, erweist er sich als Widerstandskämpfer und lässt sich als Aufrührer anklagen. Zeigt er hingegen eine romfreundliche Gesinnung, kann er vom Volk isoliert werden, denn das Volk sympathisiert mit den Untergrundkämpfern, die die Steuern verweigern. In der Passionsgeschichte unterstützt es daher Barabbas, der bei einem Aufstand einen Mord mitverursacht hat (23,13-25). Die Frage wird deshalb zur *Heuchelei*, weil die Schriftgelehrten und Hohenpriester nicht ihr eigenes Steuerzahlen aufdecken, sondern unabhängig von ihrem Tun eine Weisung Jesu erhalten wollen. Der Verweis auf *in Wahrheit den Weg Gottes lehren* baut für den informierten Leser einen Kontrast zur Lehre des Judas Galiläus vom gewaltsamen Eingreifen Gottes auf (13,1-5). Jesus lässt sich aber nicht in einen offenen Gegensatz zu den Pharisäern und den Widerstandskämpfern bringen, sondern deckt geschickt das Tun der Frager auf und bezieht sie so mit in die Antwort ein.

Die *Spitzel* tragen römische Silberdenare mit sich, auch wenn sie sich wie jetzt auf dem Tempelvorhof der Völker befinden. Sie gebrauchen die Münzen mit dem Bild und der Aufschrift des Kaisers im Tempelbezirk. Diese Münzen werden aber von den Widerstandskämpfern entrüstet zurückgewiesen. Das Bild des Kaisers verletzt das Bilderverbot für den Tempelbezirk; die Aufschrift des Tiberius-Denars: „Divi Augusti Filius“, d. h. „des Gottes Augustus Sohn“, ist als Blasphemie provozierend. Nur Jahwe ist Gott allein. Der Kaiser ist sein ungläubiger Gegner, der nach dem Programm der Widerstandskämpfer aus dem Land Israel vertrieben werden muss. Allerdings entwickelten die Pharisäer, Sadduzäer und die Jesusbewegung eine differenziertere Sicht. Der verstorbene Kaiser kann zwar nicht wie auf dem Denar zum Gott erklärt werden. Aber er kann zusammen mit dem regierenden Kaiser zu einer eigenständigen Macht werden, die Gott unterstellt bleibt (22,24-28.53). Der wiederkommende Menschensohn Jesus wird beim Weltgericht über sie richten (21,7-28; 22,29-30). Es folgt die weisheitliche Regel, nach der die Schriftgelehrten, die Hohenpriester, die Pharisäer und Jesus selbst leben. Der Kaiser erhält die Gewalt über Steuern und Schwert, Gott die unumschränkte Anerkennung als Herr des Kaisers und Schöpfer der Welt (Röm 13,1-7). Das *Staunen* der Gegner, das dem Erstaunen der Schüler und des Volkes über die Wunder entspricht (8,25; 9,43; 11,38), schließt das Streitgespräch ab. Die Gegner kehren zwar nicht von ihrer Feindschaft um, müssen aber verstummen und Jesus weiter vollmächtig *lehren* lassen.

Die Frage nach der Auferstehung der Toten (20,27-40)

27Es kamen nun einige von den Sadduzäern, die sagen, es gebe keine Auferstehung, und fragten ihn: 28Lehrer, Mose schrieb uns vor: *Wenn jemandes Bruder stirbt*, der eine Frau hat, und dieser *kinderlos* ist,

dass *sein Bruder die Frau nehme und Nachkommenschaft seinem*
Bruder erstehen lasse (Dtn 25,5). 29Nun lebten sieben Brüder. Und der
erste nahm eine Frau und starb kinderlos. 30Und der zweite 31und
der dritte nahmen sie, und ebenso hinterließen auch die sieben
keine Kinder und starben. 32Zuletzt starb auch die Frau. 33Die Frau
nun – wessen Frau wird sie bei der Auferstehung werden? Denn die
sieben hatten sie als Frau.
34Und es sprach zu ihnen Jesus: Die Kinder dieser Zeit heiraten und
werden verheiratet, 35die aber gewürdigt wurden, an jener Zeit und
der Auferstehung aus Toten teilzuhaben, heiraten weder noch wer-
den verheiratet; 36denn sie können nicht mehr sterben, denn sie sind
Engeln gleich und Söhne Gottes, indem sie Söhne der Auferstehung
sind. 37Dass aber die Toten auferweckt werden, zeigte auch Mose
beim Dornbusch, wenn er *den Herrn den Gott Abrahams und Gott*
Isaaks und Gott Jakobs (Ex 3,6) nennt. 38Gott aber ist nicht ein Gott
von Toten, sondern von Lebenden, denn alle leben von ihm.
39Es antworteten nun einige der Schriftgelehrten und sagten: Leh-
rer, du sprachst schön. 40Sie wagten nämlich nicht mehr, ihn irgend-
etwas zu fragen.

Ein drittes Streitgespräch schließt sich an. Die Sadduzäer bestehen aus den führenden Kreisen des Jerusalemer Tempelstaates, und zwar aus den Hohenpriestern, den Priestern, den sadduzäischen Schriftgelehrten und den *Ältesten* der reichen Familien. Ihre Vertreter bilden im Hohen Rat die Fraktionen der Hohenpriester und Ältesten. Theologisch unterscheiden sich die Sadduzäer von den Pharisäern darin, dass sie sich nur an die schriftliche Tora halten und daher die mündliche Tradition nicht anerkennen. Der Glaube an die individuelle Auferstehung entstand erst in der späten, nachexilischen Apokalyptik (Dan 7). Daher lehnen die Sadduzäer ihn ab (8,40-56).

Sie versuchen nun, aus der von Mose vorgeschriebenen Schwagerehe eine absurde Folgerung für den Auferstehungsglauben zu ziehen, um ihn zu widerlegen und lächerlich zu machen. Die Schwagerehe bedeutet, dass die kinderlose Ehefrau beim Tod

ihres Mannes von einem seiner Brüder wieder geheiratet werden muss. „Der erste Sohn, den sie (die wiederverheiratete Witwe) gebiert, soll den Namen des verstorbenen Bruders weiterführen. So soll dessen Name in Israel nicht erlöschen" (Dtn 25,6). Für die Sadduzäer bedeutet Auferstehung im Sinne dieser Vorschrift das Weiterleben in den eigenen Nachkommen und nicht die Neuschöpfung der individuellen Person für das ewige Leben in der zukünftigen Königsherrschaft Gottes. Der Fall mit den sieben kinderlosen Brüdern ist eine bewusste, komödiantische Projektion der sadduzäischen, irdischen Welt in den Himmel.
Jesus durchschaut sogleich diese Entwertung der apokalyptischen Hoffnung auf die individuelle Auferstehung. Er stellt mit einem weisheitlichen Grundsatz fest, dass die Heirat nur für die irdische Zeit gilt. Im Himmel dagegen gibt es keinen Tod mehr und daher nicht mehr den irdischen, biografischen Zyklus von *Heirat*, Zeugung, Geburt und *Sterben*. Die Auferweckten gleichen in ihrer personalen Neuschöpfung den Engeln und sind wie Jesus *Söhne Gottes*, wobei *Söhne* die Töchter inklusiv mitmeint (6,35). Nach der Abwehr des komödiantischen Falls geht auch Jesus auf die Tora ein. Er weist vom nachexilischen Standpunkt aus nach, dass die Auferstehungsvorstellung der Schwagerehe zu sehr auf die Kollektivgröße Volk eingeengt ist. Der geläufige Hoheitstitel von Jahwe, dem *Herrn*, ist der *Gott* (El) *Abrahams, Isaaks und Jakobs*; Gott offenbart sich aber vor Mose nicht als ein Gott von toten Stammvätern (Ex 3,6.15 u. ö.), sondern von auferweckten, lebenden Vätern (16,19-31). Und Gott ist nicht nur für die Väter der Lebensspender, sondern für alle Menschen, die seinen Anruf annehmen. Die Begründung *denn alle leben von ihm* spielt auf das griechische Dichterzitat in der späteren Areopagrede des Paulus an (Apg 17,28). Das Leben, an dem Gott Anteil gibt, ist ein von ihm geschaffenes Leben, das für die Ewigkeit erneuert werden kann.
Die Schriftgelehrten erkennen zwar lobend die Überzeugungskraft Jesu an, aber verweigern weiterhin die Umkehr (6,26). Sie beenden die Streitgespräche mit Jesus, da sie ihn nicht mit einer justiziablen Äußerung fangen können.

Messiasfrage und Mahnworte (20,41-44.45-47)

> [41]Er sprach nun zu ihnen: Wieso sagen sie, der Christus sei Davids Sohn? [42]Denn David selbst sagt im Buch der Psalmen: *Es sprach der Herr zu meinem Herrn: Sitze zu meiner Rechten,* [43]*bis ich hinlege deine Feinde als Fußbank deiner Füße!* (Ps 110,1). [44]David also ruft ihn Herr, und wie ist er sein Sohn?
>
> [45]Während das ganze Volk zuhörte, sprach er zu seinen Schülern: [46]Nehmt euch in Acht vor den Schriftgelehrten, die gerne in langen Gewändern umhergehen und die Begrüßungen auf den Marktplätzen, die vordersten Sitze in den Synagogen und die ersten Plätze bei den Festmahlen lieben, [47]sie, die die Häuser der Witwen aufzehren und zum Schein lang beten: Diese werden ein umso härteres Gerichtsurteil empfangen.

Jetzt eröffnet Jesus von sich aus das letzte Streitgespräch. Der Argumentation der Schriftgelehrten wird die innere Logik der Psalmen, die David zugeschrieben werden, gegenübergestellt. Weil Gott seine Königsherrschaft unscheinbar in Jesus anbrechen lässt und das machtpolitische, davidische Königtum im Exil untergegangen ist, wird die Verbindung Jesu mit David auf die Wundertätigkeit und Weisheit Davids und seines ersten Nachfolgers Salomo beschränkt (18,35-43), und es wird die Machtpolitik von David und Salomo ausgespart. Wie David böse Geister austreiben kann (1 Sam 16,14-23), heilt auch Jesus Kranke und Besessene. Wie David in seiner Weisheit die Schaubrote des Tempels wegen akuter Gefahr des Verhungerns isst (1 Sam 21,2-7), vermag Jesus in seiner Weisheit das Gesetz für den Menschen auszurichten (6,1-5). Im Unterschied zu David verlässt Jesus aus eigenem Antrieb seinen Arbeitsplatz und seinen Heimatort Nazaret und schließt sich dem Umkehrprediger Johannes an (3,21-22); nicht von diesem, sondern von Gott selbst wird er zum endzeitlichen, königlichen *Sohn Gottes* eingesetzt. Aufgrund der direkten göttlichen Einsetzung steht sein Christusamt auch über der Königsherrschaft seines Urahns David. Jesus kommt

aus dem Geschlecht Davids; er erfüllt sogar die christologischen Hoffnungen, die vom Volk, den Pharisäern und den Schriftgelehrten an diese Großfamilie geknüpft werden, interpretiert sie aber gleichzeitig um. Mit dem Gang zum Täufer Johannes und mit der Verkündigung der endzeitlichen Gottesherrschaft geht er einen neuen Weg. Das *Herr*-Sein (2,11) wird sich erst in der Zukunft in Auferweckung (24,3-34) und Wiederkunft als Menschensohn voll erfüllen (17,22-37). Zu dieser Klarstellung der Christologie schweigen die Gegner. Sie werden vor Pilatus das Gegenteil behaupten, und zwar, dass Jesus sich als gewaltpolitischer König verstanden und das Volk zur politischen Gewalt aufgerufen habe (23,2).
Jesus wechselt daraufhin den Adressatenkreis und wendet sich seinen *Schülern* zu. Diese haben bisher zugehört; auch das Volk hört weiterhin zu. Die polemischen Worte gegen die *Schriftgelehrten* kommen aus der Enttäuschung, dass diese trotz der Widerlegung ihrer Argumente nicht zur Umkehr bereit sind. Die Warnung wiederholt zunächst die frühere Kritik an den Pharisäern und bezieht diese jetzt auf die Schriftgelehrten: *sich grüßen lassen* und *erste Plätze* einnehmen (11,37-44; 14,7-11). Hinzu kommt das feierliche Gewand, das den Berufsstand anzeigen soll. Es war damals noch nicht standardisiert und wird ein kostbares langes Obergewand, also einen Mantel der Vornehmen, meinen. Der Vorwurf *zum Schein lang beten* wurde bereits an einem Pharisäer im Tempelbezirk exemplifiziert (18,9-14). Unklar ist der vorletzte Vorwurf, *die Häuser der Witwen aufzuzehren*. Da nach jüdischem Recht eine Witwe nicht voll geschäftsfähig war, wurde ihr ein Vormund oder Verwalter zugeordnet (Jes 10,2). Schriftgelehrte eigneten sich bei wohlhabenden Witwen besonders für diese Aufgabe. Aber ob viele oder nur wenige ihr Wissen missbraucht haben, muss offen bleiben. Die Übeltäter jedenfalls werden vom Weltenrichter verurteilt werden.

Das Opfer der Witwe (21,1-4)

[1]Er schaute nun auf und sah die Reichen, die in den Schatzkasten ihre
Gaben warfen. [2]Er sah auch eine arme Witwe, die dort hinein zwei
Lepta warf, [3]und sprach: Wahrhaft, ich sage euch: Diese arme Witwe
warf mehr hinein als alle; [4]denn diese alle warfen aus ihrem Überfluss etwas zu den Gaben, diese aber warf von ihrem Mangel alles, was sie zum Leben hatte, ein.

Es folgt ein biografischer Ausspruch für alle Zuhörer, insbesondere für die Schüler. Jesus *schaut* umher und beobachtet, wie die *Reichen* in den *Schatzkasten*, der einen Opferstock oder einen Gebäudeteil im Vorhof der Frauen bezeichnet, Geldstücke als Spende einwerfen. Er nimmt auch als Kontrast die arme Witwe wahr, die nur zwei von den kleinsten Kupfermünzen (*zwei Lepta)* zum Schatz hinzutut (12,59). Jesus vergleicht in feierlicher Weise das Handeln beider Personenkreise. Die Reichen geben nur einen Teil von ihrem Überfluss ab, die Witwe hingegen übergibt Gott ihr ganzes Geld und hat jetzt nichts mehr, was ihr das *Leben* für einen Tag sichern kann (11,3). Nun ist sie auf die Wohltätigkeit derer angewiesen, die wie bei den Schülern die Not erkennen, ihren Dienst für Gott anerkennen und für ihren Lebensunterhalt, ihre weitere Biografie, sorgen (10,1-12; 18,28-30).

Die Rede über die nachösterliche Zeit und das Weltende (21,5-38)

Die Ankündigung der Zerstörung des Tempels (21,5-6)

[5]Und als einige über den Tempelbezirk sagten, dass er mit schönen
Steinen und Weihegeschenken geschmückt ist, sprach er: [6]Es werden Tage kommen, da wird von dem, was ihr schaut, kein Stein auf dem anderen bleiben; alles wird aufgelöst werden.

Die Rede über die nachösterliche Zeit und das Weltende (21,5-38)

Die letzte große Rede Jesu wird von einem biografischen Gespräch eröffnet. Einige Schüler bewundern den Tempelbau. Er wurde unter Herodes I. begonnen und war zur Zeit Jesu fast vollendet. Er galt als Weltwunder (Jos. bell. 6,267).
Jesus antwortet mit einer prophetischen Unheilsweissagung. Er bestätigt die beeindruckende Sichtbarkeit der Gebäude und *Weihegeschenke*, kündigt ihnen aber anschließend die totale Zerstörung an. Der Evangelist spielt erneut auf die Zerstörung Jerusalems und des Tempels im Jahre 70 an (19,41-44). Josephus berichtet entsprechend im „Jüdischen Krieg": „ – da befahl der Caesar, die gesamte Stadt und den Tempel zu schleifen" (Jos. bell. 7,1). Erhalten geblieben sind nur die gigantischen Stützmauern des gewaltigen Tempelplatzes im Osten, Süden und Westen; von der Westmauer bildet ein kleiner Teil die „Klagemauer". Bis auf den heutigen Tag ist unbekannt, wo auf dem Tempelplatz das Gebäude des Herrn, der Naos, gestanden hat. Orthodoxe Juden dürfen daher bis heute den Tempelplatz nicht betreten, da sie die Stelle verunreinigen könnten, an der das Heiligste und Allerheiligste des Tempelgebäudes sich befunden hat. Gott lässt zu, dass sein Tempel völlig *aufgelöst* (katalýo) wird.

Verfolgung, Weltgericht und Erlösung (21,7-19.20-24.25-28)

7Sie fragten ihn und sagten: Lehrer, wann nun wird dieses sein, und
was ist das Zeichen, wann dieses geschehen wird? 8Er sprach: Seht
zu, dass ihr nicht irregeführt werdet! Denn viele werden in meinem
Namen kommen und sagen: Ich bin es, und: Die Zeit ist nahegekom-
men! Geht nicht hinter ihnen her! 9Wenn ihr aber von Kriegen und
Aufständen hört, ängstigt euch nicht! Denn dieses muss zuerst
geschehen, doch es ist nicht gleich das Ende.
10Dann sagte er ihnen: Ein Volk wird sich gegen ein anderes Volk und
eine Königsherrschaft gegen eine andere Königsherrschaft erheben,
11und es werden große Erdbeben und an manchen Orten Hungers-
nöte und Seuchen sein, schreckliche Dinge und große Zeichen vom
Himmel werden sein.
12Vor all dem aber werden sie Hand an euch legen, werden euch ver-

folgen, euch an die Synagogen und Gefängnisse ausliefern und vor
Könige und Statthalter wegen meines Namens führen; [13]es wird
euch zum Zeugnis ablaufen. [14]Beschließt nun in euren Herzen, nicht
vorher zu überlegen, euch zu verteidigen! [15]Denn ich werde euch
Mund und Weisheit geben, denen alle eure Gegner nicht widerste-
hen oder widersprechen können. [16]Ihr werdet auch von Eltern,
Brüdern, Verwandten und Freunden übergeben werden, und sie wer-
den einige von euch töten, [17]und ihr werdet wegen meines Namens
von allen gehasst werden. [18]Aber nicht ein Haar von eurem Kopf
wird verloren gehen. [19]Durch eure Standhaftigkeit werdet ihr euer
Leben gewinnen.
[20]Wenn ihr aber Jerusalem von Heeren umringt seht, dann erkennt,
dass seine Verwüstung nahegekommen ist. [21]Dann sollen die in
Judäa in die Berge fliehen, und die in der Stadt sollen hinausziehen,
und die in den Landschaften sollen nicht in sie hineingehen; [22]dies
sind die Tage der Rache, damit alles erfüllt wird, was in der Schrift
steht. [23]Wehe den Schwangeren und den Stillenden in jenen Tagen!
Denn es wird große Not sein auf der Erde und Zorn über dieses Volk;
[24]und sie werden durch die Schärfe des Schwertes fallen, und sie
werden zu allen Völkern in Gefangenschaft geführt werden, und
Jerusalem wird von den Völkern getreten werden, bis die Zeiten der
Völker erfüllt sind.
[25]Und es werden Zeichen an Sonne, Mond und Sternen sein, und auf
der Erde wird die Angst der Völker und die Ratlosigkeit vor dem
Tosen und Wogen des Meeres herrschen, [26]da werden die Menschen
vor Furcht und Erwartung der herankommenden Ereignisse für den
Erdkreis ohnmächtig werden, denn die Kräfte des Himmels werden
erschüttert werden. [27]Und dann werden sie sehen den Menschen-
sohn, kommend in einer Wolke mit Kraft und viel Herrlichkeit (Dan
7,13). [28]Wenn aber dieses zu geschehen beginnt, richtet auf und
erhebt eure Köpfe, weil eure Erlösung nahekommt!

Es schließt sich eine zweite Schülerfrage an, und zwar nach dem Zeitpunkt und den Zeichen des Weltendes. Denn die Schüler verstehen wie die Pharisäer, die Widerstandskämpfer und das Volk die bevorstehende Zerstörung des Tempelbezirks als den Beginn des Weltendes. Jesus antwortet zunächst kurz wie bei der früheren Forderung nach Zeichen (11,16-23.29-32). Die totale Zerstörung des Tempelbezirks bedeutet nicht, dass sich Gott von Israel und der Jesusbewegung völlig zurückgezogen hat. Er will vielmehr, dass keiner sich verführen lasse (letzte Vaterunser-Bitte 11,4). Denn es werden Pseudomessiasse auftreten und das Ende der Welt ankünden; ihnen darf nicht geglaubt werden. Pseudomessias weist auf eine spezielle Gefahr hin, die der Evangelist beim Gespräch über den Tod Johannes' des Täufers (9,7-9), beim Messiasbekenntnis des Petrus (9,18-21) und bei der Rede zum Menschensohn (17,23f.) erwähnt hat. Die Zeitgenossen Jesu und der Urgemeinde erwarteten das Wiederaufleben verstorbener bedeutender Personen in den großen Figuren der Gegenwart. So kann auch die Erwartung entstanden sein, dass der auferstandene Jesus Christus in einer bedeutenden Person der Urgemeinde wieder auflebt. Dieser Redivivus-, also Wiederauflebungsgedanke, wird hier vom Evangelisten entschieden zurückgewiesen. Jesus von Nazaret hat wie alle anderen großen Propheten Israels eine einmalige, nicht wiederholbare, individuelle Lebensexistenz. In der Apostelgeschichte werden dann historisch belegte *jüdische* Pseudomessiasse angeführt (Apg 5,36-37). Auch Kriege und Aufstände werden kommen. So kann wieder im Zuge von Kriegshandlungen der Tempel untergehen, wie er schon einmal zu Beginn des Exils zerstört wurde (586 v. Chr.), ohne dass das *Ende* eintritt.

Dann setzt Jesus erneut zu einer längeren Rede über die nachösterliche Zeit und das Weltende an. Er fasst das ausführliche Testament des Reiseberichts noch einmal kurz zusammen. Ein Zeittermin für das Weltende wird nicht genannt. Es gibt wohl weiterhin Kriege, Erdbeben, Hungersnöte, Seuchen und kosmische Katastrophen mit entsprechenden Zeichen.

In dieser Zeit werden die Anhänger Jesu vor Gericht gestellt werden; dann wird die Weisheit, die in Jesus Wohnstatt genommen hat, *unwiderstehlich* aus ihnen reden (7,35; 11,31.49). Bei den

Gerichten wird zwischen der Synagoge, den politischen Führern und den Königen unterschieden. Die Gemeinde war bis zur Mission des Paulus mit der Synagoge verbunden. Die paulinischen heidenhellenistischen Neugründungen führten aber zur Trennung von der Synagoge (Apg 13–28). Nun müssen sich die Christen vor den heidnischen Autoritäten verantworten. Die Gerichtssituation gibt der Gemeinde die Gelegenheit, *öffentlich* Zeugnis für ihren Glauben abzulegen. Die Verfolgung wird die Familien zerreißen, zur Tötung und zum Hass führen (12,49-53). Seit Nero (54–68) gilt der Christusanhänger als verdächtig für Brandstiftung (Brand von Rom 64: Tac. annal. 15,44) und für andere Untaten wie die Perduellio, die schlimme Feindschaft gegen das Römische Reich, und das noch weiter gefasste crimen majestatis imminutae, die Verletzung der Hoheit der römischen Amtspersonen. Der Hass auf die Christen wird später von Tacitus als „Hass (der Christen) gegen das menschliche Geschlecht" (Tac. annal. 15,44) verdreht werden. Doch die *Standhaften* werden das ewige *Leben* gewinnen. Solange die christlichen Gemeinden sich als jüdische Synagogengemeinden ausgaben, galten sie als „collegia licita" (erlaubte Vereine) und mussten dem Kaiser geben, was des Kaisers war (20,20-26). Die Trennung von der Synagoge vollzog sich dann zwischen 50 und 111. Plinius, der Statthalter der kleinasiatischen Provinz Bithynien, holte sich 112 von Kaiser Trajan (98–117) Rat wegen christlicher Vereine (Hetärien). Trajan ordnete in einem Edikt an, dass die Christen als Mitglieder eines unerlaubten, abergläubischen Vereins hinzurichten sind, dass sie aber nicht anonym angezeigt werden dürfen und staatliche Nachforschungen auch nicht anzustellen sind (Plinius, Briefe X 96).

Waren die bisherigen Voraussagungen der Rede allgemein auf die ganze Welt bezogen, so geht es jetzt um das Schicksal Jerusalems. Zunächst wiederholt Jesus seine Ankündigung einer Belagerung und Zerstörung (19,41-44). Die Anweisung für die Bewohner Judäas zur Flucht in die Berge ist nur für die Ebene am Mittelmeer und für den Jordangraben bestimmt. Das Hauptgebiet Judäas liegt ja im Bergland (1,39). Die Flucht aus Jerusalem und die Warnung vor der Schutzsuche in der Hauptstadt entsprechen dem Verlauf des jüdischen Aufstands. Die Gegner des Aufstands mussten entweder aus der Stadt fliehen oder wurden von den Aufständischen umgebracht. Auch die christliche Gemeinde floh aus Jerusalem (Eusebius, Kirchengeschichte 3,5,3). Der Weheruf für die Schwangeren und Stillenden dagegen gilt allgemein für Kriegszeiten. Titus ließ allerdings nach der Eroberung die Frauen am Leben, während er die zelotischen Kämpfer und Priester hinrichten ließ. Vom Untergang Jerusalems hatte das ganze römische Weltreich gehört. Jerusalems Einwohner, Männer und Frauen, wurden als Gefangene und Sklaven über das ganze Römische Weltreich verteilt. Der Titusbogen auf dem Forum Romanum und die Münzen mit jüdischen Symbolen wie dem Altar und der trauernden Frau „Judäa" halten die Erinnerung an den Sieg aufrecht. Der regierende Kaiser Vespasian (69–79), der Vater des Titus, richtete den „fiscus Judaicus" ein. Die Juden müssen die Tempelsteuer an den römischen Kaiser abführen. Der Wiederaufbau Jerusalems blieb verboten. So wird Jerusalem von Rom so lange unterdrückt, bis für alle Völker einschließlich Rom das Weltende anbricht.

Anschließend wird der Zusammenbruch des Kosmos und die machtvolle Ankunft des Menschensohnes Jesus Christus beschrieben; beides steht noch aus. Die Zerrüttung des Himmels am *Tage Jahwes*, seinem Gerichtstag, geht auf die Jesajaapokalypse zurück (Jes 13,9f.). Für die gesamte frühjüdische Apokalyptik endet die Welt entweder in einer kosmischen Katastrophe (Jes 34,4; aethHen 80,4-7; Himmelfahrt Moses 10,5; 4 Esra 5,4; 4,51f.; Sibyllinen 3,796-807) wie hier oder in einer Vernichtung der organischen Natur. Es wird das Weltbild von Gen 1,14-17 vorausgesetzt. Die beiden großen Leuchten *Sonne* und *Mond* verlieren ihre Leuchtkraft, die kleinen Leuchten, die *Sterne*, fallen von der Himmelsfeste, das *Meer* bedroht seine Grenze. *Sehen* (Sach 10,7b; Offb 1,7) ist terminus technicus für das geheime Schauen des Apokalyptikers. Der Menschensohn, der bisher nur von den Apokalyptikern erwartet wurde (Dan 7; aethHen 46f.; 58f.; 4 Esra 13), wird am Tag des Herrn allen Menschen sichtbar. In der jüdischen Apokalyptik tritt der Menschensohn in drei verschiedenen Ausprägungen auf, 1. als Regent im eschatologischen Gottesreich (Dan 7), 2. als Vernichter der feindlichen Völker (4 Esra 13), 3. als Richter im Endgericht (aethHen 46f.; 61f.). Die hier vorliegende Vorstellung vermischt das *Kommen des Menschensohnes auf den Wolken* als Regent (Dan 7) mit der dem Richteramt beigeordneten Retterfunktion (aethHen 62,13). Die Richtertätigkeit über alle Völker, besonders Rom, findet zwar statt, wird aber nicht näher berichtet (21,24). Diese Änderungen gehen auf die Bearbeitung der jüdischen apokalyptischen Menschensohnvorstellung durch den Evangelisten zurück. Das Vertrauen der Christen auf den Menschensohn Jesus und ihre *Erlösung* von Verfolgungen und Übeln stehen im Mittelpunkt der christlichen Theologie, das Schicksal der gegnerischen jüdischen Führer und der Völker bleibt dem noch unbekannten Urteil des Menschensohnes überlassen.

Mahnungen im Hinblick auf das Ende (21,29-38)

[29]Und er sprach zu ihnen ein Gleichnis: Seht den Feigenbaum und alle Bäume! [30]Wenn sie schon ausschlagen, schaut selbst hin und erkennt, dass der Sommer schon nahe ist; [31]so sollt auch ihr erkennen, wenn ihr dieses geschehen seht, dass die Königsherrschaft Gottes nahe ist! [32]Amen, ich sage euch: Dieses Geschlecht geht nicht vorüber, bis alles geschieht. [33]Der Himmel und die Erde werden vergehen, aber meine Worte werden nicht vergehen.

[34]Gebt Acht auf euch selbst, dass nicht eure Herzen mit Rausch, Trunksucht und Lebenssorgen beschwert werden und euch jener Tag plötzlich [35]wie eine Schlinge überrascht; denn er wird über alle Bewohner der ganzen Erde hereinbrechen. [36]Wacht nun zu jeder Zeit und bittet, dass ihr diesem allen, was geschehen wird, zu entfliehen und vor dem Menschensohn zu bestehen vermögt.

[37]Tagsüber lehrte er im Tempelbezirk, abends aber ging er hinaus und übernachtete auf dem Berg, der Ölberg heißt; [38]und das ganze Volk brach zu ihm früh auf, um ihn im Tempelbezirk zu hören.

Den Abschluss der Rede bilden ein Gleichnis aus der Natur und Ermahnungen für das richtige, christliche Verhalten in der Zwischenzeit bis zum Weltende.
Im Gleichnis wird der Feigenbaum (13,6-9) mit *allen* Bäumen gleichgesetzt. Das *Ausschlagen* trifft für alle Laubbäume als Ankündigung des nahen Sommers zu. Es geht um die Gewissheit des Kommens der *Königsherrschaft Gottes*. Die Gewissheit der Weltvollendung nach Gottes Willen soll den Schülern und allen Völkern zugesagt werden. *Dieses Geschlecht* ist metaphorisch zu verstehen. Die Menschheit wird diese Weltvollendung und die Schrecken der Zwischenzeit davor erleben. Da Jesu Wort als Wort der Weisheit Gottes über der Schöpfung steht, werden sich alle seine Verheißungen und Zusagen erfüllen.
Es folgen noch zwei eschatologische, ethische Ermahnungen. Rausch, Trunksucht und Lebenssorgen ersticken den Anteil an der *Königsherrschaft Gottes* (8,14). Nur ständiges *Wachen* und *Bitten* bewahren davor, vom *Tag* des Herrn plötzlich überrascht zu werden und dann nicht vor dem Weltenrichter bestehen zu können (12,35-48; 17,22-37).
Den Schluss bildet ein biografischer Sammelbericht. Jesus lehrt tagsüber im Tempelbezirk, verlässt ihn abends, da dann die Tore der Tempelvorhöfe geschlossen werden, und übernachtet im Gebiet des Ölbergs. Da die Ortschaft Betanien am Ölberg zweimal genannt wird (19,29; 24,50), wird Jesus sich dorthin begeben haben (Mk 14,3) oder nach Betfage (19,29). Eine Zeitdauer wird nicht angegeben. Das Volk jedenfalls kommt täglich in der Frühe, wenn die Tore geöffnet werden, um Jesus zu *hören*. Er tritt auf als der eschatologische König mit prophetischer Vollmacht und weisheitlicher Lehre (Jes 11,1-5). Der Konflikt mit den Hohenpriestern, Schriftgelehrten und Ältesten ist vorprogrammiert (22,2.52). Sie haben die Lehrautorität über den Tempelbezirk verloren, ihre Verwaltungshoheit wurde von Jesus mit der Tempelreinigung kritisiert, ihr täglicher Opferkult wird von Jesus ignoriert. Entweder kehren sie zu Jesu Lehre um und schaffen für ganz Israel gemeinsam mit ihm den Erfahrungsraum für die Königs-

herrschaft Gottes oder sie bleiben bei der Ablehnung und müssen dann Jesus aus dem Tempelbezirk ausschließen und als falschen *Propheten* und *König* hinrichten lassen (22,66–23,25; Dtn 13,2-6).

Die Passion Jesu (22,1–23,56)

Der Beschluss des Hohen Rates und der Verrat (22,1-2.3-6)

> 1Das Fest der ungesäuerten Brote, das Pascha genannt wird, war
> nahe. 2Und es suchten die Hohenpriester und die Schriftgelehrten,
> wie sie ihn beseitigen könnten, denn sie fürchteten das Volk.
> 3Satan aber fuhr in Judas, genannt Iskariot, der zum Kreis der Zwölf
> gehörte, hinein. 4Und er ging weg und unterredete sich mit den
> Hohenpriestern und Offizieren, wie er ihn an sie ausliefere.
> 5Und sie freuten sich und vereinbarten, ihm Silbergeld zu geben.
> 6Und er willigte ein und suchte Gelegenheit, ihn an sie auszuliefern,
> ohne dass die Volksmenge dabei war.

Der Evangelist hatte das Auftreten des Täufers mit der Angabe der Jahreszahl durch den Synchronismus der regierenden Herrscher eröffnet (3,1-2). Es handelt sich um das Jahr 28/29, eventuell 27/28. Nun erfolgt die erste Angabe eines Wallfahrtsfestes, und zwar des Frühlingsfestes Passah, griechisch *Pascha*, das am 14. Nisan (März/April) zur Erinnerung an den Auszug aus Ägypten gefeiert wurde (Ex 12,1–13,16). Es war mit dem siebentägigen Erntefest der *ungesäuerten Brote*, d. s. die Mazzot aus der Frühlingsgerste, eng zusammengelegt worden. Dieses Fest begann einen Tag später am 15. Nisan. Da nach dem Evangelisten das öffentliche Auftreten Jesu nach dem Passahfest im Jahre 29 begonnen hat, ist dieses Passah das erste Frühlingsfest während seines Wirkens. Seine Passion hat dann im Jahre 30 stattgefunden.
Der amtierende Hohepriester ist der Leiter des Tempelstaates. Ihn berät der Hohe Rat mit den drei Parteien *Hohepriester, Schriftgelehrte* und Älteste (19,45-48; 22,66). Da die Ältesten hier fehlen,

wurde vom Hohenpriester keine offizielle Versammlung des Hohen Rates einberufen. Die beiden Gruppen *Hohepriester* und *Schriftgelehrte* berieten seit der Reinigung des Tempelbezirks durch Jesus informell, wie sie ohne Volksaufstand Jesus beseitigen könnten, denn sie interpretierten die Tempelreinigung als Handlungsweise eines messianischen und prophetischen Aufrührers (19,47-48). Doch sie wagten aus *Furcht vor dem Volk* keine Anklage gegen Jesus. Aufstände des Volkes für die Freilassung von Verhafteten waren in den griechisch-römischen Städten keine Seltenheit.

Das Zwölferkreismitglied Judas bringt kurz vor dem Passahfest diese Pattsituation aus dem Gleichgewicht. Der Satan hat sein Herz in Besitz genommen (8,12). Daher will er Jesus *ausliefern*. Motive werden nicht genannt. Judas geht zu den *Hohenpriestern*. Der Leiter der Tempelwache, der Tempeloberst, trägt den Titel *Hoherpriester* und kann in Abstimmung mit dem amtierenden Hohenpriester gegen Störungen im Tempelbezirk und in Jerusalem vorgehen. Die *Offiziere* der Tempelwache beraten mit. Die Wache war zahlenmäßig klein und nur mit Knüppeln und Messern bewaffnet (22,52), da das Langschwert den römischen Truppen vorbehalten war.

Die Leiter der Tempelwache *freuen sich* über das Verratsangebot. Sie wagen nicht, den üblichen Rechtsweg zu beschreiten und Jesus zu einem Verhör vorzuladen (22,53). Stattdessen *vereinbaren* sie mit Judas als Dankgeschenk einen Geldbetrag. Das Geld ist aber keine Voraussetzung für den Verrat. Judas übernimmt die Aufgabe, die Abwesenheit des Volkes als *Gelegenheit* für eine Verhaftung Jesu zu melden.

Die Vorbereitung des Passahmahls (22,7-13)

> 7Es kam nun der Tag des Festes der ungesäuerten Brote, an dem das Passahlamm geschlachtet werden musste. 8Und er sandte Petrus und Johannes aus und sagte: Geht und bereitet für uns das Passah vor, damit wir es essen.

9Sie aber sagten zu ihm: Wo willst du, dass wir es vorbereiten? 10Er
sprach zu ihnen: Siehe, wenn ihr hineingeht in die Stadt, wird euch
ein Mensch entgegenkommen, der einen Wasserkrug trägt; folgt
ihm in das Haus, in das er hineingeht, 11dann werdet ihr dem Herrn
des Hauses sagen: Es sagt dir der Lehrer: Wo ist der Raum, wo ich das
Passah mit meinen Schülern esse? 12Und jener wird euch im
Obergeschoss ein großes, mit Polstern ausgestattetes Zimmer zeigen; dort bereitet es!
13Sie gingen weg, fanden es, wie er zu ihnen gesagt hatte, und bereiteten das Passah vor.

Die Erzählung ist auf Jesus konzentriert. Seine ausführlichen Anweisungen zur Vorbereitung des Passahmahles kennzeichnen ihn als fürsorglichen Hausvater. Zur Einführung wird auf das Mazzot-Fest Bezug genommen. Allerdings ist die weitere Angabe zur *Schlachtung* des *Passahlammes* ungenau. Dieses wurde bereits am Nachmittag vor dem Passahfest, also zwei Tage vor dem Mazzot-Fest, im Tempelvorhof der Männer geschlachtet, um anschließend für das abendliche Festmahl, den Beginn des Passahfeiertages, zubereitet zu werden. Der jüdische Tag beginnt ja am Abend. Nachdem Judas zum Hohen Rat Kontakt aufgenommen hat, kann Jesus am Passahfest verhaftet und hingerichtet werden. So wird der Ablauf des Passahfestes unversehens für das Geschick Jesu zentral. Das Johannesevangelium wiederum legt das Passahfest mit dem Sabbat zusammen, sodass Jesu Abschiedsmahl kein Passahmahl war und die Kreuzigung noch nicht am Passahfest stattfand. Historisch ist dieser Datierung der Vorrang zu geben. Der (Kar-)Freitag bleibt der Todestag.
Jesus gibt für die Planung des feierlichen Festmahls eine prophetische Zeichenvoraussage. Er beauftragt Petrus und Johannes, für ihn und den Zwölferkreis einen Saal für das Passahmahl zu finden. Für die Juden war es Pflicht, das Passahmahl innerhalb der Grenzen Jerusalems einzunehmen. Israel sollte sich zum Gedenken an den Auszug aus Ägypten wieder als ein *Volk* versammeln, das sich so erneut als ecclesia (d. h. Versammlung/Kir-

che) Gottes darstellt. Entsprechend war jeder Hausbesitzer in Jerusalem verpflichtet, den Wallfahrern aus Judäa, Galiläa und der jüdischen Diaspora seine Räume zum Festmahl zur Verfügung zu stellen.

Die beiden Schüler hätten daher im Auftrage Jesu jeden Hausbesitzer ansprechen und auf die Mittlerfigur des Wasserträgers verzichten können. Wenn sie Jesus dennoch an den Wasserträger verweist, richtet er sein Handeln nach dem Vorbild der alttestamentlichen Propheten aus. Wie diese sagt er den Schülern ein Zeichen voraus, das sie ermutigt, den Auftrag zu Ende auszuführen (19,28-40). Ein Wasserträger signalisiert einen vornehmen Haushalt, in dem anstelle der Küchenmagd eigens ein Knecht für das Wassertragen zuständig ist. Zu dem prophetischen Selbstverständnis gehört auch die Botenformel, die die Schüler dem Hauswirt zu überbringen haben. Als *Lehrer* hat Jesus seit seinem Einzug in Jerusalem bereits eine solche Ausstrahlungskraft entwickelt (19,28–21,38), dass jeder Hausherr, zu dem ein zufällig angetroffener Wasserträger die Schüler hinführt, seinen Raum bereitwillig zur Verfügung stellen wird. Die Schüler führen die prophetischen Anweisungen richtig aus und kommen daher zu dem erforderlichen Raum.

Der theologische Kern des Passahfestes, die *richtige* Erinnerung an das Exodushandeln Jahwes zu feiern, wird beibehalten. Jesus verbleibt mit seinen Schülern in der gewohnten, von kultischen Normen vorgeschriebenen Vorbereitung des Passahfestes. Er will nicht die totale Konfrontation mit der jüdischen Religion, sondern vielmehr die kritische Auseinandersetzung mit ihr. Was sich als sinnvoll erwiesen hat, soll weiter beibehalten werden. Mit der prophetischen Zeichenvorhersage und Botenformel unterstützt er seinen kritischen Standpunkt. Er stellt sich in die Reihe der charismatischen Religionskritiker Israels, der Propheten. Der Hoheitstitel *Lehrer* ordnet das prophetische Handlungsmuster zugleich in die weitere Rolle des Weisheitslehrers ein (7,35). Die Pflicht für alle Juden, in Jerusalem gemeinsam das Passah zu feiern, und die Pflicht der dortigen Bewohner, ihre

Räume unentgeltlich zur Verfügung zu stellen, halten der prophetischen Kritik Jesu stand. Die Hausherren erhalten nur das Fell des verzehrten Lammes. Sie machen mit der unentgeltlichen Vermietung die *Ganzheit* des Volkes und die daraus erwachsende gegenseitige Solidarität deutlich. Beides will, bestätigt und erhält Jesus im Namen Jahwes; denn Jahwe ist ein Gott des Volkes Israel. Die Aufgabe des Kultes ist es, eine Gemeinschaft zu versammeln, den Rahmen für solidarisches Handeln zu bilden, die Ganzheit der Gemeinschaft zeichenhaft darzustellen, die Erinnerung an die Geschichte mit Gott zu aktivieren und den Blick in die Zukunft zu richten.
Die Schüler folgen dem Auftrag Jesu, gelangen, wie von ihm vorhergesagt, an ihr Ziel und bereiten das Mahl mit dem Passahlamm vor.

Das Mahl (22,14-23)

14Und als die Stunde kam, ließ er sich zu Tisch nieder und die Apostel
mit ihm. 15Und er sprach zu ihnen: Mit Begierde begehrte ich, dieses
Passah vor meinem Leiden mit euch zu essen. 16Denn ich sage euch:
Ich werde es nicht mehr essen, bis es erfüllt ist in der Königsherrschaft Gottes.

17Und er nahm einen Becher, dankte und sprach: Nehmt diesen und
teilt ihn untereinander! 18Denn ich sage euch: Von nun an werde ich
nicht mehr vom Ertrag des Weinstocks trinken, bis die Königsherrschaft Gottes kommt.

19Und er nahm das Brot, dankte, brach es, gab es ihnen und sagte:
Dies ist mein Leib, der für euch hingegeben wird. Tut dies zu meinem Gedächtnis!

20Ebenso nahm er nach dem Mahl den Becher und sagte: Dieser
Becher ist der neue Bund in meinem Blut, das für euch ausgegossen wird.

21Doch siehe, die Hand dessen, der mich ausliefert, ist mit mir auf
dem Tisch. 22Denn der Menschensohn geht zwar den Weg, der ihm
bestimmt ist, jedoch wehe jenem Menschen, durch den er ausgelie-

fert wird! 23Und sie begannen untereinander zu streiten, wer es wohl von ihnen sei, der so etwas tun werde.

Die Erzählung streift kurz den Gang Jesu und des apostolischen Zwölferkreises zum Gastraum und dann den Beginn des Mahles. Die Beteiligten legen sich zu Tisch. Es handelt sich um den einzigen Bericht von einem Festmahl, das Jesus allein mit seinen Schülern hält. Das Mahlgespräch geht nicht um Klärung einer Norm- oder Wissensfrage wie bei den Streit- und Schulgesprächen, sondern um das persönliche Schicksal Jesu und die Beteiligung seiner Schüler. So spricht Jesus von der *Begierde*, vor seinem *Leiden* mit seinen Schülern ein Festmahl zu halten. Die Gemeinschaft mit den Schülern bildet den Mittel- und Haltepunkt für sein Wirken. Die Opferung des Passahlammes spielt auf den Kreuzestod Jesu an (1 Kor 5,7). Wie das Essen des Passahlammes Israel mit Gott verbindet und zur Rettung im Exodus führt, so verbindet Jesu *Leiden* und Kreuzestod die Glaubenden wieder mit Gott. Auf die Leidensvoraussage folgt die Verheißung, dass dieses letzte Passahmahl innerhalb eines Jahres die eschatologische Erfüllung *in der Königsherrschaft Gottes* findet, und zwar in der Auferweckung Jesu. Die eschatologische Mahlgemeinschaft mit dem auferweckten Jesus geht nach Ostern weiter und gewährt allen Teilnehmern die endgültige Rettung.
Nun folgt eine ausführliche Darstellung des Brot- und Weinreichens. Sie ist von der Liturgie des Passahmahles und der nachösterlichen Herrenmahlfeiern geprägt. Zwei Weinworte rahmen das Brotwort ein. Das Weinwort über den ersten Becher, der das Passahmahl eröffnet, wiederholt die einleitende Leidens- und Auferweckungsvoraussage und verkürzt den Zeitraum des Kommens der Passion. Wein war ein alltägliches Getränk. Jesus wird ihn nach dem Mahl nicht mehr *trinken*. Die Passion kann sogleich nach dem Passahmahl anbrechen und die eschatologische Vollendung für Jesus bringen.
Das Segnen von Brot und Wein führt die Riten des Passahmahles fort. Die Vorspeise besteht aus Kräutern. Das Brotwort eröffnet mit

einem Segensspruch die Hauptmahlzeit. Das zweite Weinwort wird über den dritten Becher gesprochen, der das Mahl mit einem Segensspruch abschließt. Neu ist die Deutung, die Jesus mit beiden Segnungen verbindet. Er setzt sich identisch mit Brot und Wein. *Leib* und *Blut* meinen jeweils die gesamte, leibgeistige Person Jesu. Beim Brotwort betont Jesus die *Hingabe* für seine Schüler, die wiederum für Israel und die ganze Menschheit stehen. Die Differenzierung zwischen Leib und Blut geschieht, um den Vorgang des Passahmahles umfassend einzubeziehen und zugleich auf den alttestamentlichen Bundesschluss am Sinai anzuspielen (Ex 24,8). Dort hat das *Blut* der geschlachteten Jungstier-Opfer die Funktion, den Bund zwischen Jahwe und Israel am Sinai zu symbolisieren. Allerdings rückt Jesus das Blutopfer durch die Betonung des Bechers und des *neuen Bundes*, den der Prophet Jeremia verheißen hat (Jer 31,31/LXX 38,31), in den Hintergrund. Der *neue Bund* beruht auf dem Halten des Gesetzes; die Gesinnung des Herzens wird zum Zentrum der neuen Gottesbeziehung (6,45; 12,22-48), die kultischen Opfer werden zu zweitrangigen Ehrungen Jahwes (Jer 31,32-34/LXX 38,32-34). Sie bleiben zwar für Jeremia bestehen. Doch Jesus geht weiter. Sein unschuldig *für euch ausgegossenes Blut* und seine *Hingabe* übernehmen endgültig die Stellvertretung eines Opfertieres für die Verfehlungen der Menschen und lösen endgültig dieses Blutopfer ab. Durch menschliche Schuld, an der auch die Schüler mitwirken (*für euch*), z. B. durch Verrat, kam es zum tödlichen Justizirrtum an Jesus. Aber die *Königsherrschaft Gottes*, die in ihm angebrochen war, geht mit seiner Auferweckung weiter und führt die Versöhnung Gottes mit Israel und allen Völkern endgültig herbei. Jesus öffnet den auf Israel eingegrenzten Bund mit Gott für alle Menschen (24,47). Der Empfang des gesegneten Brotes und Weines gewährt dem gläubigen Mitglied in verborgener Weise die Gegenwart Jesu als *neuen* Bund mit Gott.

Nach Ostern übernimmt die gesamte Gemeinde die Rolle Jesu. Sie spricht über die Mahlmaterien das standardisierte Eucharistiegebet in der Gewissheit, dass der Auferstandene mit seiner ver-

wandelten Personalität in den irdischen Mahlfeiern anwesend bleibt. Dadurch, dass das Passahlamm als Hauptsache des Mahles unerwähnt bleibt, bleibt die Herrenmahlfeier von der Passahfeier ablösbar. Das Herrenmahl kann täglich gefeiert werden (24,13-35; Apg 2,46f.; 1 Kor 11,20-34), während das Passahmahl nur einmal im Jahr gehalten wird. Die jüdische Religion ist in Bundesglauben, Ritus und Festkalender neu interpretiert worden. Die Gemeinde hat die Grundlage für einen täglich wiederholbaren Kult erhalten.
Nach dem Mahl schließt Jesus eine Klage und einen Weheruf über den Verräter Judas an. Der apostolische Zwölferkreis repräsentiert die zwölf Stämme des erneuerten Israels und die eschatologische Rettung als Erfüllung des Exodus (22,30). Umso ungeheuerlicher ist der Vorwurf, dass aus dem neuen Israel, der erweiterten Familie, die mit Jesus Tischgemeinschaft hält, einer zum Verräter wird. *Tisch*gemeinschaft ist die intimste Form der Gemeinschaft in alttestamentlicher und frühjüdischer Zeit. Allerdings gibt Jesus den Verräter nicht preis, damit die anderen Apostel ihn nicht ausschließen und seinen Verrat möglicherweise noch verhindern können. Schülerschaft ist engste Vertrauensgemeinschaft. Jesus löst diese Gemeinschaft nicht von sich aus auf. Wer ausscheiden will, muss die Trennung selbst vollziehen. Den übrigen Schülern steht der Ausschluss ebenfalls nicht zu; denn auch sie müssen anschließend ihre potenzielle Verräterschaft bekennen. Allerdings hütet sich Jesus davor, den Verrat als unvermeidbare Handlungsstrategie seiner Gemeinde zu entschuldigen. Der Weg Jesu endet im gewaltsamen Tod. Die Berufung auf Gottes *Bestimmung* bedeutet, dass bereits im Alten Testament das Leiden des Gerechten vorausgesagt ist (Jes 53,7f.; Jer 11,18-23; 20,1ff.; 36 Klagepsalmen). Bereits der Hinweis auf die Tischgemeinschaft mit dem Verräter entspricht den Worten eines alttestamentlichen Psalms (Ps 41,10 „der mein Brot aß“). Wenn auch das Leidensschicksal Jesu aufgrund des Unheilszusammenhangs menschlicher Geschichte vorgegeben ist, werden damit nicht die Handlungen der daran Beteiligten entschuldigt.

Sie bleiben wie der Verräter voll verantwortlich. So trifft den Verräter die Verwünschung, besser nicht geboren worden zu sein. Ist aber eine solche Entwertung noch mit christlicher Theologie vereinbar?
Die Deutung des Judasverrats ist neben der Deutung des Leidens Jesu wohl das brennendste Problem christlicher Theologie. Während die frühjüdische Religiosität durch den Ausschluss des Sünders, des kultisch und moralisch Unreinen, die eigene Reinheit und Gerechtigkeit zu stabilisieren sucht, praktiziert Jesus das Gegenteil. Der Verräter bleibt in der Tischgemeinschaft und nimmt am Herrenmahl teil. Er kann jederzeit umkehren.
Menschensohn weist im Unterschied zum leidenden Gerechten darauf hin, dass Jesus in einmaliger Vollmacht die neue Wirklichkeit *Gottesherrschaft* jetzt anfanghaft und in Zukunft endgültig durchsetzen wird. Die Realisierung dieser Vollmacht geschieht beim Menschensohn in autoritativen Stellungnahmen (5,24 u. ö.) und im zukünftigen Richten (17,22-37; 21,25-28). Die Fähigkeit zur Autorität und zum Richten schließt das Leiden mit ein. So begründet das Menschensohn-Verständnis Jesu die Ablehnung eines autoritären Ausschlusses des Verräters. Mit dem Ausschluss würde die Autorität nur der üblichen, auf Herrschaft gegründeten Autorität gleich werden; des Menschensohns Autorität entsteht aber umgekehrt nur durch Dienst und Leiden (22,24-27).
Hinter Jesu Wehruf steht Gottes Urteil über den Verräter, dass er seinen Lebenssinn nicht erfüllt hat. Inwieweit dieses Urteil den endgültigen Ausschluss aus der Gottesherrschaft und ewige Verdammung bedeutet, sagt der Evangelist nicht. Der Inhalt des Urteils ist allein Gott bekannt und darf von der Gemeinde nicht in einer Ausstoßung des Verräters vorweggenommen werden. Auch Judas kann wie jeder andere Verräter von dem Erbarmen des kommenden Menschensohnes noch umgriffen werden. Denn wie die fehlende Motivation zum Verrat angedeutet hat, bleibt die Handlung des Judas letztlich ein Geheimnis. Sie kann aus einer spontanen Desillusion über den *falschen* Messias und

Lehrer Jesus, der eigene Erwartungen enttäuscht hat, entstanden sein. Daher halten auch die anderen Schüler einen Verrat ihrerseits für möglich. Judas bietet den Hohenpriestern den Verrat an, ohne für sich selbst gründlich zu erwägen, was die Tat bedeutet. Seine Enttäuschung deutet er mit dem Freundschaftskuss an (22,47-48). Der messianische Freund Jesus hat Israel nicht gewaltpolitisch von den Römern befreit. Unheil und Leid entstehen aus kleinen Anlässen. Dass sie sich erst indirekt zu einer großen Linie zusammensetzen lassen, die dann Satans Herrschaft anzeigt, ist die Rückseite des indirekten Handelns Gottes: Gott und Satan liegen im Kampf miteinander, der Mensch bleibt aber verantwortlich Handelnder und wird nicht zum willenlosen Objekt. Die Verwaltung der Geheimnisse der Gottesherrschaft oder ihre Ablehnung ist in die Hände der Menschen gelegt und setzt die Erlösung oder das Leiden Jesu fort (8,9-10).
Verrat durch Freunde findet auch in vielen antiken Biografien statt. Sokrates hat bei seinem Sterben alle Schüler um sich. Aber bereits sein Schüler Platon wird als Lehrer von Dionysios II. von Syrakus verraten. Dion, der seinen Neffen Dionysios II. stürzte und ein Freund Platons war, wird von seinem engsten Vertrauten verraten und einer Gruppe rebellierender Soldaten zur Ermordung ausgeliefert (Plut. Dio. 57). König Eumenes wird von der Makedonischen Kerntruppe „Silberschildner" dem Gegner ausgeliefert (Plut. Eum. 17). Der römische Feldherr Sertorius wird im Exil von seinen römischen Freunden verraten und ermordet (Plut. Sert. 26). Cäsar wird von Brutus ermordet, obwohl dieser nach der Niederlage der Pompejus-Partei von Cäsar in enger Freundschaft aufgenommen wurde (Plut. Caes. 62–66; Plut. Brut. 5–7).

Abschiedsrede (22,24-38)

24Es entstand auch Streit unter ihnen, wer von ihnen als der Größere zu gelten habe. 25Er aber sprach zu ihnen: Die Könige der Völker herrschen über sie, und ihre Machtinhaber werden Wohltäter gerufen. 26Ihr aber handelt nicht so, sondern der Größere unter euch soll wer-

den wie der Jüngere und der Führende wie der Dienende. 27Denn
wer ist größer: der zu Tisch Liegende oder der Dienende? Nicht der
zu Tisch Liegende? Ich nun bin in eurer Mitte der Dienende. 28Ihr
aber seid die, die bei mir in meinen Versuchungen ausgeharrt haben.
29Und ich vermache euch die Königsherrschaft, wie sie mir mein
Vater vermacht hat, 30damit ihr esst und trinkt an meinem Tisch in
meiner Königsherrschaft, und ihr werdet auf Thronen sitzen und die
zwölf Stämme Israels richten.
31Simon, Simon, siehe, der Satan verlangte, euch wie den Weizen zu
sieben; 32ich aber bat für dich, damit dein Glaube nicht aufhöre; und
wenn du dich wieder bekehrt hast, richte deine Brüder auf! 33Der
aber sprach zu ihm: Herr, mit dir bin ich bereit, auch ins Gefängnis
und in den Tod zu gehen! 34Er aber sprach: Ich sage dir, Petrus, heute
wird der Hahn nicht krähen, bis du dreimal leugnen wirst, mich zu
kennen.
35Und er sprach zu ihnen: Als ich euch ohne Geldbeutel, Tasche und
Sandalen aussandte, hattet ihr an etwas Mangel? Sie sprachen: An
nichts. 36Er sprach nun zu ihnen: Aber jetzt: Wer einen Geldbeutel
hat, soll ihn tragen, ebenso auch eine Tasche, und wer sie nicht hat,
soll seinen Mantel verkaufen und ein Schwert kaufen. 37Denn ich
sage euch: Das Schriftwort *Und unter Gesetzlose wurde er gerechnet*
(Jes 53,12) muss an mir vollendet werden. Denn so geht das über
mich Gesagte in Erfüllung. 38Sie sagten: Herr, siehe, hier sind zwei
Schwerter! Er aber sprach zu ihnen: Es ist genug.

An das Mahl schließen sich drei Schülergespräche an. Das erste Schulgespräch geht vom erneuten Streit um die Rangfolge aus (9,46-48). Diesmal antwortet Jesus mit einem Weisheitswort zum Herrschen und mit einer Gegenanweisung. Der Parallelismus des Weisheitswortes besagt, dass die *Könige* und *Machtinhaber* ohne echte Mitwirkung durch das Volk die Herrschaft ausüben und sich gleichwohl *Wohltäter* nennen lassen. Euergetes, d. h. Wohltäter, war bei den hellenistischen Königen ein beliebter Ehrentitel, z. B. für Ptolemäus III. von Ägypten (284–222 v. Chr.). Jesus setzt dagegen den Imperativ der alten demokratischen jüdischen

Dorforganisation und griechischen Stadtverfassung. Die Schüler (*ihr*) sind zwar Ältere mit Vorrang an Wissen und Führung, aber sie sollen gleichzeitig die Position der Jüngeren einnehmen und wie diese *dienen*.
Dann führen die beiden rhetorischen Fragen zu der christologischen Selbstbestimmung Jesu. Er ist für seine Schüler und alle Menschen der *Dienende*, nicht der Herrschende. Die Schüler erhalten das Lob, dass auch sie mit Jesus zusammen gedient und ihn in seinen *Versuchungen* gestärkt haben. Der Evangelist berichtet zwar nur von den *Versuchungen* unmittelbar nach der Taufe, die sich noch vor den Schülerberufungen ereignet haben, doch auch Jesus muss als voller Mensch während seines ganzen Auftretens mit den Versuchungen kämpfen, denen seine Zeitgenossen weitgehend unterlegen sind (8,11-15; 11,4–12,59; 22,39-46). So kann Jesus seinen Schülern eine Verheißung geben. Sie werden beim Weltgericht zusammen mit dem Auferweckten den vollen Anteil an der *Königsherrschaft* Gottes erhalten. Dann geht auch für sie das letzte gemeinsame Passahmahl in eschatologischer Vollendung weiter. Sie werden als *Thron*inhaber in der Königsherrschaft Gottes zusammen mit dem Menschensohn darüber richten, ob auch die zwölf Stämme Israels ganz gerettet werden (6,12-16).
Jesus wendet sich nun Simon Petrus als dem Führer des Zwölferkreises zu. Satan will nicht nur Judas versuchen, sondern alle Schüler. Wie im Buch Ijob holt sich Satan dafür bei Gott Erlaubnis (Ijob 1,6–2,10). Trotz seines Sturzes aus dem Himmel hat er weiter Zugang zu Gott. Jesus weiß um diese Vorgänge in der himmlischen Welt (9,28-36) und legt seinerseits bei *seinem Vater* Fürsprache für Petrus ein. Es kommt zwar zum Abfall von Petrus, doch er wird sich wieder bekehren (22,54-62). Dann soll er auch die *Mitbrüder aufrichten*. Der Evangelist spielt darauf an, dass alle Schüler Jesus nach der Gefangennahme verlassen werden und von Petrus nach Ostern wieder gestärkt werden müssen (24,34; Apg 1). Petrus protestiert gegen diese Voraussage des Glaubensabfalls und beteuert seine Bereitschaft zu Gefängnis-

haft und gewaltsamem Tod für Jesus. Auch hier liegt eine Anspielung auf das nachösterliche Schicksal von Petrus vor, auch wenn die Apostelgeschichte nur Gefängnisaufenthalte von Petrus, aber kein Martyrium kennt (Apg 4–15). Die abschließende Voraussage Jesu konkretisiert den vorösterlichen Glaubensabfall als *Verleugnung*. Diese wird sich in Kürze ereignen.

Das dritte Schulgespräch blickt auf die Aussendung zurück (9,1-6; 10,1-12). Auch ohne *Geldbeutel, Tasche* und Ersatz-*Sandalen* haben die Schüler keinen Mangel erlitten. Sie wurden von der Bevölkerung gastlich aufgenommen. Mit dem Tod Jesu beginnt aber eine neue Zeit, und zwar die Zeit der Kirche. Die Wanderexistenz ohne Geldbeutel und Tasche ist für die Schülerkreise und das mitziehende Volk (12,1-34) nach Ostern nicht mehr möglich. Denn das Leben nach Ostern findet unter anderen gesellschaftlichen und religiösen Rahmenbedingungen statt und erfordert ein neues Handeln. Die Jesuszeit ist eine ideale Gründungszeit. Sie zeigt vorbildlich, wie die Anfänge der Königsherrschaft Gottes sich realisiert haben; diese können aber nicht bei der weltweiten nachösterlichen Mission detailgenau nachgeahmt werden. Daher müssen ab jetzt *Geldbeutel* und *Vorrats-Tasche* wieder beibehalten werden, wobei sich nach Ostern unterschiedliche Formen des Spendens entwickeln werden (Apg 2–11). Rätselhaft ist dann das Schwertwort. Bei völliger Armut soll entgegen der Feldrede der *Mantel* veräußert und ein *Schwert* gekauft werden (6,27-29). Das Tragen von langen Messern galt bei Wanderungen als Schutz vor Räubern. Doch hier ist das *Schwert* metaphorisch zu verstehen. Für die nachösterliche Verkündigung der Christusbotschaft muss alles eingesetzt werden, notfalls auch der Mantel. Denn in Jesus hat sich die Schrift *erfüllt*, sowohl in seinem Kreuzestod als *Gesetzloser* wie der Gottesknecht (Jes 53,12) als auch im eschatologischen Anbruch der Königsherrschaft Gottes, die in der Zeit der Kirche weitergeht. Diese *Erfüllung* muss unter Einsatz aller Habe und gegen alle Widerstände mit dem *Schwert* des Glaubens verkündet werden (Eph 6,17). *Erfüllung* ist nicht nur die Sprache der frühjüdischen Apokalyptik, sondern auch die der griechischen Mysterienreligionen. Es geht um die Einweihung in die Geheimnisse, die das künftige Leben auf der Insel der Seligen oder im Götterhimmel des Olymps sichern und bei den Anhängern Jesu wiederum den Anteil an der Königsherrschaft Gottes schon jetzt gewähren (8,9-10). Der Hinweis der Schüler auf zwei Schwerter beruht auf einem Missverständnis. Mit dem realen Schwert lässt sich weder der von der Schrift vorausgesagte Verbrechertod Jesu verhindern noch die Einweihung in die Mysterien der Königsherrschaft Gottes verteidigen. Jesus bricht daher das Gespräch ab. Die kurz bevorstehende Verhaftung wird zeigen, dass der Gebrauch eines realen Schwertes nur Unheil stiftet und von Jesus abgewiesen und geheilt werden muss (22,50-51). Erst nach Ostern werden die Schüler das Handeln Jesu voll begreifen und anerkennen, dass Leiden und Kreuzestod zum neuen Christusverständnis Jesu dazugehören und weiter mit dem Schwert des Glaubens verkündet werden müssen.

Das Gebet am Ölberg (22,39-46)

39 Und er ging nach draußen und wanderte nach seiner Gewohnheit
zum Ölberg, auch die Schüler folgten ihm.
40 An diesem Orte angelangt, sprach er zu ihnen: Betet, nicht in
Versuchung zu geraten! 41 Und er entfernte sich von ihnen etwa
einen Steinwurf, beugte die Knie und betete: 42 Vater, wenn du willst,
nimm diesen Kelch weg von mir; jedoch nicht mein Wille, sondern
der deine soll geschehen!
43 [[Es erschien ihm ein Engel vom Himmel und stärkte ihn. 44 Und er
geriet in Angst und betete inständiger; und es wurde sein Schweiß
wie Tropfen von Blut, die auf die Erde fielen.]]
45 Und er stand nach dem Gebet auf, kam zu den Schülern und fand
sie vor Betrübnis schlafend, 46 und er sprach zu ihnen: Was schlaft
ihr? Steht auf, betet, damit ihr nicht in Versuchung geratet!

Zum *Ölberg* schlägt Jesus den üblichen Weg ein, der ihn von Jerusalem zum Berg führt (21,37). Die Gefahrenzone Jerusalem scheint verlassen zu werden, ohne dass es trotz des Judasverrats noch am Passahfest zur Verhaftung kommt. Trotz der Verratsansage haben die Schüler den Mut nicht verloren und *folgen* Jesus nach.

Eine nicht näher gekennzeichnete Stelle wird *Ort* des Gebetskampfes Jesu. Jesus fordert seine Schüler auf, die letzte Bitte des Vatergebets zu beten (11,4). Jetzt ist die Stunde der *Versuchung* durch Satan gekommen (22,3.53). Er selbst zieht sich einen *Steinwurf* weit zurück und betet ebenfalls zu Gott, dem *Vater*. Kelch hat die alttestamentliche Bedeutung *Zornesbecher* (Jes 51,17.22 u. ö.). Jahwe lässt in seinem Zorn Israel weiter den falschen Weg in das Verderben gehen. Die Hinrichtung Jesu ist der Endpunkt dieser Fehlentwicklung. Gott könnte die Passion verhindern. Doch dann hätte er den Führern Israels und Jesus die Willensfreiheit genommen. Die Unterordnung des eigenen Willens unter den Willen Gottes löst die Forderung ein, dass nur das Handeln nach dem Willen Gottes die Königsherrschaft Gottes sichtbar macht (7,30; 8,21; 12,47).

Es folgt ein Ereignis, das nur wenige alte Textzeugnisse bringen, das aber ursprünglich sein könnte. Wie in der Kindheitsgeschichte erscheint ein *Engel* und sorgt für Jesus (2,9-13). Drastisch wird geschildert, dass dieser seinen Tod voraussieht, in Todesangst gerät und mit Blut vermischten Schweiß zu Boden fallen lässt. Die Versuchung, dem Todesschicksal zu entgehen, wühlt Jesus existenziell auf (Hebr 2,18; 5,7).

Doch er vermag sein Gebet im Vertrauen auf Gott, den Vater, zu vollenden und seinen Willen Gott unterzuordnen. Er geht zu den Schülern und findet sie schlafend vor. *Betrübnis* zeigt an, dass die Schüler den Mut zum Mitbeten verloren haben und daher vom Schlaf, dem Bruder des Todes, überwältigt werden (Apg 20,7-12). So wirft ihnen Jesus vor, dass sie ihn, anstatt ständig zu wachen, in dieser Grenzsituation alleingelassen haben. Die erneute Aufforderung, gegen die Versuchung zu beten, umschließt den Gebetskampf.

Exkurs: Leiden und gewaltsamer Tod in hellenistischen und lateinischen Herrscher-Biografien und in der Passion Jesu (22,47–23,49)

Wie Sokrates seinem Daimonion vertraut, so kann auch Jesus dem Willen des Vater-Gottes vertrauen. Während Sokrates in der Vorbereitung auf seinen Tod seine Schüler über den ihn leitenden Gott belehren kann (Plat. Kriton 43a–47a; 54d), versagt der Zwölferkreis. Er war ausdrücklich aufgefordert worden, das Vertrauensgebet Jesu und sein gleichzeitiges Ringen um den Sinn des Blutkelches mitzuhören und zu unterstützen. Doch die Schüler Jesu schlafen ein. Wie Dion, Eumenes, Sertorius und Cäsar bleibt Jesus unmittelbar vor der Begegnung mit den Feinden ohne Freunde.

Vergebliche Flucht, nicht genutzte Fluchtmöglichkeiten, Gefangennahme, Pseudoprozess, ordentliches Gerichtsverfahren, Todesurteil, Hinrichtung oder gewaltsamer Tod bestimmen einen großen Teil der lateinischen Biografien von Nepos (100–28 v. Chr.). Neun von zweiundzwanzig Feldherren-Biografien enden mit Hinrichtung, Tod im Gefängnis oder Selbstmord: Miltiades, Pausanias, Alkibiades, Konon, Dion, Datames, Eumenes, Phokion, Hannibal.

23 Biografien von Plutarch (ca. 45–ca. 125) sind ebenfalls von gewaltsamen Formen des Exitus bestimmt: Lykurg, Themistokles, Coriolan, Alkibiades, Nikias, Crassus, Pompejus, Dion, Brutus, Demosthenes, Cicero, Phokion, Cato minor, Caesar, Sertorius, Eumenes, Demetrios, Marc Anton, Aratos, Agis, die Gracchen, Galba, Otho. Von den 48 Biografien Plutarchs (44 Parallelbiografien, 4 Einzelbiografien) berichten knapp die Hälfte von dem rechtlich gewaltsamen Ende. Lykurg wählt zwar freiwillig seinen Selbstmord,

zeigt damit aber die rechtlich labile, gewaltsame Struktur der spartanischen Gesellschaft an. Nur wenige Biographisierte sterben friedlich im hohen Alter im Bett.
Vorbild für den Tod aufgrund von Verfolgung ist wieder der Tod des Sokrates (469–399). Sokrates wirft in allen überlieferten Darstellungen (Plat. apol.; Xen. apol.; Diog. Laert. 2,38-42) dem Gerichtshof vor, einen Pseudoprozess zu führen. Nach dem Todesurteil und der Verwahrung im Gefängnis lehnt er eine Flucht ab (Plat. Kriton 44b–46c). Er trinkt bei vollem Bewusstsein den Schierlingsbecher.
Es ist deutlich, dass sich die Verurteilung Jesu im Lukasevangelium am hellenistischen Muster orientiert. Jesus lässt sich ohne Gegenwehr gefangen nehmen. Das Verhör vor dem Hohen Rat stellt in jeder Hinsicht ein Pseudoverhör dar. Das Verfahren vor dem römischen Präfekten Pilatus verläuft zwar zunächst in Analogie zur Accusatio (vgl. S. 269) eines freien, römischen Bürgers (23,1-5). Doch es konnte der leitende Präfekt jederzeit die Rechtsanalogie verlassen und wie bei Jesus zur Koerzitionsgewalt (vgl. S. 270) gegen Provinziale ohne römisches Bürgerrecht greifen (23,13-25). Verspottung und Kreuzigung unterstreichen, dass das Sterben Jesu kein vornehmer Philosophentod ist, sondern das anstößige Schicksal eines rechtlosen Provinzialen (23,26-49; 1 Kor 1,23).

Die Gefangennahme (22,47-53)

47Noch während er redet, siehe, da kam eine Volksmenge, und besagter Judas, einer der Zwölf, ging ihnen voran und kam Jesus nahe, um ihn zu küssen.
48Jesus aber sprach zu ihm: Judas, mit einem Kuss lieferst du den Menschensohn aus?
49Als die um ihn sahen, was geschehen sollte, sprachen sie: Herr, sollen wir mit dem Schwert zuschlagen?

50Und es schlug einer von ihnen den Sklaven des Hohenpriesters und hieb sein rechtes Ohr ab. 51Jesus antwortete aber: Hört auf mit diesem!
Und er berührte das Ohr und heilte ihn. 52Jesus sprach nun zu denen, die an ihn herangekommenen waren, zu den Hohenpriestern, Offizieren des Tempelbezirks und Ältesten: Wie gegen einen Räuber kamt ihr heraus mit Schwertern und Knüppeln! 53Als ich täglich mit euch im Tempelbezirk war, strecktet ihr die Hände nicht gegen mich aus, doch dies ist eure Stunde und die Vollmacht der Finsternis.

Es tritt eine Volksmenge mit Judas auf. Noch einmal betont der Evangelist seine Zugehörigkeit zum Zwölferkreis. Judas hat als Verratszeichen den Freundschaftskuss gewählt (1 Kor 16,20). Er führt ihn aus, vermutlich aus Enttäuschung über das Ausbleiben der Befreiung Israels von den Römern durch den Propheten Jesus. Jesus reagiert vorwurfsvoll auf diesen Missbrauch des Freundschaftszeichens gegenüber dem bevollmächtigten, dienenden und zu Gericht kommenden Menschensohn (9,26). Doch Judas verweigert Antwort und Umkehr. Die anderen Zwölferkreismitglieder wollen Jesus mit Gewalt verteidigen und warten die Antwort Jesu nicht ab.
Einer schlägt einem Gegner das Ohr ab. Doch Jesus befiehlt sofort das Ende der Gewalt.
Er vollbringt mit der Heilung des Ohres sein letztes Wunder. Abschließend wirft er den Anführern des Trupps vor, ihn ungesetzlich wie einen *Räuber* zu verhaften. Die Widerstandskämpfer wurden von den Römern zu *Räubern* kriminalisiert (Jos. bell. I 304; II 229). Die Hohenpriester und die Ältesten, also die Partei der Sadduzäer (20,27), hätten dagegen auf dem Tempelvorhof Gelegenheit gehabt, Jesus ordnungsgemäß zum Verhör zu laden und den Vorwurf des Aufstands gegen Rom zu prüfen, so wie sie nach Ostern mit den Aposteln verfahren werden (Apg 4,1-22). Doch aus Furcht vor dem Volk belästigten sie Jesus nur mit dem komödiantischen Fall von einer Frau mit sieben Männern (20,27-40). Jetzt können sie mithilfe des Verräters Judas im Geheimen

zugreifen. Das widerrechtliche Handeln der Sadduzäer ist von der *Finsternis* Satans bestimmt.

Verleugnung durch Petrus und Verspottung der Wächter (22,54-62.63-65)

54Sie ergriffen ihn, führten ihn ab und brachten ihn in das Haus des Hohenpriesters; Petrus folgte von ferne.
55Als sie inmitten des Hofes ein Feuer anzündeten und sich zusammensetzten, setzte sich Petrus mitten unter sie.
56Eine Magd nun sah ihn beim Feuer sitzen, schaute ihn genau an
und sprach: Auch dieser war mit ihm! 57Er aber leugnete und sagte:
Frau, ich kenne ihn nicht.
58Und nach Kurzem sah ihn ein anderer und sagte: Auch du bist einer von ihnen. Petrus aber sagte: Mensch, ich bin es nicht.
59Und als etwa eine Stunde vergangen war, versicherte ein anderer
und sagte: In Wahrheit, auch dieser war mit ihm, denn auch er ist ein
Galiläer. 60Petrus aber sprach: Mensch, ich weiß nicht, was du sagst.
Und im selben Augenblick, als er noch redete, krähte der Hahn.
61Und der Herr wandte sich um und schaute Petrus an, und Petrus
erinnerte sich an das Wort des Herrn, wie er zu ihm sprach: Ehe der
Hahn kräht, wirst du mich heute dreimal verleugnen. 62Und er ging
nach draußen und weinte bitterlich.
63Und die Männer, die ihn gefangen hielten, verspotteten ihn und schlugen ihn;
64und sie verhüllten ihm das Gesicht und fragten ihn: Prophezeie,
wer ist es, der dich schlug? 65Und sie sprachen gegen ihn noch viele
andere Lästerungen aus.

Der Verhaftungstrupp bringt Jesus zum Haus des amtierenden Hohenpriesters. Nur *Petrus folgt von ferne*. Die anderen Zwölferkreismitglieder sind offenkundig geflohen (Mk 14,50).
Die folgende Erzählung ist ein Meisterstück an Dramatik. Frühlingsnächte sind im Bergland von Judäa und in Jerusalem noch kalt. Die Wächter Jesu zünden ein Feuer an. Auch Petrus möchte

sich wärmen. Daraufhin kommt seine dreimalige Verleugnung in Gang, ausgelöst durch eine Magd und zwei Männer am Feuer. Sie werfen ihm das Zusammensein mit Jesus vor. Petrus leugnet jedes Mal. Wie von Jesus vorausgesagt, kräht der Hahn.
Nun folgt als Höhepunkt die ergreifende Reaktion des verleugneten Freundes. Der gefangene Jesus *wendet* sich um und schaut den Leugner an. Dieser erinnert sich sofort, verlässt den Hof und zeigt emotional tiefe Reue.
Die Wärter misshandeln anschließend Jesus durch Spottworte und Schläge. Den möglichen Zeugen Petrus haben sie zuvor vertreiben können. Dann gehen sie zu einer Travestie über. *Verhüllen* und *Schlagen* karikieren den prophetischen Anspruch Jesu, denn ein alttestamentlicher Prophet vermag die verborgenen Zusammenhänge einer Situation aufzudecken und Misshandlungen durch ein Machtzeichen oder Drohwort zu bestrafen (2 Kön 2,23-25; Jer 20,1-6). Die Erduldung von Misshandlungen und *Lästerungen* setzt Jesus wieder mit dem leidenden Gerechten des Alten Testaments und des Frühjudentums gleich, insbesondere mit dem leidenden Gottesknecht (Jes 52,13–53,12).

Das Verhör vor dem Hohen Rat (22,66-71)

66Und als es Tag wurde, versammelten sich die Ältesten des Volkes,
die Hohenpriester und die Schriftgelehrten, führten ihn in ihren
Hohen Rat 67und sprachen: Wenn du der Christus bist, sage es uns.
Er aber sagte zu ihnen: Wenn ich zu euch sprechen würde, würdet ihr
nicht glauben; 68wenn ich aber fragen würde, würdet ihr nicht ant-
worten. 69Von jetzt an aber wird der Menschensohn zur Rechten der
Macht Gottes sitzen. 70Da sprachen alle: Du also bist der Sohn
Gottes? Er sagte zu ihnen: Ihr sagt, dass ich es bin. 71Sie aber spra-
chen: Was haben wir noch ein Zeugnis nötig? Denn wir selbst hörten
es aus seinem Mund.

Es handelt sich um ein Verhör des Hohen Rates. Am frühen Morgen versammeln sich dessen drei Parteien im Haus des amtierenden Hohenpriesters. Das jüdische Prozessverfahren ist auf Zeugenbeweis aufgebaut. Die Anklage muss im Kapitalprozess von mindestens zwei Zeugen vorgetragen werden; die Richter urteilen unter Leitung des amtierenden Hohenpriesters über die Übereinstimmung der Zeugenaussagen und setzen die für das bezeugte Vergehen entsprechende Strafe fest. Dieses Verhör bereitet allerdings nur den römischen Kapitalprozess vor, da das Recht zur Verhängung der Todesstrafe dem römische Kaiser und seinem Präfekten vorbehalten war (23,1-5).

Die Frage des Hohenpriesters nach dem *Christus*-Titel betrifft die Identität Jesu. Jesus weicht allerdings der Antwort aus, weil er den Unglauben und die Diskussionsunwilligkeit des Hohen Rates kennt. Stattdessen führt er ergänzend den Hoheitstitel *Menschensohn* ein, um den ganzen Bereich seiner vollmächtigen Sendung und Person sichtbar zu machen, seine künftige Erhöhung anzuzeigen und den Hohen Rat unter die Verantwortung vor dem künftigen Weltenrichter zu stellen. Eine Messianität Jesu wird bis zum Prozess von den Gegnern nicht direkt diskutiert; sie schließen ganz im Sinne der antiken Biografie von Tat und Lehre Jesu auf einen indirekten Anspruch, den sie auch nur indirekt befragen. So fragen sie nach seiner Vollmacht zur Sündenvergebung (5,21), zur Wundertätigkeit (11,14-23), zur Tempelreinigung (20,1-8) und verspotten seinen prophetischen Anspruch (22,63-65). Die Messianität Jesu bleibt formal und inhaltlich vor ihnen als Leidensgeheimnis verborgen. Wohl protestieren die Pharisäer bei Jesu Einzug in Jerusalem gegen den erstmals öffentlich proklamierten Königs-Titel (19,38-40; 23,2-38). Welche Verbindung der *Königs*-Titel zum eschatologischen Christus-Anspruch Jesu hat, lässt allerdings der Hohe Rat bewusst ungeklärt. Der Dialog lässt nur die Spitze des Berges aus mythologischen Vorstellungen erkennen, die sich an den Messiasglauben angelagert haben. Die Gruppe der Widerstandskämpfer hoffte auf einen Messias, der in der Nachfolge Davids mit Machtpolitik die römische Fremdherrschaft aufhebt und den Großstaat Davids wiederherstellt (PsSal 17,21-46). Die Apokalyptiker wiederum erwarteten, dass der

Messias als Einleitung des Weltendes die Herrschaft über die Welt erringt (aethHen 85–90). Die Pharisäer sympathisierten zum Teil mit den Widerstandskämpfern und den Apokalyptikern, deren Vorstellungen sich auch untereinander vermischten. Die sadduzäische Führungsschicht dagegen verhielt sich messianischen Bewegungen gegenüber distanziert, weil sie in nüchterner Einschätzung der politischen Lage die Durchsetzbarkeit eines unabhängigen Israels in einem messianischen Krieg für unmöglich hielt.

Der Verweis auf das künftige Richteramt Jesu als Menschensohn bleibt beim Hohen Rat wegen der Ablehnung der Auferstehung ebenfalls ohne Glaubwürdigkeit (20,27-40), erregt vielmehr wegen der prophetischen Autorität und des Anspruchs auf die künftige Erhöhung zum Himmel zusätzliche Erbitterung. So fragen alle nach, ob sich Jesus für den *Sohn Gottes* halte. Dieser Hoheitstitel ist eng mit dem Christustitel verbunden. Der davidische König wird von Gott als sein Sohn adoptiert und repräsentiert Israel vor Gott (3,22; 2 Sam 7). Allerdings erhalten auch ganz Israel und einzelne Gerechte den *Sohn*-Titel (6,35; 20,36). Wie der *Christus*-Titel wird auch der *Sohn-Gottes*-Titel geheim gehalten (4,41; 8,28; 9,35). Jesus antwortet mit dem Vorbehalt, dass die Richter ihm diesen Titel zusprechen. Doch diese triumphieren über den vermeintlichen Erfolg ihrer Fangfrage (20,20). Sie wollen jetzt bei der Anklage vor Pilatus den Zeugenbeweis auslassen.

Im griechisch-römischen Raum kann das Aussprechen des *Sohn-Gottes*-Titels für sich selbst eine Beleidigung des Kaisers bedeuten, denn dieser war ja der leibliche oder adoptierte *Sohn* eines *vergöttlichten Vaters*, ein divi filius (20,24). So erhob Cäsar im Ringen um die Alleinherrschaft den Anspruch, von dem Gottessohn Aeneas aus Troja abzustammen. Andere Geschlechter leiteten ebenfalls ihre Herkunft von Göttinnen oder Göttern ab. Mit solchen Konkurrenzansprüchen gegen den regierenden Kaiser aufzutreten, war in der Tat lebensgefährlich. Domitian soll die Verwandten Jesu überprüft haben, ob sie ihre Abstammung von David zu einem konkurrierenden, adligen Geschlecht proklamieren. Da sie aber als einfache Bauern Schwielen an den Händen hatten, ließ er sie beruhigt wieder nach Palästina zurückkehren (Eusebius, Kirchengeschichte III 20,1-6). Ohne politische Kampfansage war der *Sohn-Gottes*-Anspruch allein für den Kaiser unerheblich. Es gab genügend Mysterienvereine, in denen die Mitglieder behaupteten, von Göttern oder Heroen abzustammen oder adoptiert worden zu sein, und daher hofften, nach dem Tode auf die Insel der Seligen oder auf den Olymp zu gelangen, sowie entsprechende Grabinschriften. Beim Stammbaum Jesu hatte sich ja schon der Evangelist den tiefsinnigen Scherz erlaubt, dass Adam der *Sohn Gottes* ist und daher alle Menschen *Söhne Gottes* sind (3,38; Apg 17,28-29). Dass das Kalkül des Hohen Rates, Jesu *Sohn-Gottes*-Titel als Hochverrat am Kaiser zu interpretieren, auch nicht glatt aufgeht, zeigt die Verhandlung vor Pilatus. Eine verdeckte Kampfansage an den Kaiser ist dieser Titel allerdings, aber nicht im Sinne eines politischen Aufstands, sondern in dem – religiösen – Sinne, dass über dem römischen Kaiser der Gott Israels und der Völker steht, den Jesus allein repräsentiert (22,24-27).

Die Verhandlung vor Pilatus (23,1-5)

> 1Und die ganze Versammlung erhob sich und führte ihn zu Pilatus.
> 2Sie begannen, ihn anzuklagen, und sagten: Diesen fanden wir dabei, unser Volk zu verführen und zu hindern, dem Kaiser Steuern zu
> zahlen, und zu sagen, er selbst sei Christus, ein König. 3Pilatus fragte
> ihn: Bist du der König der Juden? Er antwortete ihm: Du sagst es.
> 4Pilatus sprach nun zu den Hohenpriestern und den Volksmengen:
> Ich finde keine Schuld an diesem Menschen. 5Sie aber bestanden
> darauf und sagten, dass er das Volk aufhetze, indem er in ganz Judäa lehrt, angefangen in Galiläa bis hierher.

Pilatus übernimmt vom Hohen Rat den gefangenen Jesus. Die Verhandlung vor Pilatus verläuft in der ersten Hälfte in Analogie zum formalen römischen Accusatio-Verfahren. Die Ankläger tragen ihre Anklage vor. Der leitende Richter verliest den Hauptgegenstand der Anklage. Der Angeklagte kann sich dazu äußern. Dann haben die Ankläger wieder das Wort. Wieder kann der Angeklagte ihnen antworten. Zeugen werden vorgeführt. Dann fällt der Richter das Urteil. Der Hohe Rat hat drei Anklagepunkte: 1. *unser Volk zu verführen*; 2. das Volk am *Steuerzahlen für den Kaiser zu hindern*; 3. sich als ein *König* und ein *Gesalbter* zu bezeichnen. Pilatus befragt Jesus nur über den 3. Punkt. Dies ist der schwerste Vorwurf.

Der Anspruch, *König der Juden* zu sein, bedeutet normalerweise Hochverrat, denn der römische Senat und später der Kaiser hatten sich seit der Unterwerfung Israels 63 v. Chr. das Recht vorbehalten, die jeweiligen Herrscher als Klientelfürsten zu bestätigen und eigene Präfekten und Prokuratoren einzusetzen. Wenn Jesus den Königsanspruch gegenüber einem römischen Provinzstatthalter oder Vasallen wie hier bestätigt, gesteht er scheinbar Umsturzabsichten ein. Indem Pilatus dennoch seine Unschuld feststellt, lehnt er die Anklage ab, denn im Judentum wurde bekannterweise Gott als verborgener und zukünftiger König der Welt und als gegenwärtiger König des Tempelkults verehrt. Auch die ägyptische Göttin Isis ließ sich als „Königin“ verehren, und zwar mitten in Rom auf dem Marsfeld. Apuleius (124–180) lässt seinen Helden „Lucius“ am Ende seiner Abenteuer zum Vorsteher des Priesterkollegiums des Mysterienvereins der Isis aufsteigen (Apul. Metamorphosen 11). Dort repräsentiert er wie ein Pharao-König den Götter-Vater „König“ Osiris. Ebenfalls als „Mysterium“ ließ Jesus das Königtum Jahwes über Israel anbrechen (8,9-10). Pilatus stand wie jeder heidnische Leser vor der Frage, ob er in Analogie zu den Religionen den Anspruch Jesu *unpolitisch* religiös interpretieren oder ihn aufgrund der Widerstandskämpfer *machtpolitisch* religiös interpretieren sollte. Pilatus versteht den *Königs*-Titel zunächst unpolitisch religiös und erklärt Jesus für unschuldig.

Es ist historisch unsicher, ob Pilatus in Analogie zu römischen Prozessen ein öffentliches Verfahren durchgeführt hat. Gegenüber einem Provinzialen ohne römischem oder griechischem Stadtbürgerrecht stand ihm die uneingeschränkte Polizeigewalt, d. i. die Koerzitionsgewalt, zu. Eine Anakrisis, d. i. die Vorberei-

tung einer Anklage, hat sicherlich durch den Hohen Rat stattgefunden (22,66-71). Wenn der Angeklagte sich im anschließenden Prozess schuldig bekennt, muss er verurteilt werden. Doch Jesu Antwort ist kein Schuldbekenntnis, sondern eine Bestätigung der Anklagezusammenfassung des Pilatus. Dieser hat zutreffend den Hauptpunkt der Anklage, die Quästio, benannt und soll nun klären, was an dem Königsanspruch strafwürdig ist.
Im Unterschied zum griechischen Philosophen und Redner wendet Jesus anschließend die alttestamentliche Strategie an, durch Schweigen die offenkundige Unhaltbarkeit der Anklagen des Hohen Rates zu unterstreichen (Jes 53,7). Nach der Zurückweisung der Anklagen durch Pilatus geben sich die Hohenpriester allerdings nicht geschlagen, sondern steigern den Vorwurf der *Verführung* zum Vorwurf der *Hetze* zum Aufstand. Inzwischen war es auch dem Hohen Rat gelungen, Teile der *Volksmenge* auf seine Seite zu ziehen. Der Leser muss ergänzen, dass die Hohenpriester die Konflikte um das Gesetz, die Wundervollmacht und die Tempelreinigung, die sich alle in Galiläa und Judäa ereignet haben und die im Evangelium stehen, zusätzlich zur Frage nach der Kaisersteuer dem Präfekten vorgetragen haben. Jesus schweigt dazu. Er baut darauf, dass Pilatus in allen diesen Handlungen keine Rechtsverstöße zu erkennen vermag.

Die Verspottung durch Herodes (23,6-12)

6Als Pilatus es hörte, fragte er, ob dieser Mann ein Galiläer sei, 7und als er erfuhr, dass er aus dem Vollmachtbereich des Herodes war, schickte er ihn zu Herodes hin, der auch selbst in diesen Tagen in Jerusalem war.
8Als Herodes nun Jesus sah, freute er sich sehr; denn seit geraumer Zeit wollte er ihn sehen, weil er von ihm gehört hatte, und hoffte, ein von ihm gewirktes Zeichen zu sehen.
9Er stellte ihm viele Fragen, er aber antwortete ihm nichts. 10Die Hohenpriester und die Schriftgelehrten standen dort und klagten ihn heftig an.

> [11]Es verachtete ihn nun auch Herodes mit seinen Soldaten, verspottete ihn, warf ihm ein prächtiges Gewand um und schickte ihn zu Pilatus zurück.
> [12]Es wurden Herodes und Pilatus an diesem Tag miteinander Freunde; denn vorher waren sie in Feindschaft gegeneinander.

Es folgt eine zweite Travestie (erste Travestie 22,63-65). Der römische Präfekt war berechtigt, einen Kriminalfall an den Landesherrn des Beschuldigten abzugeben. Als Jude konnte sich der Tetrarch Herodes Antipas besonders bei den drei Wallfahrtsfesten in Jerusalem aufhalten, um am Tempelkult teilzunehmen. Allerdings ist der Bericht des Evangelisten singulär. Die Episode soll veranschaulichen, wie sich der Tetrarch verhalten hätte, wenn er mit seiner *Vollmacht* Jesus hätte aburteilen müssen.
Tatsächlich freut sich der Vierfürst zunächst, da er schon lange Jesus persönlich kennenlernen wollte (9,7-9; 13,31-33). Allerdings geht es ihm nur um die Befriedigung seiner Neugier auf Jesu Wunder*zeichen* und nicht um die Anerkennung der *Vollmacht* Jesu.
Daher behält Jesus seine Taktik bei, wie der alttestamentliche leidende Gerechte zu schweigen. Die Vertreter des Hohen Rates dagegen tragen erneut ihre Anklagen vor.
Nun zeigt sich Herodes Antipas als *Fuchs* (13,32). Da ihm Jesus mit Selbsthilfewundern, die er immer abgelehnt hat, nicht gefährlich werden kann, verachtet er ihn als schwach (23,35-37). Gleichzeitig hütet er sich vor einem Urteilsspruch, um es nicht mit den Anhängern Jesu und Teilen des Volkes oder mit der Gegenpartei Hoher Rat zu verderben. So karikiert er den Anspruch Jesu, dass er als Repräsentant der Königsherrschaft Gottes ein *König* sei, indem er ihn *verspottet*, ihm ein königliches, *prächtiges Gewand* umwerfen lässt und ihn Pilatus zurückschickt. Gleichzeitig bringt er mit der Nichtverurteilung zum Ausdruck, dass er Jesus nicht für einen gefährlichen Aufrührer hält. Pilatus muss als der stärkere *Vollmacht*-Träger das Urteil fällen.
Die Schlussbemerkung spielt ironisch auf den griechischen Freundschaftskult an. Die in Palästina rivalisierenden Herrscher

(Philon, LegGai 299–305) wollen ab jetzt in gegenseitiger Freundschaft das Land zu Frieden und Wohlstand führen; die mögliche Verurteilung Jesu bildet dabei eine bedauerliche, aber unvermeidbare Rechtsbeugung. Gleichzeitig klingt die alttestamentliche Zusammenrottung der Gegner des Gerechten an, die ihm Leid und Tod bringen (Weish 2,10-22).

Fortsetzung der Verhandlung vor Pilatus (23,13-25)

13Pilatus rief nun die Hohenpriester, die führenden Männer und das
Volk zusammen 14und sprach zu ihnen: Ihr habt mir diesen
Menschen hergebracht, weil er das Volk verführe, und siehe, als ich
ihn vor euch verhörte, fand ich an diesem Menschen keinen der
Vorwürfe, die ihr gegen ihn anklagt. 15Aber auch Herodes nicht; denn
er schickte ihn uns zurück, und siehe, nichts von dem, was er getan
hat, ist des Todes würdig; 16daher werde ich ihn schlagen lassen und
ihn freilassen. [17] 18Alle aber schrien zusammen auf und sagten:
Schaff diesen weg, lass uns den Barabbas frei! 19Dieser war wegen
eines in der Stadt geschehenen Aufruhrs und Mordes ins Gefängnis
geworfen worden.
20Wieder rief Pilatus zu ihnen seinen Willen, Jesus freizulassen. 21Die
aber schrien dagegen und sagten: Kreuzige, kreuzige ihn!
22Er aber sprach ein drittes Mal zu ihnen: Was tat dieser denn Schlech-
tes? Ich fand nichts an ihm, was des Todes schuldig ist. Daher werde
ich ihn schlagen lassen und ihn freilassen. 23Sie aber drängten mit
lauten Schreien und forderten, dass er gekreuzigt werde, und ihr
Geschrei setzte sich durch.
24Und Pilatus urteilte, ihre Forderung solle geschehen. 25Er ließ den
frei, der wegen Aufstand und Mord ins Gefängnis geworfen war und
den sie forderten, Jesus aber lieferte er ihrem Willen aus.

Die Verhandlung vor Pilatus wird wieder aufgenommen. Da Pilatus die erste Verhandlung ohne Urteilsspruch beendet hat, muss sie nun weitergeführt werden. Pilatus nimmt nun zum ersten Anklagepunkt Stellung, zur *Verführung des Volkes*. Er hat keinen

Beweis für diesen undifferenzierten Anklagepunkt, aber auch nicht für die beiden anderen Anklagepunkte gefunden. Als Zeugen für die Unhaltbarkeit der Anklage kann er außerdem den Tetrarchen Herodes Antipas anführen. Pilatus will Jesus mit Schlägen bestrafen, weil er Unruhe beim Hohen Rat und beim Volk ausgelöst hat. Stockschläge oder Geißelung für Provinziale waren die übliche Strafe, bei Unruhen Ruhe und Ordnung wiederherzustellen. So musste Paulus sogar als Römer in Philippi für Unruhestiftung Stockschläge ertragen (Apg 16,19-40). Überraschenderweise fordern die Ankläger, zu denen inzwischen das Volk hinzugerufen wurde, die Hinrichtung Jesu und die Freilassung von Barabbas.
Wer ist Barabbas? Barabbas (aramäisch bar abba, d. h. Sohn des Vaters, griechisch Barabbás) ist ein unspezifiziert patronymer Eigenname, der nach dem Talmud häufig verwandt wird (bBerakh 18b) und auch in griechischen Inschriften belegt ist (Supplementum Epigraphicum Graecum I 7,489,1). Da dieser Barabbas außerhalb des Neuen Testaments nicht weiter bezeugt ist, lässt sich seine Person nur aus den wenigen ungenauen und widersprüchlichen Angaben innerhalb des Prozesses gegen Jesus ermitteln. Die Aussage, dass Barabbas sich wegen *eines in der Stadt geschehenen Aufruhrs und Mordes* im *Gefängnis* befand, muss inklusiv verstanden werden. Barabbas hat als Aufständischer wegen Hochverrats und Mordes einen Prozess auf Leben und Tod wie Jesus zu erwarten. Barabbas bildet gemäß antiker Geschichtsschreibung den Antityp zu Jesus, dem *König der Juden*. Der zeitgeschichtliche Hintergrund wird angedeutet. Mit dem Schuldtitel am Kreuz *König der Juden* (23,38), der den Inhalt der Verurteilung nachträgt, und mit der Kreuzigung zwischen zwei „Räubern" (23,33), zu denen die Widerstandskämpfer kriminalisiert wurden (22,52), ordnete Pilatus den verurteilten Jesus der gewalttätigen Widerstandsbewegung zu. Als Leiter der Provinz war Pilatus jederzeit zur Abolitio (Niederschlagung) einer Anklage berechtigt. Allerdings musste er mit einer Beschwerde der Ankläger beim Kaiser rechnen, wenn diese der Abolitio nicht zustimmten (Joh 19,12). Pilatus ließ sich in der Verhandlung um eine mögliche Niederschlagung der An-

klagen gegen Jesus vom Hohen Rat und von Teilen des Volkes dazu umstimmen, Jesu Verkündigung des Königtums Gottes rein machtpolitisch zu verstehen. So verurteilte er ihn als *König der Juden* und damit als aufrührerischen Messias-Prätendenten zum Tode. Da die Geißelung eine Begleitstrafe der Kreuzigung war, wird sie nicht mehr ausdrücklich erwähnt im Unterschied zur dritten Leidensweissagung (18,33). Der Evangelist deutet die Misshandlung Jesu durch römische Soldaten nur an und lässt ihre Beschreibung aus (anders Mk 15,15.16-20).

Das Auftreten des Volkes hat seine Analogie in den Begnadigungs- und Verurteilungsbegehren des römischen Volkes und des Senats an den Kaiser. Volk und Hoher Rat wirkten in der Forderung nach Abolitio (Suet. Tib. 37) und nach Verurteilung zusammen (Suet. Tib. 52; Tac. annal. III 7–13: die Kampagne gegen den angeblichen Germanicus-Mörder Piso). Die Übertragung der römischen Abolitio auf die Provinzen in der freieren Form der venia belegt der ägyptische Präfekt Vegetus (85 n. Chr.), der den Angeklagten „dem Volk schenken" will (Pap. Flor. 61,59ff.). Auch Josephus berichtet öfter davon, dass Pilatus dem Druck des Volkes nachgegeben hat; doch in allen diesen Fällen lag ein direkter Angriff des Pilatus auf den jüdischen Glauben vor. Pilatus ließ bei seinem Amtsantritt 26 n. Chr. Feldzeichen mit Kaiserbildern nach Jerusalem hineinbringen und erst nach heftigem Drängen wieder entfernen (Jos. bell. 2,169-174; ant. 18,55-59).

Der Evangelist gleicht die lebensgefährliche Rebellion des jüdischen Volkes gegen den Präfekten der Tageslaune der römischen Plebs an. Dazu gehört auch der stadtbekannte Druck des jüdischen Publikums von Rom bei öffentlichen Prozessen gegen Juden (Cicero, Flaccus 66.69; Horaz, Satiren 1,4,142). Für römische und hellenistische Leser mag diese Abschwächung plausibel klingen, der harten Realität der damaligen Unterdrückung des jüdischen Volkes durch den Präfekten Pilatus wird sie nicht gerecht. Der Evangelist stilisiert nachträglich Pilatus zu einem unparteischen Richter, wie er es später mit Gallio, dem Bruder Senecas, bei der Anklage der Juden gegen Paulus in Korinth machen kann (Apg 18,12-17). Doch Pilatus ist kein Gallio und das Vergehen Jesu wurde von Pilatus nicht als innerjüdischer Streitfall, sondern als perduellio, als „schlimme Feindschaft“ gegen den römischen Staat, angesehen und im koerzitiven (vgl. S. 270) Schnellverfahren ohne den Beraterstab Consilium und ohne Urteilsformular erledigt. Der Hohe Rat konnte die Anklage vorbereiten. Ob und wie das Volk beteiligt war, muss offen bleiben (vgl. Joh 19,6-16). Das gegen die damaligen guten Sitten verstoßende Schnellverfahren war typisch für Pilatus. Es kostete ihn schließlich sein Amt. Nachdem er im Jahre 36 eine Versammlung von Samaritern um einen eschatologischen Propheten auf dem Berg Garizim hatte sprengen und einen Teil der Gefangenen im koerzitiven Schnellverfahren hatte hinrichten lassen, beschwerte sich die Stadtführung der Polis Samaria beim syrischen Legaten und erreichte die Abberufung des Pilatus durch Kaiser Tiberius (Jos. ant. 18,4,1).

Die Kreuzigung und der Tod Jesu (23,26-43.44-49)

[26]Als sie ihn abführten, ergriffen sie Simon von Zyrene, der vom Felde kam, und legten ihm das Kreuz auf, um es hinter Jesus herzutragen.

[27]Eine große Volksmenge folgte ihm sowie Frauen, die ihn betrauerten und beklagten. [28]Jesus wandte sich um und sprach zu ihnen: Töchter Jerusalems, weint nicht über mich; weint jedoch über euch selbst und über eure Kinder! [29]Denn siehe, es kommen Tage, an denen man sagen wird: Selig die Unfruchtbaren und die Leiber, die nicht gebaren, und die Brüste, die nicht nährten. [30]Dann wird man anfangen, *den Bergen zu sagen: Fallt auf uns, und den Hügeln: Bedeckt uns!* (Hos 10,8). [31]Denn wenn sie dieses am feuchten Holz tun, was wird am trockenen geschehen? [32]Es wurden auch zwei andere Übeltäter mitgeführt, um mit ihm getötet zu werden.

[33]Und als sie zu dem Ort namens Kraníon (d. h. Schädel) kamen, kreuzigten sie ihn dort, ihn und die Übeltäter, den einen zur Rechten, den anderen zur Linken.

34Jesus sagte: Vater, vergib ihnen, denn sie wissen nicht, was sie tun.
Sie teilten seine Gewänder auf und warfen Lose (Ps 22,19).
35Und das Volk stand da und schaute zu. Es verhöhnten ihn auch die führenden Männer und sagten: Andere rettete er, er soll sich selbst retten, wenn er der Christus Gottes, der Erwählte, ist.
36Es verspotteten ihn auch die Soldaten, traten näher, brachten ihm
Essig 37und sagten: Wenn du der König der Juden bist, rette dich
selbst! 38Es war auch eine Aufschrift über ihm: Der König der Juden
ist dieser.
39Einer aber der Übeltäter, die am Kreuze hingen, lästerte ihn und
sagte: Bist du nicht der Christus? Rette dich selbst und uns! 40Es ant-
wortete aber der andere und fuhr ihn mit den Worten an: Fürchtest
du nicht Gott, denn du unterliegst demselben Urteilsspruch? 41Und
wir empfangen gerechterweise eine Strafe, die dem entspricht, was
wir taten; dieser aber tat nichts Unrechtes.
42Und er sagte: Jesus, gedenke meiner, wenn du in deine Königsherr-
schaft kommst. 43Und er sprach zu ihm: Amen, ich sage dir: Heute
wirst du mit mir im Paradies sein.
44Und es war etwa um die sechste Stunde und Finsternis bedeckte
die ganze Erde bis zur neunten Stunde 45und die Sonne verlor ihren
Schein, der Vorhang des Tempels riss mitten entzwei.
46Und mit lauter Stimme rief Jesus: Vater, in deine Hände lege ich meinen Geist (Ps 31,6). Nach diesen Worten hauchte er den Geist aus.
47Als der Hauptmann sah, was geschehen war, verherrlichte er Gott und sagte: Dieser Mensch war wirklich gerecht!
48Und alle Volksmengen, die zu diesem Schauspiel zusammengeströmt waren und sahen, was sich ereignete, schlugen sich an die Brust und kehrten heim.
49Alle seine Bekannten standen weit entfernt, und die Frauen, die ihm seit der Zeit in Galiläa nachgefolgt waren, sahen dieses.

Ein zum Kreuzestod Verurteilter musste den Querbalken seines Kreuzes zur Richtstätte hintragen. Durch die vorangegangenen Misshandlungen und Strapazen bei den Travestien (22,63-65;

23,6-12) war Jesus bereits so geschwächt, dass er dazu nicht mehr imstande war. Die ungleich stärker verletzende Geißelung und die Travestie Jesu als König durch die römischen Soldaten lässt der Evangelist allerdings aus (Mk 15,15-20/Mt 27,26-31a/Joh 19,1-3). Er will diese so wenig wie möglich belasten (3,14). Ungewöhnlich bleibt allerdings auch für die damalige Zeit, dass sie nicht das Kreuztragen übernommen haben, sondern einen Unbeteiligten dazu zwingen, der zufällig vorbeikommt. *Simon von Zyrene* ist der lukanischen Gemeinde namentlich bekannt und deshalb als ein späterer Anhänger Jesu anzusehen. Er wird zum einzigen namentlich bekannten Nachfolger Jesu auf dem Kreuzweg. Auch eine große *Volksmenge* und *Frauen* folgen ihm nach, während die Schüler insgesamt fehlen. Die Frauen stimmen die Totenklage (8,52; 2 Sam 1,24) schon jetzt über den Verurteilten an und die Volksmenge zeigt keine Feindseligkeit. Jesus richtet an diese Frauen eine prophetische Unheilweissagung. Sie sollen den nahen Tod ihrer Kinder beklagen. Die ironische Seligpreisung der *Unfruchtbaren* variiert den früheren Weheruf über die *Schwangeren* und *Stillenden* (21,23). Das Zitat aus dem Prophetenbuch Hosea illustriert den Untergang von Samaria im Jahre 722 v. Chr. (Hos 10,8) und veranschaulicht das künftige Schicksal von Jerusalem (19,41-44). Das Mitleid der Frauen Jerusalems mit Jesus kann den Untergang dieser Stadt im Jahre 70 nicht aufhalten.

Kranion (d. h. Schädel) als Name des Ortes der Kreuzigung gibt die ursprüngliche aramäische Bezeichnung Golgota richtig wieder. Ob Jesus nach römischer Vorschrift nackt oder nach jüdischem Schamempfinden mit einem Lendenschurz bekleidet ans Kreuz geschlagen wurde, ist nicht angedeutet. Der Evangelist rechnet wohl mit beiden Formen. Ob die Kreuzigung als Anbindung oder Annagelung vollzogen wird, bleibt offen. Beide Formen sind archäologisch belegt. Die Mitkreuzigung von *Übeltätern* unterstreicht erneut die politische Ausdeutung des *König*-Titels. Pilatus interpretiert den Königsanspruch Jesu im politischen Sinne und weist Jesus ironisch zwischen zwei Aufständischen, die abwertend nach dem offiziellen Sprachgebrauch als *Übeltäter* oder *Räuber* (22,52) bezeichnet werden, die Ehrenposition der Mittelstellung zu (Suet. Galba 9). Das Bittgebet Jesu für alle Täter fasst seine Botschaft zusammen: Gott möge als *Vater* die Sünden Israels *vergeben*, weil sie aus *Nichtwissen* entstehen.

Die Kleider des Hingerichteten fallen nach Digesta 48,20,6 den Soldaten des Hinrichtungskommandos zu. Zugleich entspricht die Nebenhandlung des Verlosens einer Aussage des Psalms 22 (Ps 22,19). An Jesus vollzieht sich detailliert das Geschick des leidenden Gerechten. Das Verhalten der *führenden Männer* erfüllt weiterhin eine Aussage des Psalms 22 (Ps 22,8). Sie bringen ihre Enttäuschung als Spott zum Ausdruck. Es gebraucht Jesus weder die Wundermacht zur Selbsthilfe, weil ein solcher Selbstzweck dem *Willen* des Vaters widerspricht (4,2-4), noch will Jesus vor dem Tod am Kreuze fliehen, weil sein Messiastum gerade in der Annahme des menschlich erzeugten Leidens besteht. Die *Rettung* ganz Israels und der Völker in die *Königsherrschaft* Gottes war Jesu Auftrag, für den ihm die Vollmacht Gottes zur Verfügung stand. Diese Vollmacht wurde besonders auffällig in den Wundern sichtbar. Die Selbstrettung dagegen würde ihn vom *Vater* trennen und damit zur Aufgabe seiner Sendung führen. Zur glaubhaften Bezeugung seines *Messias-Christus* und *Königs*-Anspruchs bleibt daher Jesus kein anderer Weg, als die Kreuzigung bis zum Tod auszuhalten. Das *Volk* steht ebenfalls nahe am Kreuz und verhält sich wie der griechische Chor in den Tragödien neutral. Die *Soldaten* hingegen beteiligen sich am Spott. Mit dem Anbieten eines Essigtranks wollen sie das Leben Jesu verlängern und dokumentieren, dass der bisher wundermächtige *König der Juden* zur Selbsthilfe unfähig ist.

Die Anfertigung von Tafeln mit dem Schuldtitel ist bei römischen Exekutionen üblich (Suet. Cal. 32,3; Suet. Dom. 10,1; Cassius Dio 54,3,6f.; Eusebius, Kirchengeschichte 5,1,44). Über deren Anbringung fehlen aber genaue Angaben, denn eine Annagelung des Schuldtitels ist nicht belegt, vielmehr wurde er von dem Verurteilten auf dem Gang zur Hinrichtung um den Hals getragen oder er wurde ihm vorangetragen, um die Schuld öffentlich bekannt zu machen. Der Schuldtitel trägt die Begründung für das Todesurteil des Pilatus nach.

Die zusätzliche Verspottung des einen Mitgekreuzigten unterstreicht die völlige Einsamkeit Jesu. Als *Aufständischer* hat der Spötter den Weg der Gewalt und nicht den des Leidens gewählt und erwartet von dem eschatologischen Christus die Rettung mit politischer Gewalt (PsSal 17,21-46). Doch jetzt leitet überraschend der andere Mitgekreuzigte die Umkehr vieler Beteiligter ein. Er nimmt aus *Gottesfurcht* seine Exekution an. Im Auftrag Gottes verhängt der Staat über Kapitalverbrecher die Todesstrafe (Röm 13,1-7). Beide *Übeltäter* haben im Verlauf des Aufstands Kapitalverbrechen begangen und erleiden *gerechterweise* die Kreuzesstrafe. Jesus aber *tat nichts Unrechtes*. Im Gegenteil, in *seiner Königsherrschaft* hat er die *Königsherrschaft Gottes* wirksam werden lassen. Diesem ersten Bekenner am Kreuz kann Jesus schon jetzt seine Gemeinschaft im Himmel als Wiederkehr und Vollendung des *Paradieses* zusprechen.

Die sechste Stunde bezeichnet den Mittag. Vorzeichen bilden auch in den antiken Exitusgeschichten eine zentrale Rolle. Den Zusammenhang mit der jüdischen Apokalyptik unterstreichen die Finsternis und das Zerreißen des Tempelvorhanges. Finsternis, insbesondere die Sonnenfinsternis, ist das alttestamentliche Symbol für den Anbruch des Gerichtes Gottes (Am 5,18-20; 8,9; Jes 13,10; Joel 2,1f.10f.; 4,15f.; Zef 1,15). Das Zerreißen des Tempelvorhanges verweist wie das Aufspringen der Tempeltüren auf die unmittelbar bevorstehende, endzeitliche Zerstörung des Tempels (bJoma 39b). Mit Jesu Tod ist eine neue Zeit angebrochen. Gott hat den Tempel verlassen und gibt ihn der Zerstörung preis (21,5-6). In der Kirche Jesu Christi erweitert Gott sein Volk Israel um die Völker und bedarf nicht mehr eines Tempels (Apg 15,14-21).

Jesus stirbt mit einem lauten Ausrufen des Psalmverses Ps 31,6. Der Psalm 36 gehört zu den Vertrauenspsalmen des leidenden Gerechten. Als *Gerechter* übergibt Jesus voll Vertrauen seinen Lebensatem wieder an Gott, seinen (2,49; 10,22; 22,29; 24,49) und unseren *Vater*, zurück.

Der *Hauptmann* schließt sich dem Bekenntnis des einen *Übeltäters* und dem Gebetsruf Jesu an. Er als heidnischer Römer *verherrlicht* den *Gott* Israels und bekennt Jesus als *gerechten Menschen.* Der *Hauptmann* wird zum ersten Gottesfürchtigen, der Israels Gott als einzigen Gott bekennt und zu Jesus Christus, dem *Gerechten*, umkehrt, um selbst *gerecht* zu leben wie später andere Zenturionen, Römer und Griechen (Apg 10,2.22.35; 13,4-52). Das Leiden Jesu bewirkt nicht mehr Missverständnisse, sondern vermag jetzt einen feindlichen Heiden zum Glauben an den einen Gott zu bekehren. Der Tod Jesu gibt die Wahrheit öffentlich frei, die bisher unter den Schweigegeboten und unter dem Unverständnis verborgen war: *Jesus war in seinem gesamten Handeln der eschatologische Sohn Gottes und Christus.*

Neben dem Heiden finden auch die *Volksmengen* zur Umkehr. Sie *schlagen sich* voll Reue *an die Brust* und halten Jesus für einen *Gerechten.* Der nachösterliche Erfolg des Evangeliums in Jerusalem ist vorbereitet (Apg 2,1–8,2).

Auch die alten Anhänger Jesu haben sich eingefunden. Der Evangelist wählt für sie einmalig den distanzierten Ausdruck *Bekannte* (2,44). Sie *stehen weit entfernt* wie verängstigte Teilnehmer und befinden sich nicht nahe am Kreuz, wie es bekennende Schüler wagen müssten (Plat. Phaidon). Gesondert von ihnen werden die Frauen angeführt, die sich zwar am Rande der Bewegung befanden, aber als Einzige der Anhänger den Dienst in der Nachfolge Jesu, mit dem die Schwiegermutter des Petrus in Galiläa begonnen hat (4,38-39), bis zum Kreuz praktiziert haben (8,1-3; 10,38-42; 23,55) und genau die Kreuzigungsszene an*sehen.*

Das Begräbnis Jesu (23,50-56)

[50-51]Und siehe, ein Mann namens Josef aus der Stadt Arimathäa,
einer Stadt der Juden, der ein Ratsherr und ein guter und ein gerech-
ter Mann war und die Königsherrschaft Gottes erwartete – dieser
hatte nicht ihrem Beschluss und ihrem Tun zugestimmt – [52]dieser
ging zu Pilatus, erbat den Leib Jesu,

53nahm ihn herunter, hüllte ihn mit Leinen ein und legte ihn in ein
Felsengrab, in dem noch niemand bestattet worden war.
54Und dieser Tag war ein Rüsttag, und der Sabbat leuchtete auf. 55Die
Frauen nun, die aus Galiläa mitgekommen und ihm nachgefolgt
waren, sahen das Grab und wie sein Leib hineingelegt wurde,
56sie kehrten zurück und bereiteten Essenzen und Öle zu. Und am
Sabbat ruhten sie gemäß dem Gebot.

Jede antike Exitusgeschichte enthält normalerweise einen Hinweis auf die Bestattung. Jesus erhält wie ein freier Stadtbürger und wie ein wohlhabender Provinziale ein eigenes *Grab* in einer *Fels*kammer. Der Initiator des Begräbnisses ist überraschenderweise ein Mitglied des Hohen Rates. Er wird kurz mit Namen, Wohnort und Eigenschaften charakterisiert. Mit Arimathäa ist wahrscheinlich die kleine jüdische Stadt Ramatajim, östlich von Jaffa, gemeint (1 Sam 1,1). Als *Ratsherr* und *gerechter Mann die Königsherrschaft Gottes* zu erwarten, macht Josef vergleichbar mit dem Priester Zacharias (1,6) und mit Simeon (2,25). Josef konnte zwar nicht den Beschluss zur Anklage verhindern, für den die einfache Mehrheit reichte, aber er konnte von Pilatus den Leichnam Jesu erbitten. Jesus hat für Josef wie ein alttestamentlicher Weisheitslehrer, Prophet und König die *Königsherrschaft Gottes* in unmittelbare Nähe gebracht. Noch stärker als nach Ostern das pharisäische Ratsmitglied Gamaliël (Apg 5,34) ehrt Josef Jesus und seine Anhänger. In Giv'at HaMivtar, Jerusalem, wurde in jüngster Zeit im Ossuar (Behältnis für Knochen) 4 eines Grabes der Fersenknochen eines Gekreuzigten aus der Mitte des 1. Jahrhunderts gefunden. Der Präfekt konnte die Abnahme von Gekreuzigten am Sterbetag (Dtn 21,23) und deren Bestattung in Privatgräbern erlauben. Das Felsengrab hatte Josef für sich vorgesehen, sodass noch kein anderer vor ihm darin beerdigt worden war. Rüsttag meint den Freitag als Vorbereitungstag für den Sabbat. Die Bestattung Jesu erfolgt mit dem üblichen jüdischen Ritual, allerdings ohne die übliche Beigabe von Duftsalben (7,11-17; Joh 19,40). Das *Aufleuchten* spielt symbolisch auf die Abendsonne an, da der Sabbat am Abend beginnt und die Auferweckung Jesu am frühen Morgen des Sonntags, also zwei Nächte später, von den Frauen entdeckt wird. Mit Jesu Auferweckung strahlt die Sonne des Lebens wieder auf. Die Frauen haben auch nach dem Tode Jesu am Kreuz ausgeharrt und als Einzige von den Schülern die Bestattung begleitet. Der Evangelist wiederholt ihre Charakterisierung mit *in Galiläa nachgefolgt* und *zusehen* (23,49). Nur aufgrund der ungebrochenen *Nachfolge* und der Fähigkeit zum *Zusehen* können sie zu den ersten Zeugen des Begräbnisses und der Auferweckung werden.

Schluss (24,1-53)

Die Botschaft der Engel im leeren Grab (24,1-12)

[1]Am ersten Tag der Woche aber ganz frühmorgens gingen sie zum Grab und trugen wohlriechende Salben, die sie zubereitet hatten.
[2]Sie fanden aber den Stein weggewälzt vom Grab;
[3]sie gingen hinein und fanden den Leib des Herrn Jesus nicht. [4]Und es geschah, als sie ratlos über dieses waren,
siehe, zwei Männer traten zu ihnen in blitzendem Gewand. [5]Als sie nun in Furcht gerieten und die Gesichter zur Erde neigten, sprachen sie zu ihnen: Was sucht ihr den Lebenden unter den Toten? [6]Er ist nicht hier, sondern er wurde auferweckt. Erinnert euch, wie er zu euch redete, als er noch in Galiläa war, und [7]über den Menschensohn sagte, dass er in die Hände sündiger Menschen übergeben werden und gekreuzigt werden und am dritten Tag auferstehen müsse.
[8]Und sie erinnerten sich seiner Worte. [9]Und kehrten vom Grab zurück und verkündeten dieses alles den Elf und allen übrigen. [10]Es waren dies Maria Magdalena, Johanna, Maria, die Mutter des Jakobus, und die übrigen Frauen, die mit ihnen waren.
Sie sagten dies den Aposteln, [11]und diese Worte schienen in ihren Augen wie Geschwätz, und sie glaubten ihnen nicht.

[12]Petrus aber stand auf und lief zum Grab, beugte sich vor und sieht die Leinenbinden allein, und er ging voll Staunen über das Geschehene weg.

Es handelt sich um eine Angelophanie. Sie knüpft an die Angelophanien der Kindheitsgeschichte an und leitet zu den Christophanien (Christuserscheinungen) über, die den Abschluss des Evangeliums bilden. Die Zeitangabe *ganz frühmorgens* meint die Dämmerung. Die Frauen nutzen sie, um möglichst schnell die unterlassene Beigabe von Salben nachzuholen (23,53-56; mSchab 23,5). Ein weiteres Motiv ist die Überprüfung des Grabsteins, denn Grabplünderungen waren an der Tagesordnung. Der Liebesroman Kallirhoe des Chariton von Aphrodisias (1./2. Jahrhundert) hat die Suche des jungen Chaireas nach dem geraubten „Leichnam" seiner scheintoten Frau Kallirhoe als Zentrum (Chariton, Kallirhoe 3,3–8,8). Zahllose Inschriften auf Grabeingängen warnen vor einer Störung und verfluchen den Grabräuber. Der *Rollstein* ist überraschend vom Grabeingang *weggewälzt*. Das Passiv verweist auf göttliches Handeln. Durch wunderbare Türöffnungen werden die Apostel und insbesondere Petrus und Paulus befreit (Apg 5,19; 12,7; 16,26).
Die Frauen *gehen* in das Grab hinein und *finden* den Leichnam *Jesu nicht*. Leersein des Grabes entspricht alttestamentlicher und frühjüdischer Offenbarungssprache. Die Leichname von Mose und Elija werden nicht gefunden (Dtn 34,6; 2 Kön 2,15-18). Die „Aporie", d. h. *Ratlosigkeit*, öffnet sie für die Botschaft der *zwei Männer*, die das *blitzende Gewand* als Engel ausweist (9,29; 17,24; 2 Makk 3,26.33). *In Furcht geraten* gehört zur Angelophanie (1,12.29-30; 2,9). Die Botschaft ist knapp: Jesus *lebt*. Er ist als volle menschliche Person mit Leib und Seele *auferweckt* worden. Als Begründung dient der Appell an die *Erinnerung*. In *Galiläa* und auf der großen *Reise* hat Jesus die Leidens- und Auferweckungsvoraussagen gemacht (9,22.44; 17,25; 18,31-34). Jetzt sind sie in Erfüllung gegangen.
Die Frauen *erinnern sich* und gehen vom *Grab* weg. Sie suchen die *Elf* auf, zu denen der Verräter Judas als der Zwölfte nicht mehr ge-

hört, und *verkünden* ihnen und den anderen anwesenden Schülern *alles*. Die Weitergabe der *Erinnerung* an Jesu *Worte* und der Offenbarung am *Grab* ist Ausdruck des Glaubens. Jetzt erst werden drei von *den* Frauen, die beim Kreuz gestanden und dem Begräbnis zugesehen haben, namentlich genannt. *Maria Magdalena* und *Johanna* wurden bereits früher als Schülerinnen Jesu angeführt; dort wurde auch auf weitere anonyme Schülerinnen verwiesen (8,1-3). Neu kommt *Maria, die Mutter des Jakobus*, hinzu (Mk 15,40). Sie alle sind Augenzeugen des irdischen Wirkens Jesu (1,1-4).
Der apostolische Elferkreis hält allerdings die *Verkündigung* der Frauen für *Geschwätz*. Er glaubt weder ihnen noch den Voraussagungen Jesu in Galiläa.
Nur Petrus kontrolliert die *Verkündigung*. Allerdings hat er keine Engelerscheinung, also keine Offenbarung, sondern sieht lediglich die *Leinenbinden*, mit denen der Leichnam Jesu umwickelt war. Er *staunt* wie bei den Wundertaten Jesu (8,25; 9,43; 11,14). Das Verschwinden des Leichnams deutet auf eine Großtat Gottes hin, aber noch fehlt Petrus im Unterschied zu den Frauen der volle Osterglaube.

Begegnung mit dem Auferweckten auf dem Weg (24,13-35)

13Und siehe, zwei von ihnen gingen an eben dem Tag in ein Dorf, sechzig Stadien von Jerusalem entfernt, namens Emmaus, 14und sie unterhielten sich untereinander über alles das, was sich ereignet hatte.
15Und es geschah bei ihrem Unterhalten und Streiten, dass Jesus selbst sich ihnen näherte und mit ihnen ging; 16ihre Augen aber waren so beherrscht, dass sie ihn nicht erkannten.
17Er sprach nun zu ihnen: Was sind das für Worte, die ihr unterwegs miteinander wechselt? Und sie blieben mürrisch stehen. 18Es antwortete einer namens Kleopas und sprach zu ihm: Du allein bewohnst Jerusalem und kennst nicht die Ereignisse, die in ihm in diesen Tagen geschehen sind?

[19]Und er sprach zu ihnen: Welche? Sie aber sprachen zu ihm: Diejenigen
um Jesus, den Nazarener, der als prophetischer Mann auftrat, mächtig
in Werk und Wort vor Gott und allem Volk, [20]und wie ihn die
Hohenpriester und unsere führenden Männer zum Todesurteil auslie-
ferten und ihn kreuzigten. [21]Wir aber hofften, dass er der ist, der Israel
erlösen wird; aber mit allem diesem ist nun auch der dritte Tag, seit die-
ses geschah. [22]Aber auch einige Frauen von uns entsetzten uns. Als sie
frühmorgens beim Grab waren, [23]fanden sie seinen Leib nicht, kamen
und sagten, sie hätten auch eine Erscheinung von Engeln gesehen, die
sagen, dass er lebe. [24]Und einige von uns gingen zum Grab und fanden
es so, wie auch die Frauen gesagt hatten, ihn aber sahen sie nicht. [25]Und
er sprach zu ihnen: O ihr Unverständigen und ihr Langsamen im
Herzen, an alles zu glauben, was die Propheten sagten! [26]Musste nicht
dieses der Christus leiden und so in seine Herrlichkeit eingehen?
[27]Und bei Mose und allen Propheten beginnend, legte er ihnen in
allen Schriften aus, was ihn betraf.
[28]Und sie näherten sich dem Dorf, zu dem sie wanderten, und er
machte Miene, noch weiterzugehen. [29]Und sie nötigten ihn und sag-
ten: Bleib bei uns; denn es will Abend werden und der Tag hat sich
schon geneigt!
Und er ging hinein, um bei ihnen zu bleiben. [30]Und es geschah, als er
sich mit ihnen zu Tisch legte, da nahm er das Brot,
segnete es, brach es und gab es ihnen;
[31]ihre Augen wurden geöffnet, und sie erkannten ihn; und er wurde
für sie unsichtbar.
[32]Und sie sprachen zueinander: Brannte nicht unser Herz in uns, als
er mit uns auf dem Weg redete und uns die Schriften öffnete? [33]Und
zur selben Stunde standen sie auf, kehrten nach Jerusalem zurück
und fanden die Elf und die mit ihnen versammelt waren; [34]diese sag-
ten: Der Herr wurde wirklich erweckt und erschien Simon. [35]Und sie
legten dar, was sich unterwegs ereignet hatte und wie er von ihnen
beim Brechen des Brotes erkannt wurde.

Es handelt sich um eine Christophanie. Das Motiv für den Gang von zwei Schülern nach Emmaus wird nicht genannt, lässt sich

aber aus dem Verlauf der Geschichte erschließen. Sie verlassen Jerusalem und den Elferkreis aus Enttäuschung über die Kreuzigung Jesu. Mit Emmaus können mehrere Orte um Jerusalem herum gemeint sein. Die Streckenangabe von 60 *Stadien* (ca. 12 km) gestaltet zwar die Rückkehr am Abend realistisch aus, erschwert aber die Zuordnung eines ähnlich klingenden Ortes, z. B. von Amwas (23 km), zu Emmaus. Das Unterhalten auf einer gemeinsamen Wanderung versteht sich von selbst. Das Sichzugesellen bei einer Wanderung bringt Jesus in Kontakt mit den Schülern. Deren Blindheit verhindert aber das Wiedererkennen. Das unpersönliche Passiv zeigt das Handeln Gottes an. Er verhindert das Erkennen, da die Schüler noch keinen vollen Glauben an Jesus und sein Evangelium haben.
Das Gespräch bezieht sich sehr genau auf die vorausgegangenen Ereignisse. Der Name *Kleopas* nennt wieder einen der Gemeinde bekannten Schüler als *Augenzeugen* (1,1-4). Geschickt geht Jesus von der Frage nach dem Gesprächsgegenstand zur Frage nach den letzten Ereignissen in Jerusalem über. Die Schüler nennen *Jesus* als Mittelpunkt der Ereignisse. Dann folgt der Hoheitstitel *Prophet*. Daran schließt sich eine kurze Zusammenfassung des Handelns Jesu, der Reaktion der Hohenpriester und Führer, also des Hohen Rates, und des Geschicks Jesu, das wieder das entscheidende Spitzensymbol *Kreuz* enthält, an. Die anschließende Stellungnahme der Schüler gehört zum Motiv *Schüler-Unverständnis* mit falschen, machtpolitischen *Hoffnungen*. *Erlösung Israels* ist ein weiteres Spitzensymbol. Es spielt auf die eschatologische Exodushoffnung an (22,14-23). Die Betonung der drei Tage stellt die Verbindung zu den Auferstehungsvoraussagen her, wie auch die folgende Mitteilung sich auf den bereits bekannten Gang der Frauen zum Grab bezieht. Bezeichnenderweise lassen die Schüler die Reaktion der Frauen aus, und zwar dass diese der Botschaft der Engel mit dem Spitzensymbol *Er lebt* geglaubt haben, indem sie sich *erinnern*. Neu kommt hingegen die Information hinzu, dass zusätzlich zu Petrus weitere Schüler die Erzählung der Frauen überprüft haben, aber ohne Begegnung mit

Jesus oder einem Engel geblieben sind. Ohne Glauben kann keine Erscheinung erfahren werden. Die Frauen sind an Konstanz der Nachfolge und emotionaler, liebender Verbundenheit mit dem *Leib* Jesu durch Zusehen und Salbungsvorbereitung den Schülern voraus. Die Entgegnung Jesu führt einen weiteren Hoheitstitel an: *Christus*. Das Begreifen beruht darauf, dass das Handeln und das Geschick Jesu, wie es zuvor die Schüler berichtet haben, bereits von den Propheten als Messiasschicksal vorausgesagt ist. Entgegen der Hoffnungslosigkeit der Schüler schließt das Messiasschicksal mit dem *Eingehen in die Herrlichkeit* ab (Jes 53). Der Christustitel umfasst den Prophetentitel und erfüllt gleichzeitig die Hoffnungen auf den eschatologischen Retter Israels und aller Völker.

Die Schüler sind an ihrem Ziel angekommen. Dass Jesus sie beeindruckt hat, bringt ihr Drängen auf Jesu Bleiben zum Ausdruck. Der Beginn des Mahles wird im Detail vorgestellt. Sie erkennen die Wiederholung des eucharistischen Herrenmahls (22,14-23) und der wunderbaren Mahlgemeinschaft mit Jesus (9,10-17). So kann Gott ihnen die Augen öffnen. Als sie Jesus *erkennen*, entschwindet er ihnen. In der Eucharistiefeier wird die Gemeinschaft mit Jesus unmittelbar erfahren, doch er selbst bleibt *unsichtbar*. Ähnlich gab sich der Reisebegleiter des jungen Tobias erst am Ziel der Reise als *Engel* Rafael zu erkennen und entschwand dann (Tob 5–12). Das Öffnen der Augen und die Rückkehr nach Jerusalem knüpfen wieder an den Anfang an.

Das Antreffen des Elferkreises und weiterer Anhänger greift auf die vorangegangene Geschichte zurück und bringt auch diese zum Abschluss. Die Anwesenden verkünden die *Auferweckung*, weil Simon Petrus inzwischen eine eigene Erscheinung gehabt hat. Im Unterschied zu den anderen Schülern hatte bei ihm schon das leere Grab Staunen und Offenheit für Gottes neues Handeln ausgelöst. Die beiden Schüler berichten ihrerseits von dem Schriftgespräch und dem eucharistischen Mahl mit dem Auferstandenen. Im Mysterium, im Sakrament der Eucharistiefeier, und im Schriftgespräch lebt der Auferstandene weiter in seiner Gemeinde.

Erscheinung des Auferweckten und Himmelfahrt (24,36-53)

[36]Als sie nun dieses redeten, trat er selbst in ihre Mitte und sagt
ihnen: Friede euch! [37]Geängstigt aber und in Furcht geraten, mein-
ten sie, einen Geist zu sehen.
[38]Und er sprach zu ihnen: Was seid ihr verwirrt und weshalb steigen
Bedenken in euren Herzen auf? [39]Seht meine Hände und meine
Füße, ich selbst bin es; berührt mich und seht: Ein Geist hat nicht
Fleisch und Knochen, wie ihr es bei mir seht. [40]Und dies sagend,
zeigte er ihnen die Hände und die Füße. [41]Sie waren aber noch
ungläubig vor Freude und staunten,
da sagte er zu ihnen: Habt ihr etwas Essbares hier? [42]Sie gaben ihm
ein Stück gebratenen Fisches; [43]und er nahm es und aß es vor ihnen.
[44]Er sprach nun zu ihnen: Dies sind meine Worte, die ich zu euch
sagte, als ich noch mit euch war: Alles muss erfüllt werden, was im
Gesetz des Mose, in den Propheten und in den Psalmen über mich
geschrieben steht. [45]Dann öffnete er ihren Verstand, die Schriften zu
verstehen; [46]und er sprach zu ihnen: So ist geschrieben, dass der
Christus leidet und am dritten Tag von den Toten aufersteht, [47]und
dass in seinem Namen die Umkehr zum Erlass von Sünden für alle
Völker, beginnend in Jerusalem, verkündet wird. [48]Ihr seid Zeugen
dafür. [49]Und siehe, ich sende die Zusage meines Vaters auf euch. Ihr
aber, bleibt in der Stadt, bis ihr mit der Kraft aus der Höhe erfüllt
werdet.
[50]Er führte sie hinaus in die Nähe von Betanien, hob seine Hände
und segnete sie.
[51]Und es geschah, während er sie segnete, da entfernte er sich von
ihnen und wurde in den Himmel emporgehoben.
[52]Und sie fielen vor ihm nieder und kehrten mit großer Freude nach
Jerusalem zurück; [53]und sie waren unablässig im Tempelbezirk und
priesen Gott.

Das Evangelium schließt mit einer Christophanie und Himmelfahrtserzählung im Stile alttestamentlicher und altrömischer Herrscherbiografien. Jesus tritt in der Erzählgemeinschaft seiner

Schüler und Schülerinnen plötzlich selbst auf. Diese geraten in Furcht wie bei jeder Gotteserscheinung, missdeuten aber den verklärten Jesus als undefinierbares *Geist*wesen (pneuma) analog zu den *unreinen Geistern* oder *Dämonen* (4,33.36 u. ö.). Daraufhin beschreibt Jesus seine neue Identität als *pneumatische* Person mit *Händen, Füßen, Fleisch, Knochen* (1 Kor 15,35-50) und fordert zur Berührung auf. Als Beweis für seine volle Leiblichkeit isst er ein Stück Fisch wie beim Speisungswunder (9,10-17). Als Höhepunkt verweist er wie bei den Frauen auf seine Worte. Mit diesen hat er sein ganzes Wirken als eschatologische Erfüllung der Schrift gekennzeichnet. Im Unterschied zu den Frauen muss er bei den Schülern eigens den *Verstand* für das neue Schriftverständnis öffnen. Dann wiederholt er die Leidens- und Auferstehungsvoraussage für seine Person und fasst sein ganzes Wirken unter dem Programm zusammen: *Verkündigung der Umkehr zum Erlass von Sünden für alle Völker.* Die Schüler setzen als *Zeugen* diese *Verkündigung* fort. Deren nachösterlicher *Beginn* in *Jerusalem* wird eigens benannt (Apg 1,1–8,3). Das dortige Wirken der Urgemeinde bleibt die Grundlage der Verkündigung für die Völker, zu denen auch Israel gehört (Apg 28,16-31). Die Verheißung des Geistempfangs in Jerusalem schließt die Unterweisung ab.

Dann führt Jesus seine Anhänger auf den Ölberg in die Nähe Betaniens und gibt ihnen den Abschiedssegen.

Während des Segnens *entfernt er sich von ihnen* und wird plötzlich mit Gottes Kraft in den *Himmel* versetzt. Der Prophet Elija wird vor den Augen seines Schülers Elischa im Wirbelsturm zum Himmel getragen (2 Kön 2,1-14), Romulus „verschwand unerwartet“ und „erschien“ einem vertrauenswürdigen Zeugen, dem er seinen letzten Auftrag für das römische Volk übergab (Plut. Rom. 27–28). Das senatorische Ritual der Kaiser-Apotheose, d. h. Vergöttlichung, nach dem Tode des Augustus fordert einen solchen Zeugenbeweis für die Auffahrt des Kaisers in den Götterhimmel. Entsprechend wurde Jesus in den Himmel *emporgehoben*. Der Vorgang der Himmelfahrt wird wie bei Romulus nicht beschrieben. Der Auferstandene *entfernt* sich und wird durch die Aufnahme in die himmlische Welt wie in Emmaus unsichtbar für die Zeugen.

Die Anhänger vollziehen am Ort des Unsichtbarwerdens Jesu die Proskynese, d. h. sie *fallen nieder* auf die Knie und beten zum verherrlichten Jesus, dann kehren sie voll *Freude* zurück und suchen weiterhin den *Tempelbezirk* als Gottes Heiligtum auf. Gott hat Jesus als Bringer seiner eschatologischen Königsherrschaft durch Auferweckung und Himmelfahrt bestätigt. So können sie Gott weiterhin in seinem heiligen Bezirk preisen. Die Verkündigung des Evangeliums für *alle Völker* einschließlich Israels beginnt erst später mit dem Geistempfang in Jerusalem (Apg 2) und bringt dann die Ablösung des Tempelbezirks durch die christlichen Häuser mit sich.

Anhang

Literaturhinweise

Text, Übersetzungen und Quellensammlung

Novum Testamentum Graece, hg. v. K. u. B. Aland/E. Nestle u. a., Stuttgart ^{27}1998.

Novum Testamentum Griechisch und Deutsch. Deutsche Texte: Revidierte Fassung der Lutherbibel von 1984 und Einheitsübersetzung der Heiligen Schrift 1979, hg. v. K. u. B. Aland, Stuttgart ^{27}2003.

Die Spruchquelle Q. Studienausgabe. Griechisch und Deutsch, hg. u. eing. v. P. Hoffmann/C. Heil, Darmstadt 2002.

Münchener Neues Testament, Düsseldorf 1988; ^{2}2007.

LXX = Septuaginta Deutsch. Das griechische Alte Testament in deutscher Übersetzung, hg. v. M. Karrer/W. Krauss, Stuttgart 2009.

Jüdische Schriften:

Jüdische Schriften aus hellenistisch-römischer Zeit (JSHRZ), hrsg. v. W.G. Kümmel u. a., Gütersloh seit 1973:

- Äthiopisches Henochbuch (= aethHen), üb. v. S. Uhlig (JSHRZ V),459–780.
- 4. Esra-Buch (= 4 Esra), üb. v. J. Schreiner (JSHRZ V), 287–412.
- Himmelfahrt Moses, üb. v. E. Brandenburger (JSHRZ V), 17–85.
- 4. Makkabäerbuch (=4 Makk), üb. v. H.-J. Klauck (JSHRZ III, 643–763.)
- Die Psalmen Salomos (= PsSal), üb. v. S. Holm-Nielsen (JSHRZ IV), 51–113.
- Sibyllinen (Buch III–V), üb. v. H. Merkel (JSHRZ V), 1039–1140.
- Die Testamente der zwölf Patriarchen (= Test), üb. v. J. Becker (JSHRZ III), 1–163.
- Vitae Prophetarum, üb. v. M. Schwemer (JSHRZ I), 539-659.

P. Riessler, Altjüdisches Schrifttum außerhalb der Bibel, Darmstadt ^{2}1966:

- Achtzehngebet, 7–11.
- 4 Esdras (= 4 Esra), 255–310.
- Henoch 1 (= Äthiopisches Henochbuch = aethHen), 355–452.

- Das vierte Buch der Makkabäer (= 4 Makk), 700–728.
- Mosis Himmelfahrt, 485–496.
- Prophetenleben (= Vitae Prophetarum), 871–880.
- Psalmen Salomos (= PsSal), 881–902.
- Sibyllinische Orakel 3.–4. Buch, 1014–1045.
- Testament der Zwölf Patriarchen, 1149–1251.

m+Traktat (z. B. mSchab 23,5): Mischnajot. Die sechs Ordnungen der Mischna. Hebräischer Text mit Punktation, deutscher Übersetzung und Erklärung, Basel ³1968. Die Mischna ist die erste Gesetzessammlung des nachbiblischen Judentums, um ca. 200 schriftlich redigiert.

b+Traktat (z. B. bSota 22b): Der babylonische Talmud, üb. v. L. Goldschmidt (12 Bde.), Königstein, ³1980. Der babylonische Talmud besteht aus der Mischna und dem Kommentar der Rabbinen, Ende des 6./Anfang des 7. Jhs. abgeschlossen.

P. Billerbeck/H. Strack, Kommentar zum Neuen Testament aus Talmud und Midrasch, 4 Bde., München (¹1926) ²1974.

Jos. bell. = Flavius Josephus, De Bello Judaico. Der Jüdische Krieg. Griechisch und Deutsch, hg. v. O. Michel/O. Bauernfeind, 4 Bde., München/Darmstadt 1959–1969.

Jos. ant. = Josephus, Jüdische Altertümer, üb. v. H. Clementz, Paragraphen nach B. Niese, Wiesbaden ²2006.

Jos. vita = Flavius Josephus, Aus meinem Leben (Vita), krit. Ausgabe, Üb. u. Komm. v. F. Siegert/H. Schreckenberg/M. Vogel, Tübingen 2001.

Philon = Philo von Alexandrien, Die Werke in deutscher Übersetzung (7 Bde.), hg. v. L. Cohn; Breslau/Berlin 1909–1964.

Griechische und lateinische Schriften:

Apuleius, Der goldene Esel. Metarmorphosen, hg. u. üb. v. E. Brandt u. W. Ehlers, Darmstadt ⁴1989.

Aristoteles, Rhetorik, üb. v. F. G. Sieveke (UTB 159), München 1980.

Diog. Laert. = Diogenes Laertius, Leben und Meinungen berühmter Philosophen, üb. v. O. Apelt, Berlin 1955. ²1967.

Epiktet, Teles und Musonius. Wege zum Glück, üb. v. W. Capelle u. R. Nikkel, Zürich/München 1987, 115–131.

Hdt. = Herodot, Historien, üb. v. A. Horneffer, hg. v. W. Haussig, Stuttgart 1971.

Herzog, Die Wunderheilungen von Epidauros. Ein Beitrag zur Geschichte der Medizin und Religion, (Philologus Suppl. 22,3) Leipzig 1931, (Üb. aller Wundergeschichten des Asklepios-Heiligtums von Epidauros)

Die Hauptwerke des Lukian, hrsg. u. üb. v. K. Mras, München (^{1}1954) ^{2}1980.

Nepos, Cornelius, De viris illustribus, Biographien berühmter Männer. Lat./Dt., hg. v. P. Krafft (reclam 995), Stuttgart 1993.

Phädrus, Liber Fabularum. Fabelbuch, hrsg. v. O. Schönberger, üb. v. Fr. Rückert u. O. Schönberger (reclam 1144), Stuttgart ^{4}1987.

Plat. = Platon, Sämtliche Werke, griech.-deutsch, üb. v. Fr. Schleiermacher, hrsg. v. G. Eigler u. a., 8 Bde., Darmstadt (^{1}1977) ^{2}1990.

Plut. = Plutarch, Große Griechen und Römer (6 Bde.), üb. v. K. Ziegler/W. Wuhrmann, München 1979–1980, demnächst ^{2}2011.

Suet. = Sueton, Die Kaiserviten, lat. u. dt., hrsg. u. üb. v. H. Martinet, Düsseldorf/München 1997.

Tac. = Tacitus, Annalen, lat. u. dt., hrsg. v. E. Heller, eingel. v. M. Fuhrmann, Darmstadt 1997.

Xen. = Xenophon, Die Sokratischen Schriften, üb. u. hg. v. E. Bux, Stuttgart 1956.

Christliche Schriften:

Eusebius von Caesarea, Kirchengeschichte, hrsg. u. eingel. v. H. Kraft, üb. v. Ph. Haeuser u. H. A. Gärtner, Darmstadt 1967.

Justin, Dialog mit dem Juden Tryphon, üb. v. Ph. Haeuser (BKV 33), Kempten/München 1917.

Neutestamentliche Apokryphen in deutscher Übersetzung, 2 Bde., I. Band: Evangelien, II. Band: Apostolisches. Apokalypsen und Verwandtes, hg. v. W. Schneemelcher, Tübingen ^{5}1987–1989.

Kommentare und Literatur in deutscher Sprache zum Weiterlesen

F. Bovon, Das Evangelium nach Lukas. 4 Bde. (EKK III, 1 4), Zürich u. a. 1989–2009.

R. Dillmann/C. Mora Paz, Das Lukas-Evangelium. Ein Kommentar für die Praxis, Stuttgart 2000.

D. Dormeyer/F. Galindo, Die Apostelgeschichte. Ein Kommentar für die Praxis, Stuttgart 2003.

W. Eckey, Das Lukasevangelium, Neukirchen-Vluyn 2006.

J. Ernst, Das Evangelium nach Lukas (RNT 3), Regensburg 1977.

H. Klein, Das Lukasevangelium (KEKNT I,3), Göttingen 2006.

J. Kremer, Lukasevangelium (Die Neue Echter-Bibel NT), Würzburg 1988.

K. Löning, Das Geschichtswerk des Lukas, Bde. 1–2, Stuttgart 1997–2006.

W. Radl, Das Evangelium nach Lukas. Kommentar 1,1–9,50, Freiburg 2003.

G. Schneider, Das Evangelium nach Lukas, Bde. 1–2 (ÖTKNT, 3,1–2), Gütersloh/Würzburg 1977.

H. Schürmann, Das Lukasevangelium I: Lk 1,1–9,50; II,1: 9,51–11,54 (HThKNT 3,1-2), Freiburg u. a. 1969–1994.

E. Schweizer, Das Evangelium nach Lukas (NTD 3), Göttingen 1982.

M. Wolter, Das Lukasevangelium (HNT 5), Tübingen 2008.

J. Ådna, Jerusalemer Tempel und Tempelmarkt im 1. Jahrhundert n. Chr., (Abhandlungen des deutschen Palästina-Vereins 25), Wiesbaden 1999.

T. Bergholz, Der Aufbau des lukanischen Doppelwerkes. Untersuchungen zum formalliterarischen Charakter von Lukasevangelium und Apostelgeschichte (EHS 23,545), Frankfurt u. a. 1995.

R. Bendemann von, Zwischen ΔΟΞΑ und ΣΤΑΥΡΟΣ. Eine exegetische Untersuchung der Texte des sogenannten Reiseberichts im Lukasevangelium (BZNW 101), Berlin/New York 2001.

S. Bieberstein, Verschwiegene Jüngerinnen – Vergessene Zeuginnen. Gebrochene Konzepte im Lukasevangelium (NTOA 3), Freiburg/Göttingen 1998.

L. Bormann, Recht, Gerechtigkeit und Religion im Lukasevangelium (SUNT 24), Göttingen 2001.

W. Bösen, Der letzte Tag des Jesus von Nazaret, Freiburg u. a. 1994.

W. Bösen, In Betlehem geboren. Die Kindheitsgeschichten der Evangelien, Freiburg u. a. 1999.

G. Braumann (Hg.), Das Lukas-Evangelium (Wege der Forschung 280), Darmstadt 1974.

I. Broer, Einleitung in das Neue Testament, 2 Bde., (NEB E 2,1-2), Würzburg 1998–2001.

U. Busse, Die Wunder des Propheten Jesus. Die Rezeption, Komposition und Interpretation der Wundertradition im Evangelium des Lukas (FzB 24), Stuttgart 1977.

H. Conzelmann, Die Mitte der Zeit. Studien zur Theologie des Lukas (BHTh 17), Tübingen [5]1964.

M. Diefenbach, Die Komposition des Lukasevangeliums unter Berücksichtigung antiker Rhetorikelemente (FTS 43), Frankfurt 1993.

D. Dormeyer, Einführung in die Theologie des Neuen Testaments (Einführung Theologie), Darmstadt 2010.

M. Ebner/S. Schreiber (Hg.), Einleitung in das Neue Testament. Stuttgart 2008.

J. Ernst, Lukas. Ein theologisches Porträt, Düsseldorf 1985.

H.-G. Gradl, Zwischen Arm und Reich. Das lukanische Doppelwerk in leserorientierter und textpragmatischer Perspektive (FzB 107), Würzburg 2005.

C. Heil, Lukas und Q. Studien zur lukanischen Redaktion des Spruchevangeliums Q (BZNW 111), Berlin/New York 2003.

B. Heininger, Metaphorik, Erzählstruktur und szenisch-dramatische Gestaltung in den Sondergutgleichnissen bei Lukas (NTA 24), Münster 1991.

E. Heusler, Kapitalprozesse im lukanischen Doppelwerk. Die Verfahren gegen Jesus und Paulus in exegetischer und rechtshistorischer Analyse (NTA 38), Münster 2000.

F. W. Horn, Glaube und Handeln in der Theologie des Lukas, Göttingen 1983.

G. Hotze, Jesus als Gast. Studien zu einem christologischen Leitmotiv im Lukasevangelium (FzB 111), Würzburg 2007.

M. Klinghardt, Gesetz und Volk Gottes. Das lukanische Verständnis des Gesetzes nach Herkunft, Funktion und seinem Ort in der Geschichte des Urchristentums (WUNT II/32), Tübingen 1988.

P.-G. Klumbies, Von der Hinrichtung zur Himmelfahrt. Der Schluss der Jesus-Erzählung nach Markus und Lukas, Neukirchen-Vluyn 2010.

K. Korn, Die Geschichte Jesu in veränderter Zeit. Studien zur bleibenden Bedeutung Jesu im lukanischen Doppelwerk (WUNT 2,51), Tübingen 1993.

J. Kügler, Pharao und Christus? Religionsgeschichtliche Untersuchung zur Frage einer Verbindung zwischen altägyptischer Königstheologie und neutestamentlicher Christologie im Lukasevangelium (BBB 113), Bodenheim 1997.

C. Langner (Hg.), Handle danach und du wirst leben. Reichtum und Solidarität im Werk des Lukas, Stuttgart 2011.

V. A. Lehnert, Die Provokation Israels: die paradoxe Funktion Jes 6,9-10 bei Mk und Lk; ein textpragmatischer Versuch im Kontext gegenwärtiger Rezeptionsästhetik und Lesetheorie, Neukirchen-Vluyn 1999.

K. Mineshige, Besitzverzicht und Almosen bei Lukas (WUNT 2, 163), Tübingen 2003.

R. Morgenthaler, Lukas und Quintilian. Rhetorik als Erzählkunst, Zürich 1993.

C. G. Müller, Mehr als ein Prophet. Die Charakterzeichnung Johannes' des Täufers im lukanischen Erzählwerk (HBS 31), Freiburg u. a. 2001.

N. Neumann, Armut und Reichtum im Lukasevangelium und in der kynischen Philosophie (SBS 220), Stuttgart 2010.

P. Pokorný, Theologie der lukanischen Schriften (FRLANT 174), Göttingen 1998.

P. Pokorný/U. Heckel, Einleitung in das Neue Testament. Seine Literatur und Theologie im Überblick (UTB 2798), Tübingen 2007.

W. Radl, Das Lukas-Evangelium (Erträge der Forschung 261), Darmstadt 1988.

T. Schmeller (Hg.), Historiographie und Biographie im Neuen Testament und seiner Umwelt (NTOA 69), Göttingen 2009.

G. Wasserberg, Aus Israels Mitte – Heil für die Heiden. Eine narrativexegetische Studie zur Theologie des Lukas (BZNW 92), Berlin/New York 1998.

R. Zimmermann (Hg.), Kompendium der Gleichnisse Jesu, Gütersloh/ Darmstadt 2007.

Glossar

mit Angabe der zentralen erläuternden Stellen im Lukasevangelium

Allegorese/allegorische Deutung – Auslegungsmethode: 8,11-18.

Angelophanie – Engelerscheinung: 1,5-25.26-38; 24,1-12.

Apokalyptik – Erwartung und Berechnung des nahen Weltendes: 3,1-20; 17,22-37; 21,5-38.

Apophthegma – szenisch gerahmter biografischer Ausspruch oder Dialog: 1,39-56;

weitere Gesprächsgattungen: Schulgespräch, Streitgespräch.

Apotheose – Vergöttlichung des römischen Kaisers: 24,36-53.

Assarion (Plural: Assaria) – lateinische Kupfermünze As: Lk 12,6.

Augustus – Großneffe Cäsars; erster römischer Prinzeps (31. v. Chr.–14 n. Chr.): 2,1-10.

Aussatz – 5,12-16.

Chrie – rhetorischer Ausspruch oder Dialog; entspricht: Apophthegma, Schulgespräch, Streitgespräch.

Christophanie – Christuserscheinung: 24,13-53.

Christus – hebräisch: Messias, d. h. „Gesalbter“: 1,26-38; 20,41-44; 22,66-71; Geheimnis: 9,18-22.

Dämon – zerstörerische, gottferne übermenschliche Macht: 4,31-44; 10,17-20; 11,14-26.

Davidssohn – 18,35-43; 19,28-40; 20,41-44.

Dekapolis – griechischer Städteverband östlich vom See Gennesaret: 8,26-39.

Deuteronomium (Dtn) – 5 Mose: Redaktion kurz vor oder während des Exils (586–538 v. Chr.): 1,5-25; 4,1-13.

Deuteronomisten – Redakteure von Dtn und dem deuteronomistischen (dtr) Geschichtswerk Josua – 2 Könige: 6,26; 11,37-54; 13,31-35.

Deutero-Jesaja – zweiter, nachexilisch verfasster Teil des Jesajabuches (Jes 40–55): 2,1-20; 3,1-20.

Eschatologie – Lehre von den letzten Dingen; eschatologisch – Anbruch der Endzeit schon jetzt in der Königsherrschaft Gottes in Jesus und Vollendung im Weltgericht: 1,26-38; 2,1-10; 3,1-22; 4,16-44.

Exil, Babylonisches – 586–538 v. Chr.: 3,1-20.

Exorzismus – Dämonenaustreibung: 4,31-41.

Evangelium/Evangelium verkünden – alttestamentliche, kaiserliche und urchristliche Frohbotschaft: 2,1-20; 7,18-23.

Galiläa – Tetrarchie = Vierfürstentum des Herodes Antipas (4 v. Chr.–39): 2,1-20; 3,1.

Gesetz s. Tora: 1,5-25.59-80.

Gleichnis – Übertragung einer Erzählung aus der irdischen Welt in den Handlungsbereich Gottes: 5,33-39.

Heiden/Völker: 2,21-40; 7,1-10; 8,26-39; 10,1-16; 13,22-30; 24,47.

Herr – Hoheitstitel Gottes im AT, im NT auch auf Jesus übertragen; zugleich höfliche Anrede und Ehren- und Besitztitel: 1,39-56; 2,1-20; 5,1-11; 19, 29-40.

Herodes I. – autonomer König von Judäa (37–4. v. Chr.): 1,5-25.

Herodes Antipas – Sohn von Herodes I. und Tetrarch = Vierfürst von Galiläa und Peräa (4 v. Chr.–39): 3,1-20; 9,7-9; 13,31-35; 23,6-12.

Hoherpriester – oberstes Leitungsamt des nachexilischen jüdischen Tempelstaates, seit der römischen Oberhoheit (63 v. Chr.) nicht mehr erblich: 3,1-20; 19,45-48.

Hohepriester – Partei aus ehemaligen Hohenpriestern und hohen Tempelbeamten im Hohen Rat: 19,45-48.

Hoher Rat – griechisch: Synhedrium, hebräisch: Sanhedrin; oberste Gerichtsbehörde und Beratungsgremium für den leitenden Hohenpriester: 19,45-48.

Jesaja – Prophet (ca. 739–ca. 701 v. Chr.); erster vorexilischer Teil des Jesajabuches, Proto-Jesaja, geht teilweise auf ihn zurück (Jes 1–39).

Judäa – römische Präfektur ab 6. n. Chr.: 2,1-20.

Königsherrschaft Gottes – anfanghafter Anbruch in Jesus: 1,26-38; 4,31-44; 11,14-23; 17,20f.; Geheimnisse: 8,9-10.

Leidensgeheimnis – 5,33-35; 9,18-45; 18,31-34; 22,66-71.

Leidens- und Auferweckungsvoraussage – 9,18-22.43b-45; 17,25; 18,31-34.

Levit – Kultdiener am jüdischen Tempel mit niedrigerem Rang als der Priester: 10,25-37.

Menschensohn – 5,17-26; 6,1-5; 9,18-45; 17,22-37; 21,25-28; 22,66-71.

Metapher/Metaphorik – übertragener, bildlicher Ausdruck für einen Gegenstand oder einen abstrakten Begriff, z. B. Schwert für Leiden: 2,21-40.

Mischna – schriftliche Sammlung mündlicher jüdischer Überlieferungen zur Tora um 200 n. Chr.: 11,37-54; s. Literaturverzeichnis.

Nasir – zeitlich begrenztes Askese-Gelübde: 1,5-25.

Parabel – Gleichnis mit einem einmaligen Fall: 10,25-37.

Passivum divinum – unpersönliches Passiv, das auf Gottes Handeln verweist: 11,1-4.

Performativ –Sprechakt, z. B. eine Bitte oder ein Versprechen, der die Realität der Handlungsträger verändert. Wie jeder menschliche Akteur reagiert auch Gott auf Bitten und Versprechen positiv: 6,27-32; 11,1-4.

Pathetische/mimetische Geschichtsschreibung – Mit den dramatischen Mitteln der antiken Tragödie und Komödie werden Lebensbilder der Hauptpersonen geschaffen: 1,1-4; 13,1-5; 19,28.

Pharisäer – religiöse Reformpartei: 11,37-54; 12,1-12; 13,31-35; 18,9-14.

Philister – Bewohner der nach ihnen benannten Landschaft Palästina im 2. und 1. Jt. v. Chr.

Pilatus – römischer Präfekt über Judäa und Samaria von 26–36: 13,1-3; 23,1-25.

Priester – 1,5-15.59-80; 10,25-37.

Prophet – 4,16-30.

Prophetenbücher – vordere: die Bücher Exodus–2 Könige (wegen der prophetischen Führer): 10,24; 13,22-30; – hintere: die Bücher der Schriftpropheten Jesaja–Maleachi: 13,22-30.

Reinigung, kultische – 2,21-40; 3,21-22; 5,12-16; 10,25-37; 11,37-54.

Q/Spruchquelle/Spruchevangelium – s. Literaturverzeichnis

Sabbat – 6,6-11.

Samarien/Samariter – Schisma mit dem Tempelstaat in Jerusalem wegen der Mischehe mit Heiden: 9,52-56; 10,25-37; 17,11-19.

Sadduzäer – Partei der Hohenpriester und reichen Familien im Hohen Rat: 20,27-40.

Schriftgelehrter – Ausleger der Tora und der mündlichen Tradition, Vertreter der Pharisäer-Partei im Hohen Rat: 11,37-54; 19,45-48. Auch die Sadduzäer hatten Schriftgelehrte, die aber nicht als eigene Gruppe erwähnt werden.

Schulgespräch – Schüler stellen direkt oder indirekt eine Frage: 8,9-10; 10,25-37.

Septuaginta – griechische Übersetzung der hebräischen Bibel, ca. 3.–1. Jahrhundert v. Chr.; s. Literaturverzeichnis.

Streitgespräch – Gegner stellen direkt oder indirekt eine Streitfrage: 4,1-13.

Sohn Gottes – 1,26-38; 22,66-71; Geheimnis: 4,15–5,16; 9,28-36.

Synagoge – Versammlungshaus zum Gebet: 4,14-30.

Talmud – Sammlungen des 5.–7. Jhs. n. Chr. der mündlichen Kommentare zur Mischna und Wiedergabe der Mischna; s. Literaturverzeichnis.

Tempel/Tempelbezirk – Im Griechischen wird zwischen dem heiligen Tempelgebäude (naós): 1,5-15; 23,45 und dem heiligen Bezirk mit den Vorhöfen der Männer, Frauen und Völker (hierón) unterschieden: 2,21-52; 4,9; 18,9-14; 19,45-21,38, 22,47-53; 24,36-53.

Tetrarch – Vierfürst als Ehrentitel für einen Vasallen Roms: 3,1-20.

Theophanie – Erscheinung Gottes, hier mit Himmelsstimme und Wolke: 3,21-22; 9,28-36.

Teufel/Satan/Beelzebul – 4,1-13; 8,11; 10,17-20; 11,14-26; 22,3.

Tora – Weisungen Gottes in Genesis–Deuteronomium: 1,59-80; 11,37-54.

Travestie – Verspottung durch Verkleidung: 22,63-65; 23,6-12.

Trito-Jesaja – dritter, nachexilischer Teil des Jesajabuches: Jes 56–66.

Unverstand – der Gegner: 4,16-30; 6,6-11; 22,66-71; 23,34; des Volkes: 8,9-10; der Jünger: 8,22-25.40-56; 9,10-50; 18,31-34; 22,24-62; 24,13-53.

Verstockung – 8,9-10.

Vollmacht– 4,31-44; 10,11-17.

Weisheit – in Jesus hat die Weisheit Gottes endgültig Wohnstatt genommen für Israel und die Völker: 7,35; 10,21-22; 11,29-36.

Wundergeheimnis – 4,31-44; 5,12-16; 8,40-56.

Zacharias – Prophet: 11,37-54; Vater des Täufers: 1,5-80.

Zenturio – Führer von 100 Soldaten = Hauptmann: 7,1-10; 23,47.

Zwischentestamentliche Literatur – nicht in den hebräischen Kanon aufgenommene jüdische, religiöse Literatur; s. die Sammlung „Jüdische Schriften aus hellenistisch-römischer Zeit" (JSHRZ) und die Sammlung P. Riessler, „Altjüdisches Schrifttum außerhalb der Bibel" im Literaturverzeichnis.